Python으로 쉽게 배우는 통계 프로그래밍

김재희 지음

자유아카데미

머리말

간결하고 배우기 쉬운 Python은 프로그래밍을 처음 배우는 사람들에게 추천하는 컴퓨터 프로그래밍 언어입니다. Python은 통계분석에 활용할 수 있는 함수도 상당히 개발되어 있으며 고급 함수 역시 꾸준히 개발되고 있습니다.

이 책은 통계 영역에서 Python 프로그래밍이 어떻게 활용되는지를 잘 보여주며, 통계전공 초보자 또는 Python 프로그램 사용자들이 기초적 통계분석에 필요한 기본적인 지식을 Python과 함께 함양할 수 있도록 집필하였습니다. 능률적인 학습을 위해 Python 프로그래밍의 언어적 기능, 통계량 함수를 이용한 통계분석의 도구적 기능, 그리고 그래프 응용 기능을 쉽게 익힐 수 있도록 구성하였으며 최소한의 통계적 수식과 이론 그리고 Python 프로그래밍 코드를 함께 제공하였습니다. Python 프로그래밍을 모르는 통계학도라면 Python 프로그래밍법을, 통계학을 모르는 Python 프로그램 사용자라면 기초적인 통계 이론을 공부할 수 있을 것입니다.

이 교재의 부족한 점이나 수정사항이 있다면 자유아카데미 편집부에 알려 주시길 바라며, 추후 수정사항은 자유아카데미 홈페이지(www.freeaca.com) 자료실에 제공할 예정이니 참고하기를 바랍니다.

이 책이 출판되기까지는 많은 분들의 도움을 받았습니다. 데이터 정리, Python 코드 정리 작업을 도와준 이정은 대학원생과 이러한 졸고가 책으로 출판될 수 있도록 도와주신 자유아카데미 편집부에 감사드립니다. 늘 함께 하는 사랑하는 가족, 그리고 늘 함께 공부하는 열정 가득한 덕성여대 정보통계학과 학생들과 통계학전공 대학원생들에게도 감사의 말을 전합니다. 부모님께는 더욱 깊이 감사드립니다.

2021년 5월

꿈을 이루는 덕성여대 캠퍼스
김재희
jaehee@duksung.ac.kr

차례

1장

프로그래밍 언어 Python에 대하여

2장

Python 사용 기초

3장

그래프

4장

난수 발생과 모의실험

5장

일변량 데이터와 기술통계량

6장

이변량 데이터

7장

유의성검정

8장

카이제곱검정

9장

회귀분석

10장

분산분석

11장

사용자정의함수

1장

프로그래밍 언어 Python에 대하여

1.1 프로그래밍 언어 Python 소개

Python(파이썬)은 1991년, 프로그래머(programmer) 귀도 반 로섬(Guido van Rossum)이 발표한 고급 프로그래밍 언어로, 플랫폼에 독립적인 인터프리터식, 객체지향적, 동적 타이핑(dynamically typed) 대화형 언어이다. 로섬은 자신이 좋아하던 코미디 〈Monty Python's Flying Circus〉에서 Python이라는 이름을 인용하였다고 한다. Python의 사전적 의미는 고대 신화에 나오는 파르나소스 산의 동굴에 살던 큰 뱀을 뜻하는데, 아폴로 신이 델파이에서 Python을 퇴치했다는 이야기가 전해지고 있다. 이러한 유래가 바로 Python과 관련된 도서의 표지와 아이콘에서 뱀 모양을 찾아볼 수 있는 이유이다.

Python은 비영리의 Python 소프트웨어 재단이 관리하는 개방형, 공동체 기반 개발 모델을 가지고 있으며, 무료(free)로 사용할 수 있는 오픈소스(open source)이다. C언어로 구현된 Python 구현이 사실상의 표준이며, Python 라이브러리(Python 프로그램을 작성할 때 불러와 사용할 수 있도록 미리 만들어 놓은 Python 파일 모음)는 Python으로 개발된 것도 있지만, C언어로 만든 것도 많으며 이러한 것들이 대부분 빠른 속도를 자랑한다.

Python은 프로그래밍을 처음 배우는 사람에게 추천하는 언어이며, 현재는 초보자부터 전문가까지의 넓은 사용자층을 보유하고 있다. Python은 동적 타이핑(dynamic typing) 범용 프로그래밍 언어로 다양한 플랫폼에서 사용할 수 있으며 라이브러리(모듈)가 풍부하다. 따라서 대학을 비롯한 여러 교육 기관, 연구 기관 및 산업계에서 이용이 증가하고 있다. 이러한 Python은 과학과 공학, 프로그래밍 및 컴퓨터 공학 입문용으로 널리 활용되고 있는 것으로 조사되며, 순수한 프로그램 언어로서의 기능 이외에도 다른 언어로 쓰인 모듈들을 연결하는 풀언어(glue language)로서 자주 이용된다. 실제 Python은 많은 상용 응용 프로그램에서 스크립트 언어로 채택되고 있다. 도움말 문서 역시 정리가 잘 되어 있으며, 유니코드 문자열을 지원하여 다양한 언어의 문자 처리에도 유리하다.

Python은 사람이 생각하는 방식을 그대로 표현하는 언어이다. 따라서 프로그래머는 굳이 컴퓨터의 사고 체계에 맞추어 프로그래밍하려고 고민할 필요가 없다. Python의 문법은 아주 쉬운 편이며 사람의 사고 체계와 매우 닮아있다.

또한 Python은 간결하다. Python 문법에서는 잘 정리된 Python 프로그래밍 소스 코드를 볼 수 있는데, 다른 사람이 작업한 소스 코드 역시 이해하기 쉽게 구성되어 공동 작업과 유지 및 보수가 상당히 편리하다. 그런 이유로 이미 다른 언어로 작성된 많은 프로그램과 모듈이 Python으로 재구성되고 있다. Python은 국내에서도 다양한 장점을 인정받아 사용자층이 넓어지고 있으며, Python을 사용하여 프로그램을 개발하는 업체도 늘어가는 추세이다.

이렇게 다재다능한 Python은 통계분석에도 사용할 수 있다. Python은 통계분석이나 머신러닝 등의 프로그램을 매우 짧은 코드로 작성할 수 있는데, 문법 자체가 통계에 특화된 프로그래밍 언어 R에 비해 범용적인 언어이며 라이브러리가 풍부하기에 그 활용성이 증가하고 있다. Python의 버전은 계속 업데이트되고 있으니 최신 버전을 사용하길 권장한다.

1.2 Python과 주피터 노트북

1.2.1 Python과 아나콘다

Python의 배포 형태는 아나콘다(Anaconda)가 유명하다. 아나콘다란 분석에 사용되는 기능을 모아둔 것이다. Python을 설치한 후 패키지에 포함되어있는 분석을 추가하는 방법도 있지만, 이 책에서는 아나콘다를 설치하기를 추천하며 간단히 분석할 수 있는 환경을 구축하는 방법으로 생각하면 된다.

아나콘다는 홈페이지에서 설치프로그램을 다운로드 할 수 있으며, 다음의 URL에 접속하여 Python 3.x version(또는 최신 버전)을 선택하는 것도 가능하다.

https://www.anaconda.com/distribution/

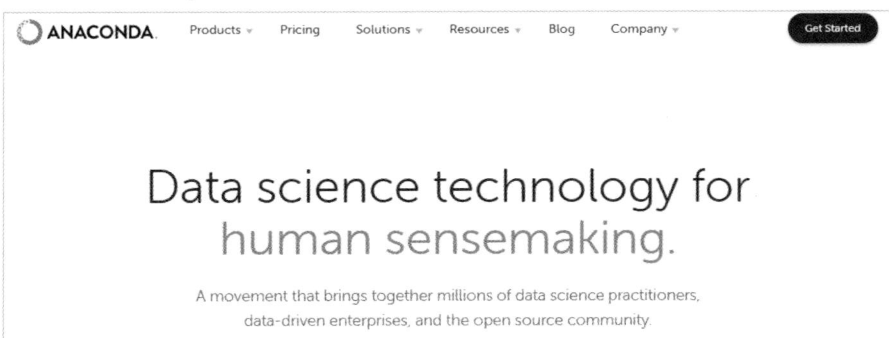

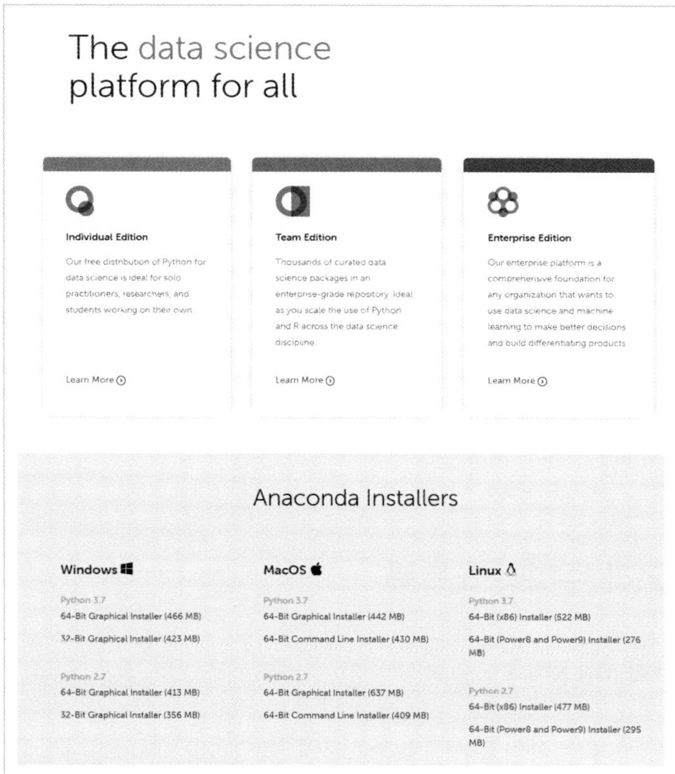

그림 1.1 Python 다운로드 페이지

1.2.2 주피터 노트북

주피터 노트북(Jupyter Notebook)은 실제로 Python 프로그램을 작성할 때 사용하는 도구이다. 아나콘다를 설치하면 주피터 노트북도 같이 설치되어 사용할 수 있다. 주피터 노트북을 실행하면 구글 등의 웹브라우저가 실행된다.

1.2.3 Python 프로그래밍 용어

- 에디터(editor): 프로그램을 작성하는 소프트웨어이다.
- 통합개발환경(IDE: Integrated Development Environment): 긴 프로그램을 작성할 때 편리한 기능(구문 체크) 등이 들어있는 소프트웨어이다. 예를 들어, 아나콘다를 설치하면 IDE로 Spyder 앱을 사용할 수 있다. 또한 Python 프로그래밍을 위한 IDE로 PyCharm을 다운로드 및 설치를 통하여 사용할 수 있다.

• 라이브러리(library): Python에 있는 일종의 추가 기능이다. 분석용 라이브러리는 아나콘다에 많이 포함되어있다. 종류로는 numpy, pandas, matplotlib, seaborn, scipi, statsmodels, scikit-learn 등이 있다.

1.3 주피터 노트북 기본 실행

아나콘다가 설치된 후 window10 사용자라면 시작 메뉴에서 Jupyter Notebook (Anaconda3)을 클릭한다. Jupyter Notebook을 실행하면 검은 화면(command prompt)이 잠깐 나왔다가 구글 크롬(Google Chrome) 등의 브라우저가 실행된다. 이후 그림 1.2에서 보여주듯이 우측 상단의 [new] 버튼을 클릭한 후 [Python3]를 선택하면 Jupyter Notebook 화면이 나오게 된다(그림 1.3). SNS와 같은 웹 서비스를 사용하듯이 프로그램을 작성할 수 있는 것이다.

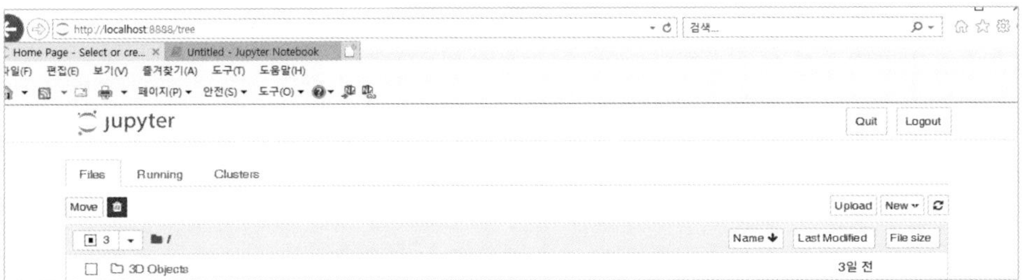

그림 1.2 Jupyter Notebook 폴더

좌측의 In[ ] 쓰인 곳인 셀(cell)에 코드를 작성하면 된다. 주피터 노트북에서 In[ ] 셀에 수행하고자 하는 명령문을 기입하고 메뉴바에 있는 [Run] 버튼을 누르거나 [shift]와 [Enter] 키를 동시에 누르면 코드가 수행된다. 결과는 Out[ ] 셀에서 나타난다(그림 1.3).

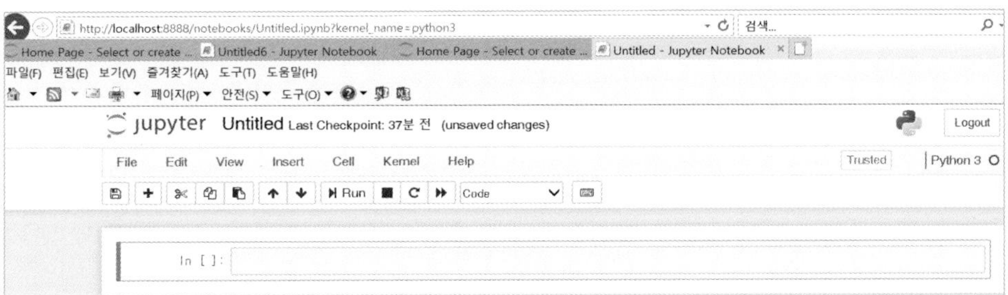

그림 1.3 Jupyter Notebook 화면에서 In[ ] 셀

메뉴에서 [File] ⇒ [Download as] ⇒ [HTML(.html)]을 클릭하면 계산 결과를 html 파일로 다운로드 할 수 있다. 이는 다른 사람들과 결과를 공유할 때 편리하다.

메뉴에서 [File] ⇒ [Download as] ⇒ [LaTeX(.tex)]을 클릭하면 계산 결과를 tex 파일로 다운로드 할 수 있다. 이는 LaTex 편집에 사용할 수 있다.

메뉴에서 [File] ⇒ [Download as] ⇒ [Markdown(.md)]을 클릭하면 계산 결과를 md 파일로 다운로드 할 수 있다. 이는 계산 결과를 리포트 형식으로 정리하는 것도 가능하며, 미리 Markdown 소프트웨어를 인스톨해야 한다.

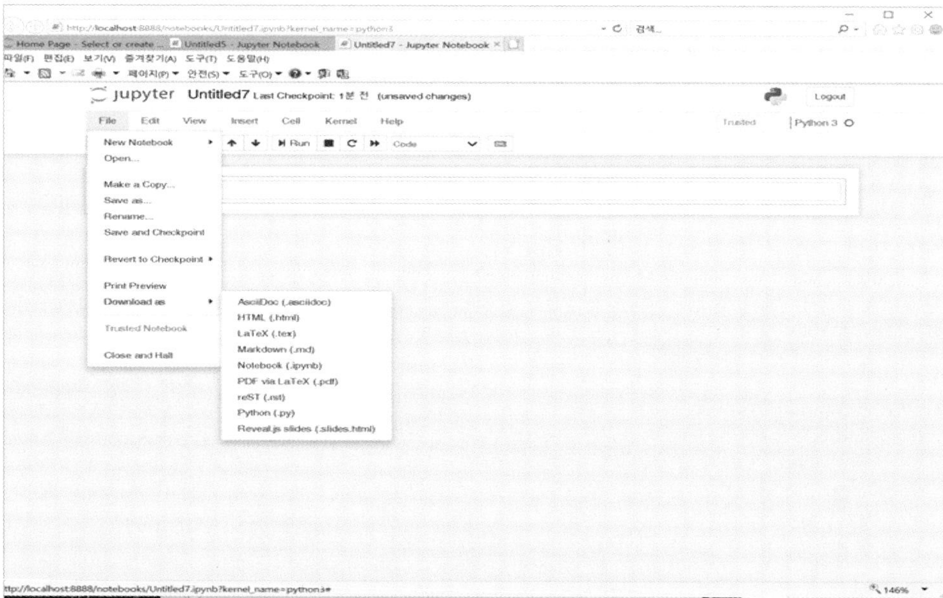

그림 1.4 Download as 여러 종류 파일

오른쪽 상단 [new] 버튼을 누른 후 [Folder]를 선택하면 ◻ Untitled Folder라는 이름으로 폴더가 생성된다. 해당 폴더를 클릭 후 [Rename]을 선택하여 폴더명을 바꿀 수 있다. 예를 들어 'mypyth'라는 폴더명을 만들었다면 이후 mypyth.ipynb 폴더를 열고 코드를 수정할 수 있다. 종료하고자 할 경우에는 우측 상단의 [Logout] 버튼을 누른다.

1.4 도움 이용

Jupyter Notebook 상단의 오른쪽에 있는 [Help]를 클릭하여 Python 사용기법에 필요한 도움을 받을 수 있다. 또한 help() 함수를 사용하여 원하는 함수에 대한 사용 로직의 설명을 볼 수 있다. 그림 1.5에서는 'print'에 대한 도움을 얻고자 help(print)를 수행한 결과를 보여준다.

```
In [1]: help(print)

        Help on built-in function print in module builtins:

        print(...)
            print(value, ..., sep=' ', end='\n', file=sys.stdout, flush=False)

            Prints the values to a stream, or to sys.stdout by default.
            Optional keyword arguments:
            file:  a file-like object (stream); defaults to the current sys.stdout.
            sep:   string inserted between values, default a space.
            end:   string appended after the last value, default a newline.
            flush: whether to forcibly flush the stream.
```

그림 1.5 help 함수 사용

1.5 Python 코딩의 기본 문법

일반적으로 프로그래밍 언어의 타입은 다음과 같이 분류한다.

- 정적 타입(static type) 언어: 자료형을 컴파일 타임에 결정하는 언어, 컴파일 시 자료형에 맞지 않은 값이 들어있으며 컴파일 에러가 발생한다. (예) C언어
- 동적 타입(dynamic type) 언어: 자료형을 실행 시점(런타임)에 결정하는 언어 (예) JavaScript, Ruby, Python
- 약 타입(weakly-typed) 언어: 자료형이 일치하지 않을 경우 암묵적으로 타입을 변환하는 언어
- 강 타입(strongly-typed) 언어: 자료형이 일치하지 않을 경우 에러가 발생하며 암묵적 변환을 지원하지 않음

Python은 동적 타입이면서, 강 타입 프로그래밍 언어이다.

1.5.1 들여쓰기

코딩할 때에는 가독성을 위해 들여쓰기(indentation)를 한다. Python은 문법적인 강제사항으로 들여쓰기를 해야 한다. 코드 블럭을 구성하기 위해 `if`, `for`, `class`, `def` 등을 작성하면서 나오는 ':' 다음의 아랫줄은 들여쓰기를 해야 한다.

들여쓰기의 방법은 한 칸, 두 칸, 네 칸, 탭 등 여러 가지 방식이 있다. 중요한 사항으로는 같은 블록 내에서는 들여쓰기의 칸의 수가 같아야 하며 공백과 탭을 혼용하여 사용하면 안 된다.

예제 1.5.1(a) 들여쓰기를 제대로 한 경우

IN
```
for i in range(3):
    print(i)
```

OUT
```
0
1
2
```

예제 1.5.1(b) 들여쓰기를 제대로 하지 않은 경우

IndentationError 메시지가 나타난다.

IN
```
for i in range(3):
print(i)
```

OUT
```
File "<ipython-input-57-78291925d94f>", line 2
    print(i)
      ^
IndentationError: expected an indented block
```

1.5.2 주석

프로그래밍 언어에서 사람만이 알아볼 수 있도록 코드의 여러 정보를 기록하는 주석(comment)을 이용하면 가독성을 높일 수 있다. '#' 기호로 시작하는 구문은 주석으로서 프로그램 수행에는 영향을 주지 않는다. 또한 글쓰기 도구인 마크다운

(Markdown)을 사용하여 더욱 구체적으로 주석 처리를 할 수 있다. 표 1.1에 마크다운 코드 기호를 나타냈다.

표 1.1 마크다운

마크다운 코드 기호	주석 표현
#	제목
〉	인용
*	강조
–	강조
[텍스트](주소)	링크

예제 1.5.2(a) 주석사용의 경우 – 주석 위치1

IN
```
# 프린트 출력 구문. 주석입니다.
print('Hello, world!')
```

OUT
```
Hello, world!
```

예제 1.5.2(b) 주석사용의 경우 – 주석 위치2

IN
```
print('Hello, world!') # 프린트 출력 구문. 주석입니다.
```

OUT
```
Hello, world!
```

예제 1.5.2(c) 마크다운의 경우

IN
```
# 제목
- 강조-
* 강조*
> 인용

링크: [구글](www.google.com)
```

OUT

1.5.3 단축키

Python 코드 작업 시, 셀을 추가하거나 실행하는 작업이 빈번하므로 주피터 노트북의 단축키를 사용하면 편리하다. 단축키를 모르면 일일이 마우스를 사용하여 클릭해야 한다. [Help]-[Keyboard ShortCuts]를 통해 단축키를 확인할 수 있다. 여기서는 중요한 단축키만 표 1.2에 나타냈다.

표 1.2 단축키 활용

셀 모드	단축키	기능
셀 선택 모드 (셀이 파란색일 때)	a(위로 추가), b(아래로 추가)	셀 추가
	dd	셀 삭제
	shift+m	아래 셀과 합치기
	m(마크다운), y(코드)	셀 타입 변경
	ctrl+ s	파일 저장
코드 입력 모드 (셀이 초록색일 때)	ctrl+ enter	셀 실행
	ctrl+/	주석처리

1.5.4 문장 구분 세미콜론 활용

한 줄에 한 개의 코딩문장을 쓰는 것이 기본이나 한 줄에 여러 개의 코딩문장을 쓰고자 한다면 세미콜론 ‘;’ 을 사용한다.

예제 1.5.4(a) ';' 사용

IN
```
print('Hello'); print('world')
```

OUT
```
Hello
world
```

예제 1.5.4(b) ';' 사용하지 않은 경우

IN
```
print('Hello')
print('world')
```

OUT
```
Hello
world
```

1.5.5 기본 라이브러리

Python 프로그래밍 능력을 높여 줄 더 큰 날개가 있다. 바로 Python 라이브러리를 이용하는 방법이다. Python 라이브러리란 전 세계의 Python 사용자들이 만든 유용한 프로그램을 모아 놓은 것이며, Python을 설치할 때 자동으로 컴퓨터에 설치된다. '라이브러리(library)'는 '도서관'이라는 뜻 그대로 원하는 정보를 찾아보는 곳이다. 모든 라이브러리를 모두 알고 있을 필요는 없으며, 단지 작업을 할 때 어떤 라이브러리를 사용해야 하는지 정도만 숙지하면 된다. 그러기 위해서는 어떤 라이브러리가 존재하고 어떻게 사용하는지를 알아야 하는데, 자주 사용하는 필요한 라이브러리를 알아 두고 임포트(import)하여 활용하면 된다.

Python에 내장된 함수만으로는 작업의 한계가 또렷하다. 따라서 좀 더 복잡한 프로그램을 만들기 위해서는 Python의 모듈(module)과 패키지(package)를 이용해야 한다. 모듈은 각종 변수, 함수, 클래스를 담고 있는 파일이고, 패키지는 여러 모듈을 묶은 것이다. Python을 설치할 때 다양한 모듈과 패키지가 기본으로 설치된다. 만약 기본 모듈과 패키지로는 부족하다면 다른 사람이 만든 유명 모듈과 패키지를 설치하여 사용할 수 있다.

math는 수학 연산 기본 라이브러리이며, sqrt는 제곱근을 구한다. math 패키지 내의 `sqrt()` 함수를 이용하고자 하므로 math 패키지를 임포트한 후 `math.sqrt()`와 같이 사용한다.

예제 1.5.5(a) math.sqrt() 사용

IN
```
import math
math.sqrt(4)
```

OUT
```
2.0
```

모듈의 함수를 사용할 때 math.sqrt처럼 매번 math를 입력하기 번거로울 수 있다. 이러한 경우에는 import as를 사용하여 모듈의 이름을 지정할 수 있다.

```
import 모듈 as 이름
```

이제 math 모듈을 m으로 줄여 쓸 수 있다.

예제 1.5.5(b) m.sqrt() 사용 1

IN
```
import math as m
m.sqrt(4)
```

OUT
```
2.0
```

import as로 모듈의 이름을 지정하는 방법보다 좀 더 편리한 방법이 있다. 이번에는 from import로 원하는 변수만 가져올 수 있다.

```
from 모듈 import 변수
from 모듈 import 함수
from 모듈 import 클래스
```

예제 1.5.5(c) m.sqrt() 사용 2

IN
```
from math import sqrt     # math 모듈에서 sqrt 함수만 가져옴
sqrt(4.0)                 # sqrt 함수를 바로 사용
```

OUT
```
2.0
```

예제 1.5.5(d) sqrt() 사용 1

IN
```
from math import sqrt, pi
print(pi)
sqrt(4.0)
```

OUT
```
3.141592653589793
2.0
```

from math import sqrt, pi로 sqrt와 pi 두 개를 가져왔는데 변수, 함수, 클래스가 여러 개라면 입력하기가 불편하다. 따라서 다음과 같이 모듈의 모든 변수, 함수, 클래스를 가져오는 기능을 사용하기로 하자.

```
from 모듈 import *
```

예제 1.5.5(e) sqrt() 사용 2

IN
```
from math import *
print(pi)
sqrt(4.0)
```

OUT
```
3.141592653589793
2.0
```

이번에는 from import로 변수, 함수, 클래스를 가져온 후 이름을 지정해 사용하고자 한다.

```
from 모듈 import 변수 as 이름
from 모듈 import 함수 as 이름
from 모듈 import 클래스 as 이름
```

예제 1.5.5(f) sqrt() 함수를 s()로 사용 1

IN
```
from math import sqrt as s  # math 모듈에서 sqrt 함수를 별칭이름 s로
                            # 지정
s(4.0)                      # s로 sqrt 함수 사용
```

OUT
```
3.141592653589793
2.0
```

여러 개를 가져올 경우에는 각 변수, 함수, 클래스 등을 콤마로 구분하여 as를 여러 개 지정한다.

```
from 모듈 import 변수 as 이름1, 함수 as 이름2, 클래스 as 이름3
```

예제 1.5.5(g) sqrt() 함수를 s()로 사용 2

IN
```
from math import pi as p, sqrt as s
print(p)                    # p로 원주율 출력
s(4.0)                      # s로 sqrt 함수 사용
```

OUT
```
3.141592653589793
2.0
```

예제 1.5.5(h) import와 del

import로 가져온 모듈(변수, 함수, 클래스)은 del로 해제할 수 있다.

IN
```
import math
del math
```

factorial 방법과 같이 특정 방법만 임포트하여 다음과 같이 사용할 수 있다.

예제 1.5.5(i) factorial() 특정 방법 사용

IN
```
from math import factorial
factorial(4)
```

OUT
```
24
```

예제 1.5.5(j) fac() 별칭 사용

IN
```
from math import factorial as fac
fac(4)
```

OUT
```
24
```

모듈에 포함된 함수 등 목록을 보고 싶다면 dir() 함수를 이용한다.

예제 1.5.5(k) math 모듈에 포함된 함수 목록

IN
```
import math
dir(math)
```

OUT
```
['__doc__',
 '__loader__',
 '__name__',
 '__package__',
 '__spec__',
 'acos',
 'acosh',
 'asin',
 'asinh',
 'atan',
 'atan2',
 'atanh',
 'ceil',
 'copysign',
 'cos',
 'cosh',
 'degrees',
 'e',
 'erf',
 'erfc',
 'exp',
 'expm1',
 'fabs',
 'factorial',
 'floor',
 'fmod',
 'frexp',
 'fsum',
 'gamma',
 'gcd',
 'hypot',
 'inf',
 'isclose',
 'isfinite',
 'isinf',
 'isnan',
 'ldexp',
 'lgamma',
 'log',
 'log10',
 'log1p',
 'log2',
 'modf',
 'nan',
 'pi',
 'pow',
 'radians',
 'remainder',
 'sin',
 'sinh',
 'sqrt',
 'tan',
 'tanh',
 'tau',
 'trunc']
```

예제 1.5.5(I) help()

도움말이 필요한 경우 help() 함수를 이용한다.

IN
```
help(math)
```

OUT
```
Help on built-in module math:
NAME
    math

DESCRIPTION
    This module provides access to the mathematical
functions defined by the C standard.

FUNCTIONS
    acos(x, /)
        Return the arc cosine (measured in radians) of x.

    acosh(x, /)
        Return the inverse hyperbolic cosine of x.

    asin(x, /)
        Return the arc sine (measured in radians) of x.
 ⋮
```

1.5.6 통계분석에 유용한 라이브러리

Python 프로그래밍을 사용할 경우 활용하는 함수에 따라 필요한 라이브러리가 다르다. 이 책에서 주로 사용하는 라이브러리 목록과 기능은 표 1.3과 표 1.4를 참조하면 된다.

Python의 scikit-learn은 딥러닝을 제외한 머신러닝 라이브러리이며 머신러닝에서 가장 많이 활용되는 분류, 회귀, 랭킹, 예측 등의 다양한 알고리즘을 내장하고 있다. Python 머신러닝 애플리케이션에서 수행하는 실제 연산작업 대부분은 일반적으로 C, C++, 자바 등으로 작성한다. Python은 라이브러리를 통해 이를 정리하고 상호작용하는 것이다.

Python은 머신러닝 분야에서 특히 주목받고 있다. 사이킷-런(Scikit-learn)부터 텐

표 1.3 주요 라이브러리

주요 라이브러리	주요 기능	함수 예
pandas	다양한 형식의 데이터 로드	pd.read_csv() pd.read_excel()
	다양한 형식의 데이터 생성	pd.DataFrame() pd.Series()
	데이터 병합, 결합, 연결	pd.concat(), pd.merge()
	데이터 테이블 모양 변경 및 피벗	dataname.melt() dataname.pivot()
	누락된 데이터 작업	pd.isna() dataname.fillna()
	통계적 함수: 공분산, 상관계수, 순위, 사분위수 등	dataname.cov() dataname.corr() dataname.rank() dataname.quantile()
	데이터를 그룹으로 분할하여 집계, 변환, 여과	dataname.groupby.sum() dataname.groupby.last() dataname.groupby.first()
	간단한 시계열 분석 금융데이터 처리	pd.date_range() pd.Series().resample().mean()
numpy	행렬 ,배열(array) 생성	np.arange() np.zeros()
	기본 연산	A+B, A−B, A@B
	인덱싱, 슬라이싱 및 반복	A[], A[:], A[:,:] np.fromfunction()
	배열의 구조 변경	arrayname.resize() arrayname.reshape() arrayname.revel()
matplotlib	그래프 구현 및 편집	plt.plot() plt.title() plt.xlabel()
seaborn	matplotlib 기반으로 복잡한 그래프 시각화	sns.replot() sns.catplot()

서플로우(TensorFlow), CNTK, 아파치 스파크 MLlib(Apache Spark MLlib) 등 풍부한 머신러닝 라이브러리와 딥러닝(Deep Learning) 프레임워크인 파이토치(PyTorch) 등으로 머신러닝 수행이 편리하기 때문이다.

표 1.4 통계 관련 라이브러리

주요 라이브러리	기능	함수 예
scipy	numpy와 상호작용 – 인덱스 트릭 – 다항식 – 벡터화 함수 – 유형 처리	np.some_function() np.vectorize()

	특수기능(scipy.special)
	– 물리수학의 함수 정의
		# 실수차수의 bessel 함수
		special.jn_zeros()

	통계분석(scipy.stats): 확률분포의 확률밀도함수, 누적분포함수, 신뢰구간 등	stat.norm.pdf() stat.norm.cdf() stat.expon.rvs() stat.uniform.ppf()
statsmodels	회귀 및 선형모형 – 선형회귀분석 – 일반화 선형모형 – 일반화 추정방정식 – 이산 종속 변수를 사용한 회귀 – 분산분석	sm.ols() sm.GLM() smf.gee() sm.RLM() sm.stats.anova_lm() sm.Logit()
	시계열 분석 – 시계열 분석 tas – 상태 공간 방법에 의한 시계열 분석 statespace – 벡터 자동회귀 tsa.vector_ar	sm.tsa.UnobservedComponents() sm.tsa.VARMAX() sm.tsa.base.datetools()
	– 생존분석 방법 – 비모수 방법	sm.SurvfuncRight() sm.nonparametric.kernel_regression.KernelReg()
scikit-learn (sklearn)	머신러닝 라이브러리	

예제 1.5.6 머신러닝 기법 모듈의 임포트

IN

```
import numpy as np                    ## 기초 수학 연산 및 행렬계산
import pandas as pd                   ## 데이터프레임 사용
from sklearn import datasets          ## iris와 같은 내장 데이터 사용
```

```
from sklearn.model_selection import train_test_split
                                   ## train, test 데이터 분할

from sklearn.linear_model import LinearRegression
                                   ## 선형회귀분석
from sklearn.linear_model import LogisticRegression
                                   ## 로지스틱 회귀분석
from sklearn.naive_bayes import GaussianNB
                                   ## 나이브 베이즈
from sklearn import svm            ## 서포트 벡터 머신
from sklearn import tree           ## 의사결정나무
from sklearn.ensemble import RandomForestClassifier
                                   ## 랜덤포레스트

import matplotlib.pyplot as plt    ## plot 그릴때 사용
```

1.5.7 사용하는 라이브러리 임포트하기

이 책에서 각 장에 따라 필요한 라이브러리는 다를 수 있다. 각 장에서 사용하는 라이브러리를 모으면 표 1.5와 같다. 그러므로 각 장에서 프로그래밍을 시작할 때마다 우선 다음의 라이브러리를 임포트한 후 코딩 작업을 수행하면 된다.

표 1.5 이 책에서 사용하는 라이브러리 임포트

IN
```
import pandas as pd
import numpy as np
import scipy as sp
from scipy import stats
import seaborn as sns

import statsmodels.formula.api as smf   #통계모형
import statsmodels.api as sm
import matplotlib.pyplot as plt
sns.set()
%precision 3  #소숫점 3자리까지 표현

%matplotlib inline  # 그래프를 주피터 노트북에 그리기 위해
```

2장

Python 사용 기초

2.1 데이터란 무엇인가?

데이터(data)는 지식을 형성하는 데 매우 중요하다. 데이터를 가공하고 분석하여 정보(information)를 만들어내고, 정보에서 지식(knowledge)을 창출하기 때문이다. 데이터란 지식을 형성하기 위한 근본인 것이다. 우리가 데이터 분석을 하는 이유 역시 정보와 지식을 만들기 위함이다. 신문이나 TV 뉴스 또는 온라인상에서의 기사 등을 보다 보면, 우리는 데이터와 데이터에 근거한 분석 또는 해석이 넘쳐나는 세상에 살고 있음을 알 수 있다.

빅데이터(big data)란 데이터의 생성 양, 주기, 형식 등이 기존 데이터보다 너무 크기 때문에 기존의 방법으로는 수집, 저장, 검색, 분석이 어려운 방대한 데이터를 말한다. 인터넷의 발달로 여러 가지 형태의 데이터가 늘어나면서 빅데이터가 등장하였고, 그에 따라 데이터를 저장할 수 있는 메모리 용량은 점점 늘어났다. 처리기술이 발달함에 따라 이를 분석하여 사회현상의 변화를 추적하고, 새로운 법칙을 발견할 수 있는 가능성은 커졌다. 그에 따라 데이터 분석기법의 필요성은 더욱 높아졌다.

본 절에서는 다양한 분야의 실제 데이터 예를 살펴보고 데이터 준비 및 분석의 필요성을 인식하고자 한다.

예제 2.1(a) 여론조사 데이터

대통령 선거, 국회의원 선거 등에서는 지지 비율에 대한 관심뿐만 아니라 지지자의 나이, 성별, 거주지, 성향 등을 같이 조사하여 관련성에 대한 정보를 얻어 선거 대책 수립에 반영한다.

표 2.1 대통령 선거 관련 여론조사 결과 빈도 데이터

		투표 대상 후보			
		M	H	A	합
이념 성향	진보	426	59	215	700
	중도	543	373	674	1590
	보수	130	625	245	1000
	합	1099	1057	1134	3290

예제 2.1(b) 임상시험 데이터

아토피 피부염 환자가 포함된 인체 대상의 시험에서 과자 등을 만들 때 들어가는 식품첨가물이 아토피 피부염을 악화시키는 현상에 대한 연구 데이터를 다음과 같이 얻었다.

이 임상시험에는 174명의 알레르기 환자(아토피 피부염 환자 123명, 기타 알레르기 질환자 51명)가 참가하였다. 시험은 이 중에서 동의서를 쓰고 자원한 54명(아토피 피부염 환자 37명, 기타 알레르기 질환자 17명)에게 '이중맹검방식'(투여자, 복용자, 보호자 등이 모두 모르게 하는 시험)으로 식품첨가물 7종을 넣은 시약과 오미자차로 만든 가짜 약을 각기 다른 날 복용토록 한 뒤에 각각 나타나는 알레르기 증상반응(피부발진, 가려움, 설사 등)을 평가하는 방식으로 이루어졌다.

표 2.2 식품첨가물과 아토피 피부염 데이터

	알레르기 증상반응	
	유	무
식품첨가물 시약	40	60
오미자차로 만든 가짜 약	13	61

예제 2.1(c) 경제 관련 데이터

미국 달러(dollar)에 대한 원화 환율 데이터를 통해 일별, 월별, 연도별 변화 등에 대한 정보를 얻을 수 있다. 과거 정보를 이용하여 미래의 환율 예측도 가능하다.

표 2.3 2020년 2월 미국 달러 환율 데이터(단위: 원)

날짜	매매기준율	현찰 살 때	현찰 팔 때	송금보낼 때
2020.02.28	1,216.00	1,237.28	1,194.72	1,227.90
2020.02.27	1,212.00	1,233.21	1,190.79	1,223.80
2020.02.26	1,215.00	1,236.26	1,193.74	1,226.90
2020.02.25	1,215.00	1,236.26	1,193.74	1,226.90
2020.02.24	1,219.00	1,240.33	1,197.67	1,230.90
2020.02.21	1,211.50	1,232.70	1,190.30	1,223.30
2020.02.20	1,203.00	1,224.05	1,181.95	1,214.70
2020.02.19	1,190.00	1,210.82	1,169.18	1,201.60
2020.02.18	1,190.50	1,211.33	1,169.67	1,202.10
2020.02.17	1,184.00	1,204.72	1,163.28	1,195.60

예제 2.1(d) 전기사용량과 기상 관련 데이터

기상 데이터 분석을 통해 기상 관측 및 예보뿐만 아니라 전기사용량에 관한 중요한 정보를 얻을 수 있다.

표 2.4 A 지역의 전기사용량과 기상 관련 데이터

일시	현재기온 (℃)	현재습도 (%)	현재풍향 (°)	현재풍속 (㎧)	전기사용량 (Wh)
2014-01-01	4	64	254	1.9	1533.11
2014-01-02	0.7	52	270	1.1	1675.34
2014-01-03	1.4	58	346	1.2	1511.82
2014-01-04	−1.9	59	252	0.3	1337.42
2014-01-05	−2.4	64	243	0.2	143.23
2014-01-06	−1.2	70	103	1.3	1765.26
2014-01-07	1.6	72	346	1.2	1650.34
2014-01-08	2.4	88	311	1.1	1555.46
2014-01-09	−8.7	49	275	1.2	1880.40
2014-01-10	−5.5	51	113	2.6	1887.18
2014-01-11	−3.5	72	63	3.0	1337.57
2014-01-12	0.1	67	234	1.9	164.49

예제 2.1(e) 범죄 관련 데이터

각 도시의 범죄 관련 데이터 분석을 통해 도시의 특성과 안전성을 살펴보고 치안 대책 마련에 근거 자료로 활용할 수 있다.

표 2.5 2004년 미국 20개 도시의 범죄 관련 데이터(100,000명당 범죄 건수)(계속)

번호	city	state	murder	forcible rape	robbery	aggravated assault	burglary	larceny–theft	motor vehicle theft	arson
1	AKRON	OH	7	86	288	230	1,462	3,764	681	40
2	ALBIQUERQUE	NM	14	121	567	1,581	2,407	10,042	1,941	28
3	ALEXANDRIA	VA	0	14	74	102	155	1,195	260	7
4	AMARILLO	TX	2	46	195	490	1,089	4,120	469	25
5	ANAHEIM	CA	7	41	245	444	891	3,415	990	12
6	ARLINGTON	TX	8	105	307	460	1,619	7,059	756	28
7	ATLANTA	GA	52	127	1,546	2,224	3,094	10,408	2,909	116
8	AURORA	CO	5	97	250	420	1,205	4,947	1,178	53

표 2.5 2004년 미국 20개 도시의 범죄 관련 데이터(100,000명당 범죄 건수)

번호	city	state	murder	forcible rape	robbery	aggravated assault	burglary	larceny-theft	motor vehicle theft	arson
9	BATON ROUGE	LA	20	50	398	679	1,874	5,026	769	76
10	BEAUMONT	TX	6	25	139	294	803	3,348	244	15
11	BELLEVUE	WA	0	18	40	34	321	1,801	277	16
12	BIRMINGHAM	AL	24	138	557	773	2,362	5,871	1,175	72
13	BOISE	ID	0	68	35	240	595	2,652	255	26
14	BROWNSVILLE	TX	0	31	69	331	593	3,339	193	6
15	BURBANK	CA	1	6	38	81	244	968	250	7
16	CAPE CORAL	FL	1	8	20	132	431	1,152	99	25
17	CARROLLTON	TX	2	2	44	74	374	1,306	234	19
18	CHATTANOOGA	TN	8	74	219	603	1,325	4,617	757	32
19	CHULA VISTA	CA	4	23	131	244	594	1,894	945	20
20	CLARKSVILLE	TN	2	28	65	258	524	2,394	99	14

예제 2.1(f) 2017년 OECD 국가에 대한 보다 나은 삶의 질 데이터

경제 협력 개발 기구(OECD: Organization for Economic Cooperation and Development)에 속한 국가에 대해 삶의 질(better life index: BLI)과 관련된 여러 변수를 정의하고 데이터를 정리하여 국가 간 차이를 알아보고, 삶의 질 향상 정책에 대한 근거 자료로 활용할 수 있다. BLI는 삶의 질과 관련된 주요 통계 중 하나로 인식되며 사회 진보 측정의 도구로도 이용된다. 표 2.6에서 일부 변수를 보여준다.

표 2.6 2017년 OECD 국가 삶의 질 데이터(계속)

	Housing			Income		Jobs				Education		
Indicator	Dwellings without basic facilities	Housing expenditure	Rooms per person	Household net adjusted disposable income	Household net financial wealth	Labour market insecurity	Employment rate	Long-term unemployment rate	Personal earnings	Educational attainment	Student skills	Years in education
Country	Percentage	Percentage	Ratio	US Dollar	US Dollar	Percentage	Percentage	Percentage	US Dollar	Percentage	Average score	Years
Australia	1.1	20	2.3	33417	57462	4.3	72	1.36	52063	80	502	21.2
Austria	1	21	1.6	32544	59574	2.7	72	1.94	48295	85	492	17.1
Belgium	2.3	21	2.2	29968	104084	4.8	62	3.98	49587	75	503	18.2
Canada	0.2	22	2.5	29850	85758	3.9	73	0.81	48403	91	523	16.7
Chile	9.4	18	1.9	16588	21409	8.1	62	2.02	28434	65	443	17.3
Czech Republic	0.6	24	1.4	21103	24258	1.8	72	1.71	23722	93	491	17.3
Denmark	0.6	24	1.9	28950	73543	2.3	75	1.35	52580	81	504	19.7
Estonia	6.9	18	1.6	18665	16967	4	72	2.13	23621	89	524	15.8
Finland	0.5	23	1.9	29374	27972	2.7	69	2.33	42127	88	523	19.8
France	0.5	21	1.8	31137	59479	5	65	4.33	42992	78	496	16.5

표 2.6 2017년 OECD 국가 삶의 질 데이터

	Housing			Income		Jobs				Education		
Indicator	Dwellings without basic facilities	Housing expenditure	Rooms per person	Household net adjusted disposable income	Household net financial wealth	Labour market insecurity	Employment rate	Long-term unemployment rate	Personal earnings	Educational attainment	Student skills	Years in education
Germany	0.1	20	1.8	33652	57358	2	75	1.68	46389	86	508	18.3
Greece	0.5	24	1.2	17002	18117	17.4	52	16.95	25124	72	458	16.9
Hungary	4.3	18	1.2	16821	23289	4.8	67	2.42	21711	83	474	16.6
Iceland	0	24	1.6	30453	64398	2.6	86	0.26	55984	78	481	19.3
Ireland	0.1	21	2.1	25439	43493	2.1	65	4.72	51681	80	509	18.7
Israel	4.4	20	1.2	24036	61805	2.6	69	0.46	34023	87	472	15.8
Italy	0.6	23	1.4	26063	64019	8.1	57	6.82	35397	60	485	16.4
Japan	6.4	22	1.9	28641	97595	1.5	74	1.24	39113	94	529	16.4
Korea	4.2	15	1.4	21723	33495	2.4	66	0.03	32399	87	519	17.4
Latvia	12.9	23	1.2	15269	17105	6.8	69	3.73	22389	89	487	17.9
Luxembourg	0	20	2	41317	74141	3.2	66	1.9	62636	79	483	15.1
Mexico	4.2	21	1	13891	4750	4.6	61	0.08	15311	37	416	14.8
Netherlands	0	20	1.9	28783	90002	2.1	75	2.56	52833	77	508	18.7
New Zealand	0.3	26	2.4	24366	52718	4.9	76	0.72	39397	77	506	17.8
Norway	0	17	2.1	35739	20347	2.7	74	0.59	53643	82	504	18.1
Poland	2.7	23	1.1	18906	14997	4.3	65	2.14	25921	91	504	17.7
Portugal	1	21	1.7	20519	31877	6.5	65	6.14	24529	47	497	17.1
Slovak Republic	1.4	24	1.1	20265	10846	6.7	65	5.46	23508	92	463	15.9
Slovenia	0.3	18	1.5	20505	20048	4	66	4.26	34965	87	509	18.1
Spain	0.1	22	1.9	23129	35443	17.3	60	9.49	37333	58	491	17.9
Sweden	0	20	1.8	30553	90708	5.7	76	1.17	42816	83	496	19.2
Switzerland	0	21	1.9	36378	128415	1.8	80	1.94	60124	87	506	17.5
Turkey	6.5	20	1	17067	4429	13	51	2.24	22848	39	425	17.9
United Kingdom	0.4	24	2	28408	83405	2.6	74	1.32	42835	81	500	16.8
United States	0.1	18	2.4	44049	176076	3.8	69	0.65	60154	90	488	17.1

예제 2.1(g) 코로나 데이터

다음은 2020년 2월 2일 중국의 성(Province)별로 코로나 발생 환자 수, 사망자 수 그리고 회복된 사람 수에 관한 데이터이다. 이러한 데이터는 관심 있는 기간 동안 매일 세계 각국의 지역별로 기록이 되고 있어 코로나 발생 상황에 대한 정보를 얻을 수 있다.

표 2.7 중국의 각 성별 코로나 데이터(계속)

ObservationDate	Province/State	Last Update	Confirmed	Deaths	Recovered
02/02/2020	Hubei	2020-02-02T23:43:02	11177	350	295
02/02/2020	Zhejiang	2020-02-02T18:03:05	661	0	32
02/02/2020	Guangdong	2020-02-02T18:03:05	632	0	15
02/02/2020	Henan	2020-02-02T18:03:05	493	2	10
02/02/2020	Hunan	2020-02-02T18:03:05	463	0	16
02/02/2020	Anhui	2020-02-02T18:03:05	340	0	7

표 2.7 중국의 각 성별 코로나 데이터

ObservationDate	Province/State	Last Update	Confirmed	Deaths	Recovered
02/02/2020	Jiangxi	2020-02-02T18:03:05	333	0	12
02/02/2020	Chongqing	2020-02-02T23:33:02	300	2	7
02/02/2020	Jiangsu	2020-02-02T18:03:05	236	0	7
02/02/2020	Sichuan	2020-02-02T18:03:05	231	1	11
02/02/2020	Shandong	2020-02-02T18:03:05	230	0	6
02/02/2020	Beijing	2020-02-02T08:43:02	191	1	9
02/02/2020	Shanghai	2020-02-02T05:53:02	182	1	10
02/02/2020	Fujian	2020-02-02T03:43:01	159	0	0
02/02/2020	Shaanxi	2020-02-02T03:23:14	116	0	0
02/02/2020	Guangxi	2020-02-02T00:23:13	111	0	2
02/02/2020	Yunnan	2020-02-02T18:03:05	105	0	3
02/02/2020	Hebei	2020-02-02T02:53:02	104	1	3
02/02/2020	Heilongjiang	2020-02-02T03:23:14	95	2	2
02/02/2020	Liaoning	2020-02-02T18:03:05	70	0	1
02/02/2020	Shanxi	2020-02-02T23:23:13	66	0	3
02/02/2020	Hainan	2020-02-02T18:03:05	64	1	4
02/02/2020	Gansu	2020-02-02T23:43:02	51	0	3
02/02/2020	Tianjin	2020-02-02T09:43:01	48	0	1
02/02/2020	Guizhou	2020-02-02T01:03:32	38	0	2
02/02/2020	Ningxia	2020-02-02T01:43:02	28	0	0
02/02/2020	Inner Mongolia	2020-02-02T03:43:01	27	0	1
02/02/2020	Jilin	2020-02-02T02:33:02	23	0	1
02/02/2020	Xinjiang	2020-02-02T00:43:02	21	0	0

2.2 Python 프로그래밍 기본

2.2.1 사칙 연산

Python에서 연산연산자(arithmetic operator)인 + , - , *, / , **을 이용하여 덧셈, 뺄셈, 곱셈, 나눗셈, 제곱셈 등 간단한 수학 계산기능을 이용할 수 있다.

주피터 노트북에서 In[] 셀에 수행하고자 하는 명령문을 쓰고 [Run] 버튼을 누르거나 shift+Enter키를 누르면 코드가 수행된다. 결과는 Out[] 셀에서 보여준다.

예제 2.2.1(a) 간단한 사칙 연산

2+3, 2^3, 1÷2, 3−2×1+4

IN
```
2+3
```
OUT
```
5
```
IN
```
2**3
```
OUT
```
8
```
IN
```
1/2
```
OUT
```
0.5
```
IN
```
3-2*1+4
```
OUT
```
5
```

비교연산자(comparison operator)는 다음과 같다.

```
<    lesser than
>    greater than
<=   lesser than or equal to
>=   greater than or equal to
==   equal
!=   different (not equal)
```

예제 2.2.1(b) 비교연산자 연습

IN
```
1>0.8
```
OUT
```
True
```
IN
```
2<3
```
OUT
```
True
```

IN
```
3<2
```

OUT
```
False
```

예제 2.2.1(c) 비교연산자와 논리

IN
```
x = 10
y = 15
# output : x > y is False
print('x > y is',x>y)
# output : x <y is True
print('x < y is',x<y)
# output : x == y is False
print('x == y is', x==y)
# output : x != y is True
print('x != y is', x!=y)
# output : x >= y is False
print('x >= y is', x>=y)
# output : x <= y is True
print('x <= y is', x<=y)
```

OUT
```
x > y is False
x < y is True
x == y is False
x != y is True
x >= y is False
x <= y is True
```

논리연산자(logical operator)는 다음과 같이 나타낸다.

```
!x       logical NOT
x & y    logical AND
x | y    logical OR
xor(x,y) exclusive OR
```

표 2.8 Python에서의 연산자

<table>
<tr><th>Operator</th><th>의미</th><th>예</th></tr>
<tr><td>=</td><td>equal</td><td></td></tr>
<tr><td>+</td><td>add : 더하기</td><td></td></tr>
<tr><td>−</td><td>subtract: 빼기</td><td></td></tr>
<tr><td>*</td><td>multiply: 곱하기</td><td></td></tr>
<tr><td>/</td><td>divide: 나누기</td><td></td></tr>
<tr><td>%</td><td>moduls: 나머지</td><td>9/2 = 1</td></tr>
<tr><td>//</td><td>floor: 내림</td><td>9//2 = 4   −9//2 = −5</td></tr>
<tr><td>**</td><td>eponent</td><td></td></tr>
<tr><td>&</td><td>and</td><td></td></tr>
<tr><td>|</td><td>or</td><td></td></tr>
<tr><td>^</td><td>exponent</td><td>2^3 = 2*2*2</td></tr>
<tr><td><< binary</td><td>binary left shift</td><td>a=0011 1100   a<<2 :1111 0000</td></tr>
<tr><td>>> binary</td><td>binary right shift</td><td>a=0011 1100   a>>2 :0000 1111</td></tr>
</table>

표 2.9 Python에서 연산자를 이용한 할당

<table>
<tr><th>Operator</th><th>Example</th><th>Equivalent to</th></tr>
<tr><td>=</td><td>x = 5</td><td>x = 5</td></tr>
<tr><td>+=</td><td>x += 5</td><td>x = x + 5</td></tr>
<tr><td>−=</td><td>x −= 5</td><td>x = x − 5</td></tr>
<tr><td>*=</td><td>x *= 5</td><td>x = x * 5</td></tr>
<tr><td>/=</td><td>x /= 5</td><td>x = x / 5</td></tr>
<tr><td>%=</td><td>x %= 5</td><td>x = x % 5</td></tr>
<tr><td>//=</td><td>x //= 5</td><td>x = x // 5</td></tr>
<tr><td>**=</td><td>x **= 5</td><td>x = x ** 5</td></tr>
<tr><td>&=</td><td>x &= 5</td><td>x = x & 5</td></tr>
<tr><td>|=</td><td>x |= 5</td><td>x = x | 5</td></tr>
<tr><td>^=</td><td>x ^= 5</td><td>x = x ^ 5</td></tr>
<tr><td>>>=</td><td>x >>= 5</td><td>x = x >> 5</td></tr>
<tr><td><<=</td><td>x <<= 5</td><td>x = x << 5</td></tr>
</table>

2.2.2 주석 쓰기

줄의 맨 앞에 '#' 를 사용하면 해당 행은 주석(comment)으로 처리된다. 주석으로 처리된 행은 코드로 수행되지 않으므로 결과가 출력되지 않는다.

예제 2.2.2 주석

IN
```
# this is a test
# 345
```

2.2.3 데이터 유형

데이터의 유형으로 문자형, 숫자형, 부울형(boolean)이 있다. 숫자형은 정수형(integer)과 실수형(float)이 있다. `type()` 함수를 사용하면 데이터 유형을 알 수 있다. 서로 다른 유형의 데이터끼리 연산하면 에러가 발생한다. 예를 들어, 문자형과 숫자형 덧셈을 할 경우 오류 메시지를 보여준다.

예제 2.2.3 데이터 유형

IN
```
"A"
```
OUT
```
'A'
```

IN
```
type("A")
```
OUT
```
str
```

IN
```
type(1)
```
OUT
```
int
```

IN
```
type(2.5)
```
OUT
```
float
```

IN
```
type(True)
```
OUT
```
bool
```

IN
```
"A"+2
```

OUT
```
TypeError                 Traceback (most recent call last)
<ipython-input-10-38fce9a3dcfb> in <module>
----> 1"A"+2

TypeError: can only concatenate str (not "int") to str
```

2.2.4 변수

데이터를 할당하는 객체로 변수를 이용한다. 예를 들어, 변수 x에 숫자 2를 할당한다. 이후 생성된 변수 x를 이용하여 계산할 수 있다.

예제 2.2.4 변수 할당

IN
```
x = 2
x+1
```

OUT
```
3
```

2.2.5 함수를 이용한 계산

계산 로직(logic)을 저장해놓는 것을 함수(function)라고 한다. 계산 로직을 처리, 또는 메서드(method)로도 부른다. 같은 계산을 여러 번 해야 할 경우 처리를 함수로 저장해두는 것이 편리하다.

함수를 정의하려면 다음과 같은 요소를 코드에 작성해야 하는데, 먼저 def 행 끝에 ':' (콜론)을 입력해야 한다. 그리고 [enter]를 누르면 두 번째 행은 자동으로 들여쓰기가 된다. 만약 자동으로 되지 않는다면 반드시 들여쓰기(Tab)를 해야 한다.

```
def 함수명(인수) :
    처리
```

예제 2.2.5 함수 사용

IN
```
x = 3 :
(x+2)*4
```
OUT
```
20
```

IN
```
def ex_function(data) :
    return ((data+2)*4)
```

IN
```
ex_function(3)
```
OUT
```
20
```

IN
```
ex_function(5)
```
OUT
```
28
```

IN
```
ex_function(5)+ex_function(7)
```
OUT
```
64
```

2.2.6 클래스와 인스턴스

클래스(class)와 인스턴스(instance)란 데이터 구조와 계산 로직을 한 군데서 사용할 수 있도록 함께 묶어둔 목록이라고 이해할 수 있다. 데이터 분석에 지장이 없을 정도만 간단히 설명하자면, 클래스는 데이터와 기능을 함께 묶는 방법을 제공하고 인스턴스는 클래스에 의해 만들어진 객체이며 각자의 값을 갖는다. 메서드(method)는 함수와 비슷한 개념으로 클래스에 묶여서 클래스 안에 있는 인스턴스와 관계되는 함수이다. 예를 들어, 붕어빵틀은 클래스, 붕어빵틀 안에 있는 석쇠는 메서드, 결과로 나오는 붕어빵은 인스턴스로 비유할 수 있다.

다른 프로그래밍 언어들과 비교할 때, Python의 클래스 메커니즘은 최소한의 새로운 문법과 개념을 써서 클래스를 추가할 수 있다. Python 클래스는 객체지향형 프로그래밍의 모든 표준 기능들을 제공한다. 즉 클래스 상속 메커니즘은 다중 베이스 클래스를 허락하고, 자식 클래스는 베이스 클래스나 클래스들의 어떤 메서드도

재정의할 수 있으며, 메서드는 같은 이름의 베이스 클래스의 메서드를 호출할 수 있다. 객체들은 임의의 종류의 데이터를 양적 제한 없이 가질 수 있다. 모듈과 마찬가지로, 클래스는 Python의 동적인 본성을 함께 나누며 실행 시간에 만들어지고, 만들어진 후에도 더 수정될 수 있다. 프로그래밍 언어에서 사용되는 이러한 개념에 대한 설명은 이 책의 범위를 넘어가기에 생략하기로 한다.

클래스를 만드는 형식을 다음과 같은 요소를 갖추어 코드로 작성한다.

```
class 클래스명 :
    def 함수명1(인수) :
        처리1
    def 함수명2(인수) :
        처리2
```

예제 2.2.6(a) 한 가지 함수를 적용한 클래스

IN
```
class Ex_class:
    def __init__(self,data1,data2):
        self.r=data1
        self.l=data2
x = Ex_class(3.0,4.0)
x.r+x.l
```

OUT
```
7.0
```

예제 2.2.6(b) 두 가지 함수를 적용한 클래스

IN
```
class Rectangle:
    count = 0 # 클래스 변수

    # 초기자(initializer)
    def __init__(self,width,height):
        # self.* : 인스턴스 변수
        self.width = width
        self.height = height
        Rectangle.count += 1
```

```
    # 메서드
    def calcArea(self):
        area = self.width * self.height
        return area

r = Rectangle(2,3)        # 인스턴스 생성

area = r.calcArea()       # 메서드 호출
print("area = ",area)

r.width = 10              # 인스턴스 변수 엑세스
print("width = ",r.width)

print(Rectangle.count)  # 클래스 변수 엑세스
print(r.count)
```

OUT

```
area = 6
width = 10
1
1
```

예제 2.2.6(c) 문자를 반환하는 함수를 적용한 클래스

IN

```
class Animal:
    def __init__(self,name):
        self.name = name
    def move(self):
        print('move')
    def speak(self):
        pass

class Dog (Animal):
    def speak(self):
        print('bark')

class Duck (Animal):
    def speak(self):
        print('quack')
```

IN
```
dog = Dog('doggy')         # 부모클래스의 생성자
n = dog.name               # 부모클래스의 인스턴스 변수
dog.move()                 # 부모클래스의 메서드
dog.speak()                # 파생클래스의 멤버
```

OUT
```
move
bark
```

IN
```
animals = [Dog('doggy'),Duck('duck')]

for a in animals:
    a.speak()
```

OUT
```
bark
quack
```

IN
```
dog.speak()
```

OUT
```
bark
```

IN
```
dd = Duck('duck')
dd.speak()
```

OUT
```
quack
```

2.2.7 내장 함수

Python에서는 다양한 수학적 또는 통계적 함수(function)를 사용할 수 있다. Python의 내장함수의 일부가 표 2.10에 나열되어 있다.

표 2.10 Python에 내장된 np. 주요 수학 함수

Python 내장 수학 함수	내용
sqrt(x)	x의 제곱근
sin(x)	sin x
cos(x)	cos x
tan(x)	tan x
abs(x)	x의 절댓값(absolute value)
log(x) log(x, a) log10(x)	$\log_e x$ $\log_a x$ $\log_{10} x$
math.factorial(n)	$n! = n \times (n-1) \times (n-2) \times \cdots \times 2 \times 1$

$\sqrt{2}$, $\sin(\pi)$, e^1, $\log_{10}10$, $\log_2 10$, $\log_e 10$, $|-3|$, $5!$ 값을 Python에서 계산해 보자. `import math` 수행 후, `math.`함수()를 이용한다.

예제 2.2.7(a) 제곱근

IN
```
np.sqrt(2)
```

OUT
```
1.4142135623730951
```

예제 2.2.7(b) 사인 함수

IN
```
np.sin(np.pi)
```

OUT
```
1.2246467991473532e-16
```

예제 2.2.7(c) 로그 함수

IN
```
import math
print(math.log10(10))
print(math.log(10, 2))
print(math.log(10))              #자연로그
```

OUT
```
1.0
3.3219280948873626
2.3978952727983707
```

예제 2.2.7(d) 지수 함수

IN
```
np.exp(1)
```

OUT
```
2.718281828459045
```

예제 2.2.7(e) 절댓값 함수

IN
```
abs(-3)
```
OUT
```
3
```

예제 2.2.7(f) 계승(factorial) 함수

IN
```
math.factorial(5)
```
OUT
```
120
```

2.2.8 경고와 오류

Python이 이해할 수 없는 명령어를 만났을 때, 다음과 같은 경고(warning)나 오류 메시지(error message)가 나타난다.

예제 2.2.8(a) 함수 자체가 틀렸을 경우

IN
```
prit("Hello")
```
OUT
```
---------------------------------------------------------------
NameError                     Traceback (most recent call last)
<ipython-input-324-a136c45b5939> in <module>
----> 1 prit("Hello")

NameError: name 'prit' is not defined
```

함수 이름에 대한 오류 메시지가 나오므로 정확한 함수 이름을 사용해야 한다. `print("Hello")`로 수정해야 한다.

예제 2.2.8(b) 명령어 표현에서의 오류(syntax error)

IN
```
np.sqrt{3}
```

OUT
```
File "<ipython-input-328-367e005ad413>", line 1
    np.sqrt{3}
           ^
SyntaxError: invalid syntax
```

문법 에러 또는 파싱 에러로 오류의 위치에 대한 표시도 나타난다. `np.sqrt(3)`로 수정해야 한다.

예제 2.2.8(c) 계산할 수 없는 경우

IN
```
np.sqrt(-3)
```

OUT
```
nan
```

여기서 nan은 "not a number"의 약자이다.

예제 2.2.8(d) 계산이 정의되지 않는 경우

IN
```
1/0
```

OUT
```
ZeroDivisionError: division by zero
```

0으로 나눌 수 없어 숫자 결과를 출력할 수 없다.

예제 2.2.8(e) 데이터 유형이 달라 계산이 정의되지 않는 경우

IN
```
'3'+2
```

OUT
```
TypeError: can only concatenate str (not "int") to str
```

문자와 숫자의 계산은 불가능하므로 TypeError 메시지가 나타난다.

예제 2.2.8(f) 값이 없는 경우

IN
```
a = [ ]
a
```
OUT
```
[]
```

예제 2.2.8(g) 명령문이 끝나지 않은 상태에서 [Enter] 키를 입력한 경우

IN
```
np.sqrt(3
```
OUT
```
SyntaxError: unexpected EOF while parsing
```

EOF(end of file)이 제대로 실행되지 않음을 알려준다.

2.3 할당

나중에 다시 사용할 값에는 이름을 붙이는 것이 편리하며, 이를 할당(assignment)이라고 부른다. 등호 왼쪽에 붙이고자 하는 이름을 주고 등호 오른쪽에는 주고자 하는 값을 쓴다. 객체 이름을 지을 때 알파벳, 숫자, "_" 을 함께 사용할 수 있으나 수학 연산자 +, -, * , / , ^는 사용할 수 없다. 또한 첫 문자로 숫자는 사용할 수 없다.

할당은 할당된 결과를 Python 콘솔에 보여주지 않는다. 할당연산자(assignment operator)로 ' = '를 사용할 수 있다. print() 함수를 사용하여 할당된 결과를 볼 수 있다.

예제 2.3(a) 스칼라 할당

IN
```
xconst_1 = 3
xconst_1
```
OUT
```
3
```

예제 2.3(b) 벡터 할당

IN
```
sample_list = [1,2,3,4,5]
sample_list
```
OUT
```
[1, 2, 3, 4, 5]
```

IN
```
sample_array = np.array([1,2,3,4,5])
sample_array
```
OUT
```
array([1, 2, 3, 4, 5])
```

IN
```
sample_array+3
```
OUT
```
array([4, 5, 6, 7, 8])
```

예제 2.3(c) 행렬 할당

IN
```
sample_array2 = np.array([[1,2,3,4,5],
                          [6,7,8,9,10]])  # 2×5 행렬
sample_array2
```
OUT
```
array([[ 1,  2,  3,  4,  5],
       [ 6,  7,  8,  9, 10]])
```

IN
```
sample_array2.shape
```
OUT
```
(2, 5)
```

2.4 데이터벡터 만들기

2.4.1 데이터벡터

데이터셋은 보통 여러 개의 관측값을 가지며 서로 다른 관측값에는 다른 첨자를 사용하여 $x_1, x_2, ..., x_n$과 같이 표현한다.

numpy와 pandas라는 외부 패키지를 사용하면 데이터를 다루는 일이 간단해진다. 외부 패키지를 임포트하면 편리한 함수나 클래스를 사용할 수 있어 간단하게 분석을 할 수 있다. 패키지를 임포트하기 위해서는 다음과 같은 코드를 실행한다. 각각의 패키지를 임포트하여 np와 pd라는 약자로 사용할 수 있도록 한다. 이 장에서는 다음의 패키지를 임포트한 후 작업을 수행하기로 한다.

IN
```
import numpy as np
import pandas as pd
```

numpy의 기능을 사용할 경우 'np.함수', 'np.클래스명'처럼 접두어로 np.을 붙인다. pandas의 기능을 사용할 경우 'pd.함수', 'pd.클래스명'처럼 접두어로 pd.을 붙인다. numpy는 배열 데이터를 다루는 클래스를 주로 사용하며 행렬연산에 강한 패키지이다. pandas는 데이터프레임 관리에 강력한 클래스를 주로 사용한다.

예제 2.4.1(a) 국어 시험 점수를 데이터벡터로 저장

A반 학생 10명의 국어 시험 점수가 다음과 같다.

96, 80, 76, 96, 88, 75, 78, 89, 92, 70

데이터벡터로 저장하고자 할 때 [ ] 또는 array([ ])를 이용하여 만들 수 있다. B반 10명 학생의 국어 시험 점수가 다음과 같다고 하자.

67, 83, 96, 90, 85, 75, 82, 89, 92, 75

학생 20명 모두의 국어 점수를 score라는 벡터로 저장하고자 한다.

IN
```
k_score = np.array([96, 80, 76, 96, 88, 75, 78, 89, 92, 70])
k_score
```

OUT
```
array([96, 80, 76, 96, 88, 75, 78, 89, 92, 70])
```

IN
```
k_score_2 = np.array([67, 83, 96, 90, 85, 75, 82, 89, 92, 75])
k_score_2
```

OUT
```
array([67, 83, 96, 90, 85, 75, 82, 89, 92, 75])
```

IN
```
score = np.append(k_score, k_score_2)
score
```

OUT
```
array([96, 80, 76, 96, 88, 75, 78, 89, 92, 70, 67, 83, 96, 90,
       85, 75, 82, 89, 92, 75])
```

예제 2.4.1(b) 두 반 학생들의 국어 점수를 한 개 벡터로 만들기

hstack() 함수를 사용하면 다음과 같이 수평결합을 얻는다.

IN
```
sc = np.hstack([k_score, k_score_2])
print(sc)
```

OUT
```
[96 80 76 96 88 75 78 89 92 70 67 83 96 90 85 75 82 89 92 75]
```

2.4.2 데이터의 유형

필요에 따라 데이터 또는 데이터 객체의 유형(type)을 변환시킬 수 있다.

표 2.11 데이터 유형 변환 함수

데이터 유형	변환 함수	예
real number	float()	float(57)
		57.0
integer	integer()	integer(15.4)
		15
string: sequence of characters	str()	str(12)
		'12'
list	list()	coral = ('blue coral', 'staghorn coral', 'pillar coral') list(coral)
		['blue coral', 'staghorn coral', 'pillar coral']

2.5 데이터벡터에 함수 적용하기

2.5.1 반올림

숫자 데이터값에 대해 올림, 내림, 버림을 하기 위해 math 패키지를 임포트한 후 math.ceil(), math.floor(), math.trunc() 함수를 이용한다. 반올림을 하기 위해서는 Python에 내장된 round() 함수를 사용한다.

예제 2.5.1 숫자에 대해 올림, 내림, 버림과 반올림

IN
```
import math
z = math.ceil(5.76543)
print(z)
z = math.floor(5.76543)
print(z)
z = math.trunc(5.76543)
print(z)
z = round(5.76543, 2)    # 소수점이하 2 자리
print(z)
```

OUT
```
6
5
5
5.77
```

IN
```
z = math.ceil(-5.76543)
print(z)
z = math.floor(-5.76543)
print(z)
z = math.trunc(-5.76543)
print(z)
z = round(-5.76543, 2)
print(z)
```

OUT
```
-5
-6
-5
-5.77
```

2.5.2 기초통계량

통계량의 계산이나 기본적인 데이터 분석에 사용되는 함수는 scipy 패키지에 들어 있다. 그러므로 `import scipy as sp`로 임포트한 후 sp.으로 시작하여 scipy 함수를 사용할 수 있다. 데이터 객체에 기초통계량을 구하기 위한 함수로 sum(합계), mean(평균), amax(최댓값), amin(최솟값), var(분산), std(표준편차) 등을 이용한다.

분산의 경우 `ddof=0`인 경우에는 최대우도분산추정량, `ddof=1`인 경우에는 불

편분산추정량을 이용한 경우이다. 데이터 $\{x_1, x_2, ..., x_n\}$에 대해 분산과 표준편차 추정량은 다음과 같다.

$$ddof = 0 \quad : \quad s_0^2 = \frac{1}{n}\sum_{i=1}^{n}(x_i - \overline{x})^2, \quad s_0 = \sqrt{s_0^2} \tag{2.1}$$

$$ddof = 1 \quad : \quad s_1^2 = \frac{1}{n-1}\sum_{i=1}^{n}(x_i - \overline{x})^2, \quad s_1 = \sqrt{s_1^2} \tag{2.2}$$

여기서 $\overline{x} = \frac{1}{n}\sum_{i=1}^{n} x_i$는 표본평균이다.

예제 2.5.2 A반 학생의 국어 점수 데이터

96, 80, 76, 96, 88, 75, 78, 89, 92, 70

평균, 분산, 표준편차, 최댓값, 최솟값, 중앙값 등 기초통계량을 구해보고자 한다.

IN
```
import scipy as sp          # 기본적 데이터 분석

%precision 3                # 자리수 지정
```
OUT
```
'%.3f'
```

IN
```
k_score = np.array([96, 80, 76, 96, 88, 75, 78, 89, 92, 70])
sp.sum(k_score)             # sum
```
OUT
```
840
```

IN
```
len(k_score)                # length
```
OUT
```
10
```

IN
```
sum_value = np.sum(k_score)
n = len(k_score)
mu = sum_value/n
mu
```
OUT
```
84.0
```

IN
```
sp.mean(k_score)         # mean
```
OUT
```
84.0
```

IN
```
sp.var(k_score,ddof = 0)        # variance
```
OUT
```
78.6
```

IN
```
sp.var(k_score, ddof = 1) # unbiased var : divided by (n-1)
```
OUT
```
87.33333333333333
```

IN
```
sp.var(k_score)
```
OUT
```
78.6
```

IN
```
sigma2 = sp.var(k_score)
sp.sqrt(sigma2)          # standard deviation
```
OUT
```
8.8656641037206
```

IN
```
sp.var(k_score, ddof = 0)      # var : divided by n
```
OUT
```
78.6
```

IN
```
sp.std(k_score, ddof = 0)      # std : divided by n
```
OUT
```
8.8656641037206
```

IN
```
sp.std(k_score, ddof = 1)      # std : divided by (n-1)
```
OUT
```
9.345230512584124
```

IN
```
sp.amax(k_score)         # maximum
```
OUT
```
96
```

IN
```
sp.amin(k_score)        # minimum
```
OUT
```
70
```
IN
```
sp.median(k_score)      #  median
```
OUT
```
84.0
```
IN
```
k_score/sp.std(k_score, ddof = 1)  # 표준화
```
OUT
```
array([10.273,  8.561,  8.132, 10.273,  9.417,  8.025,
        8.347,  9.524,9.845,  7.49])
```
IN
```
k_score/sp.std(k_score, ddof = 0)  # 표준화 with unbiased var
```
OUT
```
array([10.828,  9.024,  8.572, 10.828,  9.926,  8.46 ,  8.798,
        10.039,10.377,  7.896])
```
IN
```
from scipy import stats
stats.scoreatpercentile(k_score, 25)   # 25 percentile
```
OUT
```
76.5
```

2.5.3 행 열별 함수적용

map() 함수는 데이터 객체에 대해 원하는 함수를 적용하는 편리한 기능을 가진다.

예제 2.5.3(a) map() 함수

IN
```
map(len, [[1,2,3], [4,5,6]])
```
OUT
```
[ 3, 3 ]
```

각 객체에 대해 len 함수를 적용한다. 즉 각 객체의 길이(length)를 구한다.

예제 2.5.3(b) 문자벡터와 숫자벡터로 구성된 데이터 df 생성

IN
```
import pandas as pd
df = pd.DataFrame({'grp_col_1' :  ['a', 'b', 'c', 'd', 'e',
                    'f', 'g', 'h', 'i', 'j'],
                    'grp_col_2' : [3,3,3,3,3, 3,3,3,3,3],
                    'val_1' : np.arange(10)})
df
```

OUT

	grp_col_1	grp_col_2	val_1
0	a	3	0
1	b	3	1
2	c	3	2
3	d	3	3
4	e	3	4
5	f	3	5
6	g	3	6
7	h	3	7
8	i	3	8
9	j	3	9

예제 2.5.3(c) 앞서 만든 데이터프레임 df에서 연속형 변수에 대한 평균

IN
```
df.mean()
```

OUT
```
grp_col_2  3.0
val_1      4.5
dtype: float64
```

예제 2.5.3(d) 데이터프레임 df에서 연속형 변수에 대한 열별 평균

IN
```
df.mean(axis=0)  # column 별 평균
```

OUT
```
grp_col_2 3.0
val_1     4.5
dtype: float64
```

예제 2.5.3(e) 데이터프레임 df에서 연속형 변수에 대한 행별 평균

IN
```
df.mean(axis = 1)  # row 별 평균
```

OUT
```
0    1.5
1    2.0
2    2.5
3    3.0
4    3.5
5    4.0
6    4.5
7    5.0
8    5.5
9    6.0
dtype: float64
```

2.5.4 순서함수

데이터에 대해 특정 변수를 기준으로 순서대로 정렬하고자 한다. 데이터에 대해 순서대로 정렬하기 위해 `sorted()` 함수를 사용한다. 오름차순으로 정렬하는 것이 디폴트이며 역순, 즉 내림차순으로 정렬하려면 `reverse = True` 옵션을 쓴다.

예제 2.5.4(a) 순서함수 sorted() 이용

IN
```
sorted([5, 2, 3, 1, 4])
```

OUT
```
[1, 2, 3, 4, 5]
```

예제 2.5.4(b) numpy 라이브러리 내장된 순서함수 np.sort() 이용

IN
```
np.sort([5, 2, 3, 1, 4])
```

OUT
```
[1, 2, 3, 4, 5]
```

예제 2.5.4(c) 내림차순으로 정렬

IN
```
sorted([5, 2, 3, 1, 4], reverse = True)
```
OUT
```
[5, 4, 3, 2, 1]
```

예제 2.5.4(d) 데이터가 알파벳으로 구성된 경우 알파벳 순으로 정렬

IN
```
names = ['Harry', 'Suzy', 'Andy', 'Mark']
sorted(names)
```
OUT
```
['Andy', 'Harry', 'Mark', 'Suzy']
```

예제 2.5.4(e) 순서함수의 활용

이름, 나이, 키가 조사된 데이터로 다음의 데이터프레임 df를 만들었다.

IN
```
df = pd.DataFrame(
    {'name': ['KIM', 'LEE', 'Park','Bae', 'Kang'],
     'age': [24, 32, 43, 24, np.nan],
     'height': [160, 170, 165, 173, 158]})
df
```
OUT

	name	age	height
0	KIM	24.0	160
1	LEE	32.0	170
2	Park	43.0	165
3	Bae	24.0	173
4	Kang	NaN	158

나이를 기준으로 순위를 주어 rank_average 변수를 생성하고자 한다. method = 'min' 옵션은 동점일 경우 최솟값을 주고 ascending = False 옵션은 내림차순, 즉 값이 클수록 큰 순위를 갖도록 한다.

결측값은 후순위를 주고자 할 경우 na_option = 'bottom' 옵션을 쓴다.

IN
```
df['rank_average'] = df['age'].rank(method = 'min',
                                    ascending = False, na_option = 'bottom')
df
```

OUT

	name	age	height	rank_average
0	KIM	24.0	160	3.0
1	LEE	32.0	170	2.0
2	Park	43.0	165	1.0
3	Bae	24.0	173	3.0
4	Kang	NaN	158	5.0

예제 2.5.4(f) 데이터프레임 df에 대해 결측값은 후순위를 주고자 할 경우

na_option = 'bottom' 옵션을 쓴다. method = 'average' 옵션은 동점일 경우 평균 순위를 준다.

IN
```
df['rank_average'] = df['age'].rank(method = 'average',
                                    ascending = False, na_option = 'top')
df
```

OUT

	name	age	height	rank_average
0	KIM	24.0	160	4.5
1	LEE	32.0	170	3.0
2	Park	43.0	165	2.0
3	Bae	24.0	173	4.5
4	Kang	NaN	158	1.0

예제 2.5.4(g) 데이터프레임 df에 대해 name 변수를 기준으로 오름차순으로 재배열

영문 이름이므로 알파벳순으로 재배열하게 된다.

IN
```
dfObj = df.sort_values(by = 'name')
print("Contents of Sorted Dataframe based on a single column
'name' : ")
print(dfObj)
```

OUT
```
Contents of Sorted Dataframe based on a single column 'name' :
   name   age  height
3   Bae  24.0     173
0   KIM  24.0     160
4  Kang   NaN     158
1   LEE  32.0     170
2  Park  43.0     165
```

예제 2.5.4(h) 데이터프레임 df에 대해 age 변수를 기준으로 오름차순으로 재배열

IN
```
dfObj = df.sort_values(by = 'age')
print("Contents of Sorted Dataframe based on a single column
      'age' : ")
print(dfObj)
```

OUT
```
Contents of Sorted Dataframe based on a single column 'age' :
   name   age  height
0   KIM  24.0     160
3   Bae  24.0     173
1   LEE  32.0     170
2  Park  43.0     165
4  Kang   NaN     158
```

예제 2.5.4(i) 데이터프레임 df에 대해 height 변수를 기준으로 내림차순으로 재배열

IN
```
dfObj = df.sort_values(by ='height' , ascending = False)
print("Contents of Sorted Dataframe based on a single column
      'height' : ")
print(dfObj)
```

OUT
```
Contents of Sorted Dataframe based on a single column 'height' :
   name   age  height
3   Bae  24.0     173
1   LEE  32.0     170
2  Park  43.0     165
0   KIM  24.0     160
4  Kang   NaN     158
```

예제 2.5.4(j) 데이터프레임 df에 대해 age, height 변수 기준 순서대로 오름차순으로 재배열

IN
```
dfObj = df.sort_values(by = ['age','height' ])
print("Contents of Sorted Dataframe by 'age' then by 'height'
: ")
print(dfObj)
```

OUT
```
Contents of Sorted Dataframe by 'age' then by 'height' :
   name   age  height
0   KIM  24.0     160
3   Bae  24.0     173
1   LEE  32.0     170
2  Park  43.0     165
4  Kang   NaN     158
```

2.6 구조적인 데이터 만들기

구조(structure) 또는 패턴(pattern)이 있는 데이터를 생성할 때 `arange()`, `tile()` 함수를 이용한다.

예제 2.6(a) 1부터 5까지 일련번호를 생성

IN
```
np.arange(start = 1, stop = 6, step = 1)
```

OUT
```
array([1, 2, 3, 4, 5])
```

예제 2.6(b) 0.1부터 1까지 0.2 간격으로 등차수열을 생성

IN
```
np.arange(start = 0.1, stop = 1.0, step = 0.2)
```

OUT
```
array([0.1, 0.3, 0.5, 0.7, 0.9])
```

예제 2.6(c) 여러 가지 배열 만들기

IN
```
np.tile("A",3)
```
OUT
```
array(['A', 'A', 'A'], dtype = '<U1')
```

IN
```
np.tile(0,5)
```
OUT
```
array([0, 0, 0, 0, 0])
```

IN
```
np.zeros(4)
```
OUT
```
array([0., 0., 0., 0.])
```

IN
```
np.zeros([2,3])          # 2차원 배열
```
OUT
```
array([[0., 0., 0.],
       [0., 0., 0.]])
```

IN
```
np.ones(3)
```
OUT
```
array([1., 1., 1.])
```

2.7 데이터벡터 다루기

각 관측값 $x_1, x_2, ..., x_n$은 Python에서는 `x[0]`, `x[1]`, …, `x[n]`과 같이 사용한다. 즉 첫 번째 인덱스는 0부터 시작한다. 배열의 첨자는 [ ] 안에 표현하여 인식하게 된다.

예제 2.7(a) A 회사의 2007년 월별매출액 데이터

100, 120, 130, 124, 150, 167, 170, 163, 160, 155, 145, 157

지수(index)를 사용하여 데이터벡터를 다루어 보기로 한다.

IN
```
x = np.array([100, 120, 130, 124, 150, 167, 170, 163, 160,
155, 145, 157])
x[1]     # index = 1 인 경우만
```
OUT
```
120
```

IN
```
x[1:3]  # index 1,2 인 경우만
```
OUT
```
array([120, 130])
```
IN
```
x[1:4]  # index 1,2,3 인 경우만
```
OUT
```
array([120, 130, 124])
```

예제 2.7(b) 데이터벡터 x에 대해 음수 인덱싱을 사용

IN
```
print(x[-1])      # 끝에서부터 index = 1인 경우만
print(x[-3])      # 끝에서부터 index = 3인 경우만
print(x[1:-3])    # 시작 index = 1부터 끝에서부터 index = 3 포함하기
                  # 전까지
print(x[7: ])     # 시작 index = 7부터 끝까지
print(x[ :3])     # 처음부터 index = 3 포함하기 전까지
```
OUT
```
157
155
[120 130 124 150 167 170 163 160]
[163 160 155 145 157]
[100 120 130]
```

예제 2.7(c) 데이터 열벡터

IN
```
a = [1,2,3,4,5]
a
```
OUT
```
[1, 2, 3, 4, 5]
```

예제 2.7(d) 데이터 열벡터, 데이터 행렬, 데이터프레임: pandas의 DataFrame 사용

IN
```
sample_df = pd.DataFrame({
        'col1': [1,2,3,4,5],
        'col2': [6,7,8,9,10],
        'col3': ["a", "b", "c", "d", "e"]})
sample_df
```

OUT

	col1	col2	col3
0	1	6	a
1	2	7	b
2	3	8	c
3	4	9	d
4	5	10	e

2.8 벡터와 행렬 표현과 연산

행렬(matrix)이란 숫자 또는 변수를 직사각형 또는 정사각형 모양으로 정렬한 배열을 의미한다. 배열된 수를 그 행렬의 **성분**(entry)이라 한다. 행렬은 열벡터(column vector) 또는 행벡터(row vector)로 구성되며 다음과 같이 표현한다.

$$\boldsymbol{A}_{n \times p} = \begin{pmatrix} a_{11} & a_{12} & \dots & a_{1p} \\ a_{21} & a_{22} & \dots & a_{2p} \\ \vdots & \vdots & \vdots & \vdots \\ a_{n1} & a_{n2} & \dots & a_{np} \end{pmatrix} = (a_{ij}) \tag{2.3}$$

열벡터는

$$\boldsymbol{a} = \begin{pmatrix} a_1 \\ a_2 \\ \vdots \\ a_p \end{pmatrix} \tag{2.4}$$

행벡터는 $a' = (a_1, a_2, \dots, a_p)$로 표현된다.

이 책에서는 행렬과 벡터는 진한(bold) 글씨체로 표현하여 스칼라와 구분되도록 표기하도록 한다.

$p \times 1$ 열벡터 $\boldsymbol{x}$와 $\boldsymbol{y}$

$$\boldsymbol{x} = \begin{pmatrix} x_1 \\ x_2 \\ \vdots \\ x_p \end{pmatrix}, \qquad \boldsymbol{y} = \begin{pmatrix} y_1 \\ y_2 \\ \vdots \\ y_p \end{pmatrix} \tag{2.5}$$

에 대한 기본 연산에 대해 알아보자.

상수 c에 대해, 스칼라 c와 벡터 $\boldsymbol{x}$와의 곱은 벡터 $\boldsymbol{x}$의 각 성분에 c배 한 것과 같다. 즉

$$c\boldsymbol{x} = \begin{pmatrix} cx_1 \\ cx_2 \\ \vdots \\ cx_p \end{pmatrix} \tag{2.6}$$

두 벡터의 합은 $\boldsymbol{x}$와 $\boldsymbol{y}$ 각 성분의 합과 같다. 즉

$$\boldsymbol{x} + \boldsymbol{y} = \begin{pmatrix} x_1 \\ x_2 \\ \vdots \\ x_p \end{pmatrix} + \begin{pmatrix} y_1 \\ y_2 \\ \vdots \\ y_p \end{pmatrix} = \begin{pmatrix} x_1 + y_1 \\ x_2 + y_2 \\ \vdots \\ x_p + y_p \end{pmatrix} \tag{2.7}$$

두 벡터의 곱은

$$\boldsymbol{x}'\boldsymbol{y} = (x_1\ x_2\ \cdots\ x_p)\begin{pmatrix} y_1 \\ y_2 \\ \vdots \\ y_p \end{pmatrix} = x_1y_1 + x_2y_2 + \cdots + x_py_p \tag{2.8}$$

으로 정의된다.

$$\boldsymbol{A}_{n \times p} = \begin{pmatrix} a_{11} & a_{12} & \dots & a_{1p} \\ a_{21} & a_{22} & \dots & a_{2p} \\ \vdots & \vdots & \vdots & \vdots \\ a_{n1} & a_{n2} & \dots & a_{np} \end{pmatrix} = (a_{ij}),\ \boldsymbol{B}_{n \times p} = \begin{pmatrix} b_{11} & b_{12} & \dots & b_{1p} \\ b_{21} & b_{22} & \dots & b_{2p} \\ \vdots & \vdots & \vdots & \vdots \\ b_{n1} & b_{n2} & \dots & b_{np} \end{pmatrix} = (b_{ij}). \tag{2.9}$$

행렬의 합은

$$\begin{aligned} \boldsymbol{A} + \boldsymbol{B} &= (a_{ij}) + (b_{ij}) = (a_{ij} + b_{ij}) \\ &= \begin{pmatrix} a_{11} + b_{11} & a_{12} + b_{12} & \cdots & a_{1p} + b_{1p} \\ \vdots & \vdots & \cdots & \vdots \\ a_{n1} + b_{n1} & a_{n2} + b_{n2} & \cdots & a_{np} + b_{np} \end{pmatrix} \end{aligned} \tag{2.10}$$

으로 표현된다.

두 행렬의 곱은

$$
\begin{aligned}
\boldsymbol{AB}_{n\times p} &= \boldsymbol{A}_{n\times k}\boldsymbol{B}_{k\times p} \\
&= \begin{pmatrix} a_{11} & a_{12} & \cdots & a_{1k} \\ a_{21} & a_{22} & \cdots & a_{2k} \\ \vdots & \vdots & \cdots & \vdots \\ a_{n1} & a_{n2} & \cdots & a_{nk} \end{pmatrix} \begin{pmatrix} b_{11} & b_{12} & \cdots & b_{1p} \\ b_{21} & b_{22} & \cdots & b_{2p} \\ \vdots & \vdots & \cdots & \vdots \\ b_{k1} & b_{k2} & \cdots & b_{kp} \end{pmatrix} \\
&= \begin{pmatrix} \sum_{t=1}^{k} a_{1t}b_{t1} & \cdots & \sum_{t=1}^{k} a_{1t}b_{tp} \\ \vdots & \sum_{t=1}^{k} a_{it}b_{tj} & \vdots \\ \sum_{t=1}^{k} a_{nt}b_{t1} & \cdots & \sum_{t=1}^{k} a_{nt}b_{tp} \end{pmatrix}.
\end{aligned} \tag{2.11}
$$

$\boldsymbol{A}$가 임의의 $n\times p$ 행렬일 때 $\boldsymbol{A}$의 **전치행렬**(transpose matrix)을 $\boldsymbol{A}'$ 또는 $\boldsymbol{A}^t$로 표기하고 $\boldsymbol{A}$의 행과 열을 교환하여 얻어진 $p\times n$ 행렬로 정의한다.

2.8.1 벡터 기본 연산

Python에서는 벡터 연산을 쉽게 할 수 있다. 벡터의 합 $\boldsymbol{x}+\boldsymbol{y}$은 + 를 이용하고 벡터의 곱 $\boldsymbol{x}'\boldsymbol{y}$은 `matmul()`을 이용한다.

두 벡터 $\boldsymbol{x}=\begin{pmatrix}1\\2\\3\\4\\5\end{pmatrix}=(1,2,3,4,5)'$, $\boldsymbol{y}=\begin{pmatrix}-1\\-2\\-3\\-4\\-5\end{pmatrix}=(-1,-2,-3,-4,-5)'$

에 대해 여러 가지 연산을 해보자.

numpy에서 제공하는 두 함수 `dot`과 `matmul`은 2차원 행렬의 곱셈에서는 서로 같은 기능을 수행한다. 그러나 고차원 배열 또는 텐서의 곱셈에서는 그 용법이 전혀 다르다.

예제 2.8.1(a) $\boldsymbol{x}+\boldsymbol{y}$

IN
```
x = np.array([1,2,3,4,5])
y = np.array([-1,-2,-3,-4,-5])
x+y
```

OUT
```
array([0, 0, 0, 0, 0])
```

예제 2.8.1(b) $x'y$

IN
```
x = np.array([1,2,3,4,5])
y = np.array([-1,-2,-3,-4,-5])
np.matmul(x.transpose(), y)
```

OUT
```
-55
```

IN
```
np.matmul(x, y.transpose())
```

OUT
```
-55
```

예제 2.8.1(c) xx'

IN
```
np.outer(x, x.T)
```

OUT
```
array([[ 1,  2,  3,  4,  5],
       [ 2,  4,  6,  8, 10],
       [ 3,  6,  9, 12, 15],
       [ 4,  8, 12, 16, 20],
       [ 5, 10, 15, 20, 25]])
```

예제 2.8.1(d) 각 성분의 곱

IN
```
print(x*y)
print(x*x)
np.multiply(x, x)
```

OUT
```
[ -1  -4  -9 -16 -25]
[ 1  4  9 16 25]

array([ 1,  4,  9, 16, 25])
```

예제 2.8.1(e) x, y를 한 개의 열벡터로 만들기

IN
```
print(np.r_[x,y])
print(np.hstack([x,y]))
np.concatenate((x,y), axis = 0)
```

OUT
```
[ 1  2  3  4  5 -1 -2 -3 -4 -5]
[ 1  2  3  4  5 -1 -2 -3 -4 -5]

array([ 1,  2,  3,  4,  5, -1, -2, -3, -4, -5])
```

예제 2.8.1(f) x, y를 합쳐 두 개의 열벡터를 가진 행렬로 만들기

IN
```
temp = np.column_stack([x,y])
print(temp)
np.c_[x,y]
```

OUT
```
[[ 1 -1]
 [ 2 -2]
 [ 3 -3]
 [ 4 -4]
 [ 5 -5]]
array([[ 1, -1],
       [ 2, -2],
       [ 3, -3],
       [ 4, -4],
       [ 5, -5]])
```

예제 2.8.1(g) x, y를 행결합하여 두 개의 행벡터를 가진 행렬로 만들기

IN
```
print(np.vstack([x,y]))
np.r_[[x], [y]]
```

OUT
```
[[ 1  2  3  4  5]
 [-1 -2 -3 -4 -5]]
array([[ 1,  2,  3,  4,  5],
       [-1, -2, -3, -4, -5]])
```

예제 2.8.1(h) 벡터의 각 성분값을 제곱하기

IN
```
x*x
```

OUT
```
array([ 1,  4,  9, 16, 25])
```

예제 2.8.1(i) 두 벡터의 내적 $x'y$

IN
```
np.dot(x,y)
```

OUT
```
-55
```

2.8.2 행렬 기본 연산

Python에서는 np 패키지를 활용하여 행렬의 곱, 합 등 행렬 연산을 쉽게 할 수 있다. 여러 가지 형태의 행렬을 구하고 행렬에 대한 특성값도 구해본다.

예제 2.8.2(a) 전치행렬(transpose)

2×3 행렬 $\boldsymbol{A} = \begin{pmatrix} 1 & 2 & 3 \\ 4 & 5 & 6 \end{pmatrix}$의 전치행렬을 구하고자 한다.

IN
```
A = np.matrix([[1, 2, 3],
  [4, 5, 6]])
A.transpose()
```

OUT
```
matrix([[1, 4],
        [2, 5],
        [3, 6]])
```

예제 2.8.2(b) 행렬의 합

IN
```
a = np.array([[1, 0],
              [0, 1]])
b = np.array([[1, 2],
              [3, 4]])
(a+b)
```

OUT
```
array([[2, 2],
       [3, 5]])
```

$a+b=\begin{pmatrix}1&0\\0&1\end{pmatrix}+\begin{pmatrix}1&2\\3&4\end{pmatrix}=\begin{pmatrix}2&2\\3&5\end{pmatrix}$를 얻는다.

예제 2.8.2(c) 행렬의 곱

IN
```
a = np.array([[1, 0],
              [0, 1]])
b = np.array([[1, 2],
              [3, 4]])
np.matmul(a, b)
```

OUT
```
array([[1, 2],
       [3, 4]])
```

$ab=\begin{pmatrix}1&0\\0&1\end{pmatrix}\times\begin{pmatrix}1&2\\3&4\end{pmatrix}=\begin{pmatrix}1&2\\3&4\end{pmatrix}$를 얻는다.

예제 2.8.2(d) 행렬의 차원

IN
```
A = np.matrix([[1, 2, 3],
               [4, 5, 6]])
A.shape
```

OUT
```
(2, 3)
```

예제 2.8.2(e) 행렬과 벡터의 곱: 공유하는 차원이 같아야 한다.

IN
```
a = np.array([[1, 0],
              [0, 1]])
b = np.array([1, 2])
np.matmul(a, b)
```

OUT
```
array([1, 2])
```

예제 2.8.2(f) 대각행렬

대각선에만 1이 있는 5×5 대각행렬을 구하고자 한다.

IN
```
np.diag([1 for _ in range(5)])
```

OUT
```
array([[1, 0, 0, 0, 0],
       [0, 1, 0, 0, 0],
       [0, 0, 1, 0, 0],
       [0, 0, 0, 1, 0],
       [0, 0, 0, 0, 1]])
```

예제 2.8.2(g) 대각선에만 1, 2, 3 값이 있는 3×3 대각행렬

IN
```
np.diag([1,2,3])
```

OUT
```
array([[1, 0, 0],
       [0, 2, 0],
       [0, 0, 3]])
```

예제 2.8.2(h) $p \times p$ 정방행렬 A에 대해 결정식(determinant)

IN
```
import numpy as np
A = np.matrix([[1, 2, 3],
               [4, 5, 6],
               [7, 8, 9]])
det = np.linalg.det(A)
print(det)
```

OUT
```
-9.51619735392994e-16
```

2.8.3 역행렬

정칙(nonsingular)인 정방행렬 $\boldsymbol{A}$에 대해 **역행렬**(inverse matrix) $\boldsymbol{A}^{-1}$가 유일하게 (unique) 존재한다. 즉 역행렬은 다음을 만족한다.

$$\boldsymbol{A}\boldsymbol{A}^{-1} = \boldsymbol{A}^{-1}\boldsymbol{A} = \boldsymbol{I} \tag{2.12}$$

역행렬을 구하기 위해서는 numpy 패키지에서 `np.linalg.inv()` 함수를 이용한다.

예제 2.8.3(a) 정방행렬 $a = \begin{pmatrix} 1\,2\,3 \\ 1\,3\,3 \\ 1\,2\,4 \end{pmatrix}$에 대한 역행렬

IN
```
a = np.array([[1, 2, 3], [1, 3, 3], [1, 2, 4]])
print(a)
inv = np.linalg.inv(a)  # 역행렬
print(inv)
```

OUT
```
[[1 2 3]
 [1 3 3]
 [1 2 4]]
[[ 6. -2. -3.]
 [-1.  1.  0.]
 [-1.  0.  1.]]
```

예제 2.8.3(b) 공분산행렬 $s = \begin{pmatrix} 34.74 & 15.66 \\ 15.66 & 378.60 \end{pmatrix}$의 역행렬

IN
```
s = np.array([[34.74 , 15.66], [15.66 ,378.60]])
print(s)
inv = np.linalg.inv(s)  # 역행렬
inv
```

OUT
```
[[34.74  15.66]
 [15.66 378.6 ]]
array([[ 6., -2., -3.],
       [-1.,  1.,  0.],
       [-1.,  0.,  1.]])
```

2.8.4 고유값과 고유벡터

예제 2.8.4 공분산행렬 $G = \begin{pmatrix} 4 & 1 \\ 1 & 2 \end{pmatrix}$의 고유값(eigenvalue)과 고유벡터(eigenvector)

IN
```
G = np.array([[4, 1],
              [1, 2]])
w, v = np.linalg.eig(G)
print("Eigenvalues of matrix", w)
print("Eigenvectprs of matrix", v)
```

OUT
```
Eigenvalues of matrix [4.41421356 1.58578644]
Eigenvectprs of matrix [[ 0.92387953 -0.38268343]
  [ 0.38268343  0.92387953]]
```

고유값은 4.41421356, 1.58578644이며 해당하는 고유벡터는 각각

$$[0.92387953\ \ -0.38268343],\ [0.38268343\ \ 0.92387953]$$

이다.

2.9 배열

다차원 행렬은 배열(array)로 표현한다. 3차원 이상인 경우 구조를 이해하기 어려워지나 표현은 가능하다.

예제 2.9(a) $4 \times 3 \times 2$ 3차원 배열에 모두 0 값을 배열

IN
```
A = np.zeros((4,3,2))
print(A.shape)
print(A)
```

OUT
```
(4, 3, 2)
[[[0. 0.]
  [0. 0.]
  [0. 0.]]

 [[0. 0.]
  [0. 0.]
  [0. 0.]]

 [[0. 0.]
  [0. 0.]
  [0. 0.]]

 [[0. 0.]
  [0. 0.]
  [0. 0.]]]
```

예제 2.9(b) 각 배열에 대한 성분을 선택

전부를 선택하는 경우에는 ':'를 사용한다.

IN
```
A[0, : , :]  # 3*2 slice at index 0
```

OUT
```
array([[0., 0.],
       [0., 0.],
       [0., 0.]])
```

IN
```
A[1,1, :]  #  slice at index 1,1
```

OUT
```
array([[0., 0.],
       [0., 0.],
       [0., 0.]])
```

IN
```
A[1,1,0]  #  value at index 1,1,0
```

OUT
```
0.0
```

예제 2.9(c) 2×3 2차원 배열 만들기

IN
```
em = np.empty((2,3))
print(em.shape)
em
```

OUT
```
(2, 3)
array([[0., 0., 0.],
       [0., 0., 0.]])
```

예제 2.9(d) 값이 모두 3인 2×4 2차원 배열 만들기

IN
```
fu = np.full((2,4), 3)
print(fu.shape)
fu
```

OUT
```
(2, 4)
array([[3, 3, 3, 3],
       [3, 3, 3, 3]])
```

예제 2.9(e) 3차원 $4 \times 3 \times 2$ 배열에 0부터 23까지 값을 할당

IN
```
b = np.arange(24).reshape(4,3,2)
b
```

OUT
```
array([[[ 0,  1],
        [ 2,  3],
        [ 4,  5]],

       [[ 6,  7],
        [ 8,  9],
        [10, 11]],

       [[12, 13],
        [14, 15],
        [16, 17]],

       [[18, 19],
        [20, 21],
        [22, 23]]])
```

예제 2.9(f) 각 배열에 대한 성분을 선택

IN
```
b[0, : , :]  # 3*2 slice at index 0
```

OUT
```
array([[0, 1],
       [2, 3],
       [4, 5]])
```

IN
```
b[1,1, :]  #  slice at index 1,1
```

OUT
```
array([8, 9])
```

IN
```
b[1,1,0]  #  value at index 1,1,0
```

OUT
```
3
```

IN
```
b[0,1, :] #  slice at index 0,1
```

OUT
```
array([2, 3])
```

예제 2.9(g) 3×3 행렬에서 대각선에는 1, 아닌 곳에는 0을 갖는 2차원 항등행렬 만들기

IN
```
e = np.eye(3,3)
e
```

OUT
```
array([[1., 0., 0.],
       [0., 1., 0.],
       [0., 0., 1.]])
```

2.10 반복문

2.10.1 for()를 이용한 루핑

같은 계산을 반복해서 수행하는 경우 `for`를 이용하여 반복적으로 작업을 하도록 한다. 반복할 횟수를 지정하는 방법으로 range 함수를 사용한다.

`range(0,3)`으로 함수를 호출하면 0부터 시작하여 3개의 범위를 표시한다. 즉 0, 1, 2이다.

예제 2.10.1(a) `for()`를 이용하여 1, 2, 3, 4 값을 출력

IN
```
for i in range(1,5) :
    print(i)
```

OUT
```
1
2
3
4
```

예제 2.10.1(b) $\sum_{i=100}^{200} i$ 구하기

IN
```
start = 100
end = 200
isum = 0
for i in range(start, end+1) :
    isum = isum + i
    continue
print(isum)  # unindent
```

OUT
```
15150
```

예제 2.10.1(c) $5^2, 6^2, 7^2, 8^2$을 담을 벡터를 생성한 후 `for`를 이용하여 출력

IN
```
x = np.array([5,6,7,8])
n = len(x)
xx = np.tile(0,n)        # vector initialization
for i in range(0,n) :
        xx[i] = x[i]**2
        print(xx[i])
        continue
```

OUT
```
25
36
49
64
```

예제 2.10.1(d) 문자 변수의 루핑

IN
```
transport = np.array(["bus", "subway", "car", "bike"])
for vehicle in range(0,4) :
        print(transport[vehicle])
        continue
```

OUT
```
bus
subway
car
bike
```

예제 2.10.1(e) 이중 for 문을 사용하여 기본적인 곱셈식을 구하기

IN
```
for i in range(1,3):
    for j in range(1,4):
        print(f"{i} * {j} = {i * j}")
```

OUT
```
1 * 1 = 1
1 * 2 = 2
1 * 3 = 3
2 * 1 = 2
2 * 2 = 4
2 * 3 = 6
```

2.10.2 while 이용한 루핑

조건을 만족하는 동안 같은 계산을 반복하여 수행하고자 하는 경우 while을 이용한다. while 문은 조건(condition)이 참(True)인 동안 계속 반복해서 작업을 수행한다.

for 문은 순서열(sequence)의 항목(item)을 처음부터 끝까지 반복하는 데 반해, while 문은 조건을 만족하는 동안 반복한다는 차이점이 있다. 따라서 for 문 사용과는 다르게 처음과 끝을 알 수 없고, 단지 조건(condition)을 만족하는 동안에는 반복을 시키고 싶으면 while 반복문을 사용한다.

예제 2.10.2(a) while을 이용하여 결과를 출력

IN
```
count = 0
while count < 5:
    print(count, 'less than 5')
    count = count + 1
else:
    print(count,  'stop here')
```

OUT
```
0 less than 5
1 less than 5
2 less than 5
3 less than 5
4 less than 5
5 stop here
```

예제 2.10.2(b) 50을 3으로 계속 나누어 가는데 결괏값이 1 보다 큰 경우 동안만 수행

IN
```
e = 50.0
while e>1 :  # true
        e =e/3
        print(e)
```

OUT
```
16.666666666666668
5.555555555555556
1.851851851851852
0.617283950617284
```

2.11 조건문

if를 이용하여 조건 명령문을 만들 수 있다.

예제 2.11(a) if와 else를 이용하여 data값을 2와 비교

IN
```
data = 3
if(data< 2 ):
    print("It is less than 2")
else :
    print(data, " is equal or greater than 2")
```

OUT
```
3  is equal or greater than 2
```

예제 2.11(b) if와 else를 이용하여 x가 몇 자리 숫자인지를 출력

IN
```
x = 15
if x < 10:
    print("One digit number")
elif x < 100:
    print("Two digit number")
else:
    print("More than two digit number")
```

OUT
```
Two digit number
```

2.12 결측값

데이터에 결측값(missing value)이 포함된 경우가 있다. 이러한 경우 Python에서는 NaN 값으로 표시된다.

예제 2.12(a) 결측값 함수의 활용

데이터프레임 df에 결측값 포함 여부를 알아보고자 한다. df.isnull().values.any() 수행 후 False이면 결측값이 없는 경우이고 True이면 결측값을 포함하는 경우이다.

IN
```
df.isnull().values.any()
```

OUT
```
False
```

예제 2.12(b) 0부터 11까지 12개의 값을 갖는 4×3 행렬 만들기

IN
```
import pandas as pd
import numpy as np
b = np.arange(12).reshape(4,3)
df = pd.DataFrame(b,
      columns=['X1', 'X2', 'X3'])
df
```

OUT

	X1	X2	X3
0	0	1	2
1	3	4	5
2	6	7	8
3	9	10	11

예제 2.12(c) 다음의 위치에 결측값을 갖도록 데이터프레임을 변경

IN
```
df.loc[1, ['X1', 'X3']] = np.nan
df.loc[2, 'X2'] = np.nan
df.loc[3, 'X2'] = np.nan
df
```

OUT

	X1	X2	X3
0	0.0	1.0	2.0
1	NaN	4.0	NaN
2	6.0	NaN	8.0
3	9.0	NaN	11.0

예제 2.12(d) 결측값에 0으로 대체

IN
```
df_0 = df.fillna(0)
df_0
```

OUT

	X1	X2	X3
0	0.0	1.0	2.0
1	0.0	4.0	0.0
2	6.0	0.0	8.0
3	9.0	0.0	11.0

예제 2.12(e) 결측값에 99로 대체

IN
```
df_99 = df.fillna(99)
df_99
```

OUT

	X1	X2	X3
0	0.0	1.0	2.0
1	99.0	4.0	99.0
2	6.0	99.0	8.0
3	9.0	99.0	11.0

예제 2.12(f) 결측값을 'missing'이라는 string 값으로 채우기

IN
```
df_missing = df.fillna('missing')
df_missing
```

OUT

	X1	X2	X3
0	0	1	2
1	missing	4	missing
2	6	missing	8
3	9	missing	11

예제 2.12(g) 결측값을 앞방향으로 채우기(fill gaps forward)

해당 변수의 결측값이 있는 경우 순서상 결측값의 바로 앞의 값으로 대체한다.

IN
```
df_f = df.fillna(method = 'ffill')
df_f
```

OUT

	X1	X2	X3
0	0.0	1.0	2.0
1	0.0	4.0	2.0
2	6.0	4.0	8.0
3	9.0	4.0	11.0

예제 2.12(h) 결측값을 뒷방향으로 채우기(fill gaps backward)

해당 변수의 결측값이 있는 경우 순서상 결측값의 바로 뒤의 값으로 대체한다.

IN
```
df_b = df.fillna(method = 'bfill')
df_b
```

OUT

	X1	X2	X3
0	0.0	1.0	2.0
1	6.0	4.0	8.0
2	6.0	NaN	8.0
3	9.0	NaN	11.0

예제 2.12(i) 결측값을 앞방향으로 채우되 대체 개수를 제한(limit the amount of filling)

제한하는 개수는 `limit = 숫자` 옵션을 사용한다.

IN
```
df_f1 = df.fillna(method = 'ffill', limit = 1)
df_f1
```

OUT

	X1	X2	X3
0	0.0	1.0	2.0
1	0.0	4.0	2.0
2	6.0	4.0	8.0
3	9.0	NaN	11.0

예제 2.12(j) 결측값을 뒷방향으로 채우되 대체 개수를 제한

IN
```
df_b1 = df.fillna(method = 'bfill', limit = 1)
df_b1
```

OUT

	X1	X2	X3
0	0.0	1.0	2.0
1	6.0	4.0	8.0
2	6.0	NaN	8.0
3	9.0	NaN	11.0

예제 2.12(k) 결측값을 변수별 평균으로 대체

IN
```
df_mean = df.fillna(df.mean())
df_mean
```

OUT

	X1	X2	X3
0	0.0	1.0	2.0
1	5.0	4.0	7.0
2	6.0	2.5	8.0
3	9.0	2.5	11.0

예제 2.12(l) 다른 나머지 변수들의 결측값을 X1 변수의 평균으로 대체

IN
```
df_x1m = df.fillna(df.mean()['X1'])
df_x1m
```

OUT

	X1	X2	X3
0	0.0	1.0	2.0
1	5.0	4.0	5.0
2	6.0	5.0	8.0
3	9.0	5.0	11.0

예제 2.12(m) X2의 결측값만 X1 변수의 평균으로 대체

IN
```
df_x1m_to_x2 = df.fillna(df.mean()['X1':'X2'])
df_x1m_to_x2
```

OUT

	X1	X2	X3
0	0.0	1.0	2.0
1	5.0	4.0	NaN
2	6.0	2.5	8.0
3	9.0	2.5	11.0

2.13 데이터프레임

데이터프레임(data frame)은 Python에서 모델링과 그래프 구현하는 함수를 사용하는데 필수적이다. 데이터프레임은 행렬의 일반화 형태로 볼 수 있으며, 각 열(column)마다 각각 다른 데이터 유형(type)을 가질 수 있다. 즉 어떤 열은 숫자형, 다른 열은 문자형 또는 논리형일 수 있다.

예제 2.13(a) 데이터프레임 활용 – 데이터프레임 만들기

IN
```
x = np.array([1,2,3,4,5])
sample_df = pd.DataFrame({
        'col1': x,
        'col2': x+2,
        'col3': ["a", "b", "c", "d", "e"]})
print(sample_df)
```

OUT
```
     col1  col2 col3
0     1     3    a
1     2     4    b
2     3     5    c
3     4     6    d
4     5     7    e
```

예제 2.13(b) 데이터프레임에서 특정열만 추출

열이름을 지정하여 '.열이름'을 이용한다. 또는 열이름을 대괄호로 묶어 리스트 형식으로 사용한다. 두 개 이상의 열을 추출할 때도 추출할 리스트를 대괄호로 묶어 사용한다.

IN
```
print(sample_df.col2)   # col2만 추출
```

OUT
```
0    3
1    4
2    5
3    6
4    7
Name: col2, dtype: int32
```

IN
```
print(sample_df["col2"])  # col2만 추출
```

OUT
```
0    3
1    4
2    5
3    6
4    7
Name: col2, dtype: int32
```

예제 2.13(c) 데이터프레임 sample_df에서 두 개 열을 추출

IN
```
print(sample_df[["col2","col3" ]]) #col2와 col3만 추출
```

OUT
```
   col2 col3
0     3    a
1     4    b
2     5    c
3     6    d
4     7    e
```

예제 2.13(d) 데이터프레임 sample_df에서 지정한 열만 빼고 추출

.drop을 사용한다.

IN
```
print(sample_df.drop("col2", axis = 1)) #col2만 제외
```

OUT
```
   col1 col3
0     1    a
1     2    b
2     3    c
3     4    d
4     5    e
```

예제 2.13(e) 데이터프레임 sample_df에서 처음 n개 행만 추출

.head를 사용한다.

IN
```
print(sample_df.head(n = 3)) #처음 3개행만 출력
```

OUT
```
   col1 col3
0     1    a
1     2    b
2     3    c
```

query 함수를 사용하여 여러 가지 작업을 편리하게 할 수 있다. 조건을 지정하여 필요한 데이터를 추출할 수 있다.

예제 2.13(f) 인덱스를 사용하여 추출

IN
```
print(sample_df.query('index == 0')) # index=0인 행
```

OUT
```
   col1  col2 col3
0     1     3    a
```

예제 2.13(g) 해당 열변수의 값이 특정한 경우만 추출

col3 == "b"인 행만 추출하고자 한다.

IN
```
print(sample_df.query('col3 == "b" ')) # col3 == "b"인 행
```

OUT
```
   col1  col2 col3
1     2     4    b
```

col3 == "b"인 행 또는 col3 == "d"인 행을 추출하고자 한다.

IN
```
sample_df.query('col3 == "b" | col3=="d" ')
```

OUT

	col1	col2	col3
1	2	4	b
3	4	6	d

col1 == 2이며 그리고 col3 == "b"인 행을 추출하고자 한다.

IN
```
sample_df.query('col1 == "2" & col3=="b" ')
```

OUT

	col1	col2	col3
1	2	4	b

예제 2.13(h) 행과 열에 모두 조건을 지정하여 추출

IN
```
sample_df.query('col1 == "2"  ')[[ "col2",  "col3"]]
```

OUT

	col2	col3
1	4	b

2.14 내장된 데이터셋 읽기

sklearn 패키지에 내장된 데이터셋을 load, 또는 fetch한 후 분석연습에 활용할 수 있다.

예제 2.14(a) sklearn 패키지에 내장된 붓꽃 데이터셋 iris 불러오기

IN
```
# import some data to play with
from sklearn import datasets

iris = datasets.load_iris()
X = iris.data[:, :2]  # we only take the first two features.
display(iris.data.shape, iris.data[:5])
iris.feature_names
```

OUT
```
(150, 4)

array([[5.1, 3.5, 1.4, 0.2],
       [4.9, 3. , 1.4, 0.2],
       [4.7, 3.2, 1.3, 0.2],
       [4.6, 3.1, 1.5, 0.2],
       [5. , 3.6, 1.4, 0.2]])

['sepal length (cm)',
 'sepal width (cm)',
 'petal length (cm)',
 'petal width (cm)']
```

예제 2.14(b) 캘리포니아 집값 데이터셋 california_housing 불러오기

IN
```
from sklearn.datasets import fetch_california_housing
california = fetch_california_housing()
print(california.DESCR)
```

OUT
```
.. _california_housing_dataset:

California Housing dataset
--------------------------

**Data Set Characteristics:**
    :Number of Instances: 20640
    :Number of Attributes: 8 numeric, predictive attributes
and the target

    :Attribute Information:
        - MedInc        median income in block
        - HouseAge      median house age in block
        - AveRooms      average number of rooms
        - AveBedrms     average number of bedrooms
        - Population    block population
        - AveOccup      average house occupancy
        - Latitude      house block latitude
        - Longitude     house block longitude

    :Missing Attribute Values: None
```

IN
```
import pandas as pd
df = pd.DataFrame(california.data, columns=california.feature_names)
df.head()
```

OUT

	MedInc	HouseAge	AveRooms	AveBedrms	Population	AveOccup	Latitude	Longitude
0	8.3252	41.0	6.984127	1.023810	322.0	2.555556	37.88	-122.23
1	8.3014	21.0	6.238137	0.971880	2401.0	2.109842	37.86	-122.22
2	7.2574	52.0	8.288136	1.073446	496.0	2.802260	37.85	-122.24
3	5.6431	52.0	5.817352	1.073059	558.0	2.547945	37.85	-122.25
4	3.8462	52.0	6.281853	1.081081	565.0	2.181467	37.85	-122.25

sklearn.datasets 서브패키지는 다양한 예제 데이터셋을 제공한다. 데이터를 불러오는 명령들은 크게 다음과 같은 계열의 명령으로 나눌 수 있다.

- load 명령: scikit-learn 설치 패키지에 같이 포함된 소량의 데이터
- fetch 명령: 인터넷에서 다운로드할 수 있는 대량의 데이터

(1) load 계열 명령

load 계열 명령은 설치 패키지에 처음부터 내장되므로 별도로 다운로드 받지 않고 바로 활용할 수 있는 데이터를 제공한다.
load_**내장된데이터셋이름**으로 명령어를 사용한다.

- load_boston: 보스턴 집값
- load_diabetes: 당뇨병 자료
- load_linnerud: linnerud 자료
- load_iris: 분류용 붓꽃(iris) 자료
- load_digits: 분류용 숫자(digit) 필기 이미지 자료
- load_wine: 분류용 포도주(wine) 등급 자료
- load_breast_cancer: 분류용 유방암(breast cancer) 진단 자료

(2) fetch 계열 명령

fetch 계열 명령은 데이터 크기가 커서 패키지에 저장되어 있지 않고, 인터넷에서 다운로드 하여 홈 디렉토리 아래의 scikit_learn_data라는 서브 디렉토리에 저장한 후 추후 불러들이는 데이터들이다. 따라서 최초 사용 시에 인터넷에 연결되어 있지 않으면 사용할 수 없다.

fetch_**내장된 데이터셋이름**으로 명령어를 사용한다.

- fetch_california_housing: 캘리포니아 집값 자료
- fetch_covtype: 토지 조사 자료
- fetch_20newsgroups: 뉴스 그룹 텍스트 자료
- fetch_olivetti_faces: 얼굴 이미지 자료
- fetch_lfw_people: 유명인 얼굴 이미지 자료
- fetch_lfw_pairs: 유명인 얼굴 이미지 자료
- fetch_rcv1: 로이터 뉴스 말뭉치
- fetch_kddcup99: Kddcup 99 Tcp dump 자료

(3) 데이터 형식

scikit-learn에서 제공하는 데이터셋은 Bunch라는 클래스 객체 형식으로 생성된다. 이 클래스 객체는 다음과 같은 속성을 가진다.

- data: (필수) 독립변수 배열
- target: (필수) 종속변수 배열
- feature_names: (옵션) 독립변수 이름 리스트
- target_names: (옵션) 종속변수 이름 리스트
- DESCR: (옵션) 자료에 대한 설명

2.15 데이터 파일 읽기와 결과 파일 만들기

2.15.1 csv 파일 데이터를 읽을 경우

외부 데이터를 읽어 들여 데이터셋을 만드는 경우가 많다. Python의 pandas library의 `read_csv()` 함수를 사용하여 외부 text 파일, csv 파일을 불러와서 DataFrame으로 저장하는 방법을 설명하고자 한다. csv 파일은 구분자(separator, delimiter)를 명시적으로 ','(콤마)라고 지정해주지 않아도 자동으로 불러온다. Python에서의 index는 0부터 시작한다. 그러므로 index 사용에 주의해야 한다(참고로 R에서의 index는 1부터 시작한다).

예제 2.15.1(a) 첫 행에 변수명이 있는 csv(comma-separated-values) 파일 읽기

표 2.12 데이터셋 test.csv

x	y
1	2
2	4
3	5
4	7
5	6
6	9
7	7
8	11
9	13
10	12

pandas 패키지를 이용한다.

IN
```
test_dat = pd.read_csv("C:/데이터파일20/t2.1_test.csv")
print(test_dat)
test_dat.shape
```

OUT
```
    x   y
0   1   2
1   2   4
2   3   5
3   4   7
4   5   6
5   6   9
6   7   7
7   8  11
8   9  13
9  10  12
(10, 2)
```

10개 행(0, 1, ~ 9)과 3개 열(0, 1, 2)로 구성됨을 알 수 있다.

예제 2.15.1(b) 변수명이 없는 csv 파일 읽기

표 2.13 데이터셋 test2.csv

1	2
2	4
3	5
4	7
5	6
6	9
7	7
8	11
9	13
10	12

IN
```
test_dat2 = pd.read_csv("C:/데이터파일20/t2.1_test2.csv", header=
None)
print(test_dat2)
test_dat2.shape
```

OUT

```
    0   1
0   1   2
1   2   4
2   3   5
3   4   7
4   5   6
5   6   9
6   7   7
7   8  11
8   9  13
9  10  12
(10, 2)
```

예제 2.15.1(c) txt 파일 읽기

표 2.14 텍스트 데이터셋 test.txt

x	y
1	2
2	4
3	5
4	7
5	6
6	9
7	7
8	11
9	13
10	12

IN

```
test_dat3 = pd.read_csv("C://데이터파일20/t2.1_test.txt",
delimiter = '\t')
print(test dat3)
```

OUT

```
    x   y
0   1   2
1   2   4
2   3   5
3   4   7
4   5   6
5   6   9
6   7   7
7   8  11
8   9  13
9  10  12
```

예제 2.15.1(d) 데이터프레임을 csv 파일로 저장하기

생성된 데이터프레임 data_df를 to_csv() 함수를 이용하여 csv 파일로 저장하고자 한다.

IN
```
import pandas as pd
from pandas import DataFrame

data = {'ID': ['A1', 'A2', 'A3', 'A4', 'A5'],
  'X1': [1, 2, 3, 4, 5],
  'X2': [3.0, 4.5, 3.2, 4.0, 3.5]}
# converting to DataFrame
data_df = DataFrame(data)
data_df
```

OUT
```
   ID  X1  X2
0  A1   1  3.0
1  A2   2  4.5
2  A3   3  3.2
3  A4   4  4.0
4  A5   5  3.5
```

IN
```
data_df = DataFrame(data)
data_df
data_df.to_csv("C://데이터파일20//dfwrite1.csv",
            header = True, index = True)  # 인덱스 생성
```

OUT dfwrite1.csv 파일

	ID	X1	X2
0	A1	1	3
1	A2	2	4.5
2	A3	3	3.2
3	A4	4	4
4	A5	5	3.5

예제 2.15.1(e) header와 index가 없도록 csv 파일로 저장하기

IN
```
data = [[1,2,3,4], [5,6,7,8]]
df = pd.DataFrame(data)
df.to_csv("C://데이터파일20//dftest.csv", header=False,
            index=False)
df
```

OUT dftest.csv 파일

1	2	3	4
5	6	7	8

데이터프레임을 txt 파일로 저장하는 방법은 앞서 csv 파일로 저장하는 방법과 동일하다. to_csv()함수를 이용하여 속성만 'txt'로 변환하면 된다.

표 2.15 to_csv() 함수에서의 옵션

index = True	자동인덱스 생성
header = None	컬럼명 지울 때
sep = "\t"	tap으로 구분(CSV 파일 기본이 comma이므로, 별도의 구분자를 두려면 변경)

예제 2.15.1(f) 데이터프레임을 txt 파일로 저장하기

생성된 데이터프레임 data_df를 to_csv() 함수를 이용하여 txt 파일로 저장하고자 한다.

IN
```
data = {'ID': ['A1', 'A2', 'A3', 'A4', 'A5'],
  'X1': [1, 2, 3, 4, 5],
  'X2': [3.0, 4.5, 3.2, 4.0, 3.5]}
data_df = DataFrame(data)
data_df.to_csv("C://데이터파일20//dfwrite1.txt",
                header = True, index = True, sep = "\t" )
```

OUT dfwrite1.txt 파일

```
                        ID    X1      X2
0                       A1    1       3.0
1                       A2    2       4.5
2                       A3    3       3.2
3                       A4    4       4.0
4                       A5    5       3.5
```

IN
```
data_df = DataFrame(data)
data_df
data_df.to_csv("C://데이터파일20//dfwrite2.txt",
                header=True, index=False)
```

OUT

```
dfwrite2.txt 파일
ID,X1,X2
A1,1,3.0
A2,2,4.5
A3,3,3.2
A4,4,4.0
A5,5,3.5
```

예제 2.15.1(g) 데이터프레임을 txt 파일로 저장하기

IN

```
data = [[1,2,3,4], [5,6,7,8]]
df = pd.DataFrame(data)
df.to_csv("C://데이터파일20//dftest.txt", header = False,
               index = False)
df
```

OUT

```
dftest.txt 파일
1,2,3,4
5,6,7,8
```

Python에서 파일 및 디렉토리 경로에 관한 함수는 모두 os 모듈을 사용하기 때문에 os 모듈을 임포트해야 한다.

예제 2.15.1(h) 현재 사용하고 있는 디렉토리를 알고자 한 경우

getcwd() 함수를 사용하면 된다.

IN

```
# Find out your current working directory
import os
print(os.getcwd())
```

OUT

```
C:\Users\KIM
```

디렉토리를 변경하고자 할 경우 chdir() 함수를 쓴다.

IN

```
os.chdir("/Users")
print(os.getcwd())
```

OUT

```
C:\Users
```

파일의 크기를 알고자 할 경우 path.getsize() 함수를 쓴다.

IN
```
os.path.getsize("C:/RR/mydftest.csv")
```

OUT
```
40
```

2.16 데이터셋 합치기

두 개의 데이터셋을 병합하고자 할 경우 merge() 함수를 이용한다.

예제 2.16(a) merge()를 사용하여 동일한 길이의 데이터셋 병합

저자의 이름과 국적을 포함한 데이터셋 authors

IN
```
import pandas as pd
authors = pd.DataFrame(
          {'surname': ["Tukey", "Venables", "Tierney", "Ripley",
         "McNeil"],
        'nationality': ["US", "Australia", "US", "UK",
"Australia"]})
authors
```

OUT

	surname	nationality
0	Tukey	US
1	Venables	Australia
2	Tierney	US
3	Ripley	UK
4	McNeil	Australia

저자의 이름과 책 출판연도를 포함한 데이터셋 books

IN
```
books = pd.DataFrame(
              {'name': ["Tukey", "Venables", "Tierney",
              "Ripley", "McNeil"],
             'year': [1976, 1995,1996, 1998, 2000]})
books
```

OUT

	name	year
0	Tukey	1976
1	Venables	1995
2	Tierney	1996
3	Ripley	1998
4	McNeil	2000

merge()를 이용하여 저자의 이름과 국적, 책 출판연도를 합해서 한 개의 데이터셋로 만들고자 한다. 정렬 기준으로 첫 번째 데이터의 변수 "surname", 두 번째 데이터셋의 변수 "name"이 동일한 값을 갖는 경우 데이터셋을 병합하고자 한다.

IN

```
mer = pd.merge(authors, books, left_on = ['surname'],
right_on = ['name'])
mer
```

OUT

	surname	nationality	name	year
0	Tukey	US	Tukey	1976
1	Venables	Australia	Venables	1995
2	Tierney	US	Tierney	1996
3	Ripley	UK	Ripley	1998
4	McNeil	Australia	McNeil	2000

"surname", "name"이 동일한 값을 가지므로, pd.merge()로 병합에 성공하였다. 이때 변수명은 다르지만, 값은 똑같은 변수가 두 개 존재하므로 사용자가 임의로 한 개를 선택하여 동일한 변수를 삭제하면 된다. 본 예제에서는 'name' 변수를 삭제하였다.

IN

```
mer.drop(['name'],axis = 1, inplace = True)
mer
```

OUT

	surname	nationality	year
0	Tukey	US	1976
1	Venables	Australia	1995
2	Tierney	US	1996
3	Ripley	UK	1998
4	McNeil	Australia	2000

예제 2.16(b) merge()를 사용하여 길이가 다른 데이터셋 합치기

병합하고자 하는 두 데이터셋의 관측값 개수가 서로 다른 경우를 다루고자 한다. 5명 저자의 이름과 국적을 포함한 데이터셋 authors를 만든다.

IN
```
authors = pd.DataFrame(
                {'surname': ["Tukey", "Venables",
                "Tierney", "Ripley", "McNeil"],
                'nationality': ["US", "Australia", "US",
                "UK", "Australia"]})
authors
```

OUT

	surname	nationality
0	Tukey	US
1	Venables	Australia
2	Tierney	US
3	Ripley	UK
4	McNeil	Australia

저자 6명의 이름과 책 출판연도를 포함한 데이터셋 books

IN
```
books2 = pd.DataFrame(
            {'name': ["Tukey","Venables","Tierney",
            "Ripley","McNeil","Kim"],
            'year': [1976, 1995,1996, 1998, 2000, 2008]})
books2
```

OUT

	name	year
0	Tukey	1976
1	Venables	1995
2	Tierney	1996
3	Ripley	1998
4	McNeil	2000
5	Kim	2008

merge()를 이용하여 저자의 이름과 국적, 책 출판연도를 합하여 한 개의 데이터셋으로 만들고자 한다. 정렬 기준으로 우선 'surname', 'surname'이 같은 경우에

는 'name'으로 정렬하고자 한다.

여기서 'outer' 옵션을 사용하면 merge한 모든 결과를 나타낸다(합집합). 반면에 'inner' 옵션을 사용하면 공통된 요소만 merge한다(교집합). 따라서 이 옵션을 사용하면 마치 합집합처럼 merge되어 공통요소가 아닌 것은 NaN 처리된다.

how = 'outer' 옵션을 사용하면 모든 요소를 merge한다.

IN
```
mer1 = pd.merge(authors, books2 ,left_on = ['surname'],
                   right_on = ['name'], how = 'outer')
mer1
```

OUT

	surname	nationality	name	year
0	Tukey	US	Tukey	1976
1	Venables	Australia	Venables	1995
2	Tierney	US	Tierney	1996
3	Ripley	UK	Ripley	1998
4	McNeil	Australia	McNeil	2000
5	NaN	NaN	Kim	2008

how = 'inner' 옵션을 사용하면 공통된 요소만 merge한다.

IN
```
mer2 = pd.merge(authors, books2, left_on = ['surname'],
                                       right_on = ['name'],
                                       how = 'inner')
mer2
```

OUT

	surname	nationality	name	year
0	Tukey	US	Tukey	1976
1	Venables	Australia	Venables	1995
2	Tierney	US	Tierney	1996
3	Ripley	UK	Ripley	1998
4	McNeil	Australia	McNeil	2000

2장 | 연습문제

1 다음 식을 계산하여 답을 쓰시오.

(a) $1+2(3+4)$

(b) $1+\frac{1}{2}+\frac{1}{3}+\frac{1}{4}+\frac{1}{5}+\frac{1}{6}$

(c) $\sqrt{(4+3)(2+5)}$

(d) $\left(\frac{1+2}{4+5}\right)^3$

(e) $122+12\times 23$

(f) $10!$

(g) $\sqrt{6^2+4}$

(h) $\sin 60° + \cos 30°$

(i) $\log_{10}24 + \log_e 10$

(j) $\sin(\pi/4)$

(k) $\cos(\pi/3)$

(l) $\frac{1+2+3}{4+5+6}$

(m) $\sum_{i=5}^{11} i^2$

(n) $x=15,\ y=3$일 때 $\sqrt{\frac{3x^2+2y^3}{(x+y)(x-y)}}$

2 다음의 데이터를 사용하시오.

2 3 5 7 9 10

(a) 데이터벡터 x를 만드시오.

(b) 각 데이터의 제곱으로 구성된 벡터 x2를 만드시오.

(c) 각 데이터의 제곱의 합을 구하시오.

(d) 각 데이터에서 2를 뺀 값들을 구하시오.

(e) 최댓값과 최솟값을 구하시오

(f) 5보다 큰 값들만으로 구성된 데이터벡터 x_up을 만드시오.

(g) 벡터 x의 길이를 구하시오.

(h) x'x를 구하시오.

(i) xx'를 구하시오.

(j) 벡터 x와 x2를 열결합(column bind)하여 xc에 할당하시오.

(k) 벡터 x와 x2를 행결합(row bind)하여 xr에 할당하시오.

3 주어진 행렬과 벡터에 대해 R 명령문을 이용하여 계산하시오.

$$\boldsymbol{A}=\begin{pmatrix}1 & -1 & 4\\ -1 & 1 & 3\\ 4 & 3 & 2\end{pmatrix}\qquad \boldsymbol{B}=\begin{pmatrix}3 & -2 & 4\\ -2 & 1 & 0\\ 4 & 0 & 5\end{pmatrix}\qquad \boldsymbol{x}=\begin{pmatrix}1\\ -2\\ 4\end{pmatrix}\qquad \boldsymbol{y}=\begin{pmatrix}3\\ 2\\ 1\end{pmatrix}$$

(a) $\boldsymbol{A}+\boldsymbol{B}$ (b) $\boldsymbol{A}'$ (c) $\boldsymbol{x}'\boldsymbol{A}\boldsymbol{y}$ (d) $\boldsymbol{x}'\boldsymbol{x}$ (e) $\boldsymbol{x}'\boldsymbol{A}\boldsymbol{x}$

(f) $\boldsymbol{x}'\boldsymbol{y}$ (g) $\boldsymbol{A}'\boldsymbol{A}$ (h) $\boldsymbol{A}\boldsymbol{B}$ (i) $\boldsymbol{y}'\boldsymbol{B}$ (j) $\boldsymbol{x}\boldsymbol{x}'$

(k) $\boldsymbol{x}+\boldsymbol{y}$ (l) $\boldsymbol{x}-\boldsymbol{y}$ (m) $(\boldsymbol{x}-\boldsymbol{y})'$ (n) $\boldsymbol{x}\boldsymbol{y}'$ (o) $\boldsymbol{A}-\boldsymbol{B}$

(p) $\boldsymbol{A}'+\boldsymbol{B}'$ (q) $(\boldsymbol{A}+\boldsymbol{B})'$ (r) $3\boldsymbol{x}$ (s) $(\boldsymbol{x}'\boldsymbol{y})^2$ (t) $\boldsymbol{B}\boldsymbol{A}$

(u) 행렬 $\boldsymbol{A}$의 역행렬을 구하시오.

4 다음의 값이 나오도록 함수를 사용하여 명령문을 만들고 결과를 보이시오.

(a) "a","a","a","a","a","a","a","a"

(b) 1,1,1,2,2,2,3,3,3,4,4,4,5,5,5

(c) 1부터 100 사이의 홀수

(d) 1, 5, 19, 30을 갖는 array

(e) -10부터 10까지의 정수

5 1부터 10까지 정수를 갖는 데이터벡터 x를 만드시오.

(a) x의 길이는 얼마인가?

(b) x의 합은 얼마인가?

(c) 평균은 얼마인가?

(d) 불편 분산과 표준편차를 구하시오.

(e) 홀수만을 포함한 벡터 odd를 만드시오.

(f) $\sum_{i=1}^{10} x_i/i$를 구하시오.

6 6쌍의 쌍둥이 형제의 공격성 정도를 측정하는 심리검사를 통하여 다음의 데이터를 얻었다.

번호	1	2	3	4	5	6
형	86	71	77	68	91	72
동생	88	77	76	64	96	72

(a) txt 파일로 만들어 읽어들여 `brother.txt` 파일을 생성하시오. 3개 열이 생성되며 id, elder, younger 변수이름을 갖도록 만드시오.

(b) (a)에서 만들 파일을 `csv` 파일인 `brother_e.csv` 파일을 생성하시오.

(c) 형과 동생 점수인 `elder, younger` 각 변수의 평균과 표준편차를 구하시오.

(d) 결과가 `attackout.txt` 이름으로 txt 파일에 저장되도록 하시오.

7 다음의 데이터를 사용하시오.

-4.123 -3.556 1.634 2.213 3.875

(a) 벡터 `x`에 할당하고 출력하시오.

(b) `x`가 소수 둘째 자리까지만 갖도록 `y`에 저장하고 `y`를 출력하시오.

(c) `x`와 `y`의 차를 구하시오.

(d) `x`의 소수 첫째 자리까지 반올림한 값이 나오도록 하시오.

(e) `x`의 올림한 값을 구하시오.

(f) `x`의 내림한 값을 구하시오.

8 다음은 학생들의 국어 성적과 영어 성적 데이터이다.

(a) 두 데이터셋을 합하여 행별로는 각 학생에 대해 국어와 영어 성적을 볼 수 있도록 하시오.

(b) (a)에서 만들어진 데이터셋에서 이름을 알파벳 순으로 정렬하시오.

	Korean
kim	93
lee	76
park	87
oh	92
yang	98
min	75
jung	82
moon	92

	English
kim	90
lee	94
park	88
oh	75
yang	79
min	87
jung	88
choi	90

9 다음은 1반과 2반 학생들의 국어 성적 데이터이다.

(a) 각 반의 평균과 표준편차를 구하시오.

(b) 두 반의 국어 성적 데이터를 합해 `korean` 데이터벡터를 만들고 전체 데이터에 대한 평균과 표준편차를 구하시오.

(c) (b)에서 만든 데이터셋에 대해 이름을 알파벳순으로 정렬하시오.

1반	국어
kim	93
lee	84
park	87
oh	95
ang	98
min	77
jung	82
moon	92

2반	국어
kang	90
yun	95
park	88
cho	75
yang	79
min	87
jung	90
choi	90

10 섭씨(Celsius: C) 20도 ~ 30도까지 화씨(Fahrenheit: F) 온도로 바꾸어 프린트 하시오.

$$F = \frac{9}{5}C + 32$$

11 반지름 r인 원(circle)의 면적 $a = \pi r^2$이다. 반지름이 1, 2, 4, 7, 10일 경우 원의 면적을 구하시오.

12 반지름 r인 구(sphere)의 부피는 $v = \frac{4}{3}\pi r^2$이다. 반지름이 1.5, 3일 경우 원의 부피를 구하시오.

13 다음의 객체에 대한 데이터 유형을 쓰시오. Python 코드로 수행한 후 답하시오.

(a) `a=8`

(b) `a=8.0`

(c) `a='8'`

(d) `a=(8)`

(e) `a=[1,2,3]`

(f) `a=(1,2,3)`

(g) `a=False`

3장

그래프

3.1 간단한 그래프

Python은 그래프를 그릴 수 있는 라이브러리를 상당히 구비하고 있다. 3.1절에서는 matplotlib과 seaborn을 함께 사용하여 데이터 시각화를 하고자 한다. matplotlib은 그래프를 그리는 표준 라이브러리이며, seaborn은 matplotlib의 그래프를 더 예쁘게 그릴 수 있는 라이브러리이다.

IN
```
import seaborn as sns
%precision 3

from matplotlib import pyplot as plt
%matplotlib inline  #그래프를 주피터 노트북에 그리기 위해
```

예제 3.1(a) 간단하게 $y = x^2/10$ 그래프 그리기

IN
```
x = np.array([0,1,2,3,4,5,6,7,8,9])
y = (x**2)/10
```

IN
```
plt.plot(x,y, color = 'blue')
plt.title("quadratic plot")
plt.xlabel("X")
plt.ylabel("Y")
```

OUT

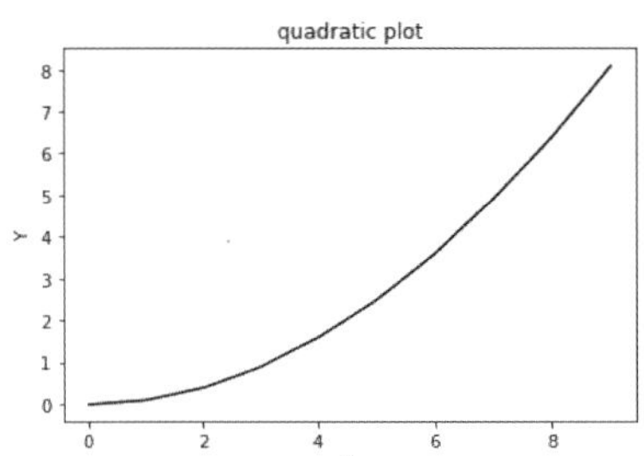

그림 3.1 2차 곡선 그래프

예제 3.1(b) sin 함수 그래프 그리기

IN
```
pi = 3.14
x = np.arange(start = 0, stop = 20, step = 1)*pi/10
```

```
y = np.sin(x)
plt.plot(x,y, color = 'blue')
plt.title("sine plot")
plt.xlabel("x")
plt.ylabel("sin x")
```

OUT

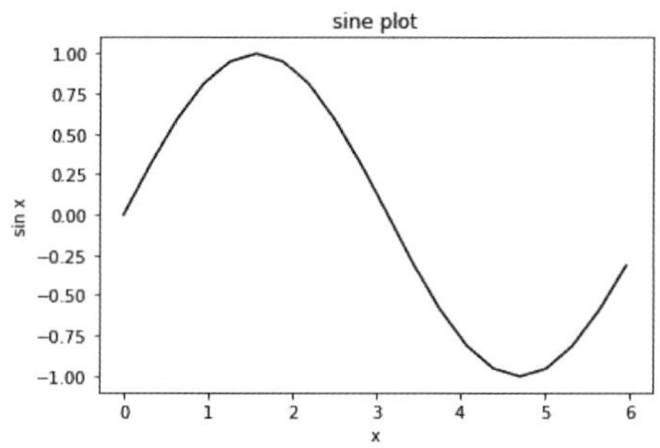

그림 3.2 (a) sin 함수 그래프 1

예제 3.1(c) seaborn 패키지를 이용하여 그래프를 다른 디자인으로 그리기

IN
```
import seaborn as sns
 # 그래프 디자인 바꾸기
sns.set()
```

IN
```
pi = 3.14
x = np.arange(start = 0, stop = 20, step = 1)*pi/10
y = np.sin(x)
plt.plot(x,y, color = 'blue')
plt.title("sine plot")
plt.xlabel("x") ; plt.ylabel("sin x")
```

OUT

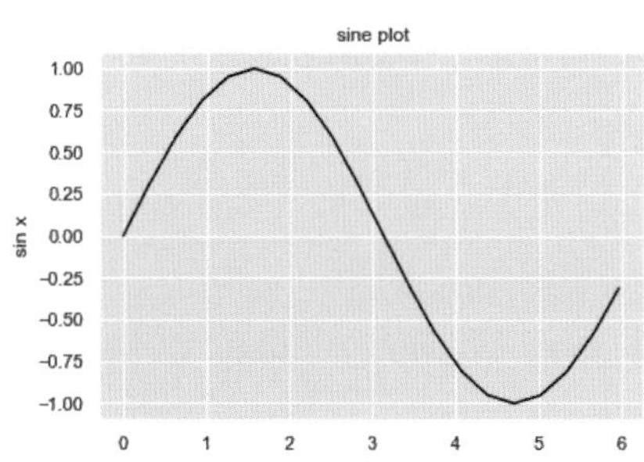

그림 3.2 (b) sin 함수 그래프 2

예제 3.1(d) 표준정규분포를 따르는 랜덤 데이터 100개를 발생시키고 히스토그램 그리기

IN
```
x = np.random.normal(size = 100)
sns.distplot(x)
```

OUT

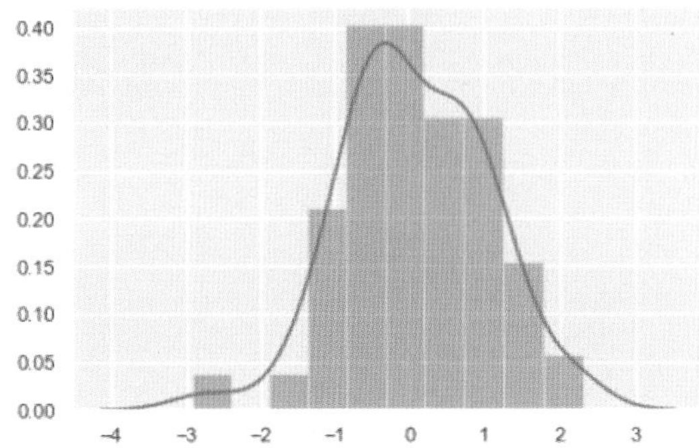

그림 3.3 (a) 히스토그램

IN
```
plt.hist(x, bins = 10, color = "green")   # y축 - frequency
```

OUT
```
(arry([2., 0., 2., 11., 21., 21., 16., 8., 3.]),
array([-2.927, -2.406, -1.884, -1.363, -0.842, -0.32, 0.201,
        0.723,  1.244,  1.766,  2.287]).
<a list of 10 Patch objects>)
```

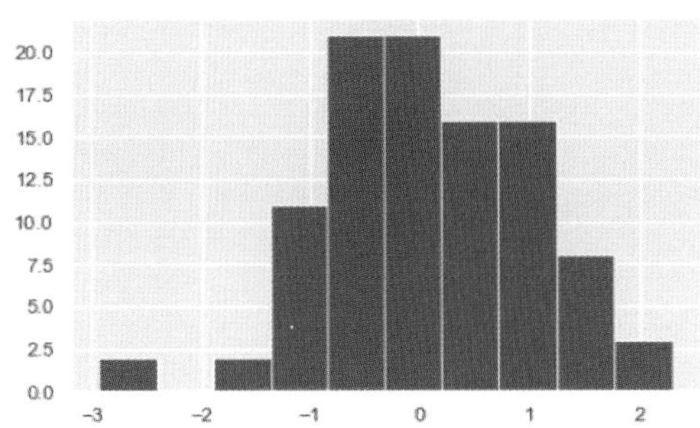

그림 3.3 (b) 빈도 히스토그램

IN
```
plt.hist(x, density = True, color = "pink")  # y축 - density
```

OUT
```
(arry([0.038, 0. , 0.038, 0.211, 0.403, 0.403, 0.307, 0.307,
       0.153, 0.058]),
 arry([-2.927, -2.406, -1.884, -1.363, -0.842, -0.32,
       0.201,0.723, 1.244, 1.766, 2.287]).
```

```
<a list of 10 Patch objects>)
```

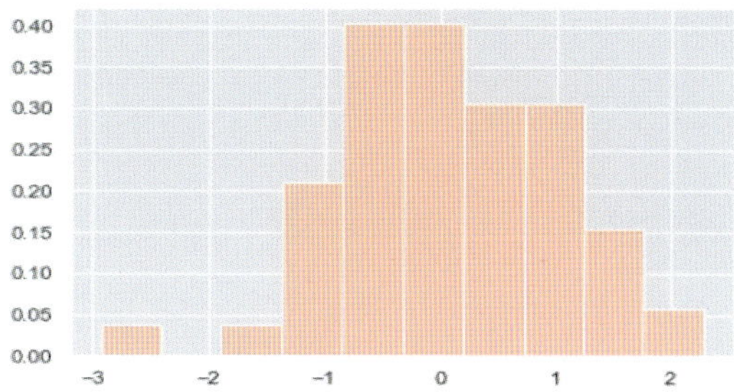

그림 3.3 (c) 상대빈도 히스토그램

예제 3.1(e) 표준정규분포를 따르는 랜덤 데이터 100개를 얻고 상자그림 그리기

IN
```
x = np.random.normal(size = 100)
#Basic box plot
plt.boxplot(x)
plt.show()
```

OUT

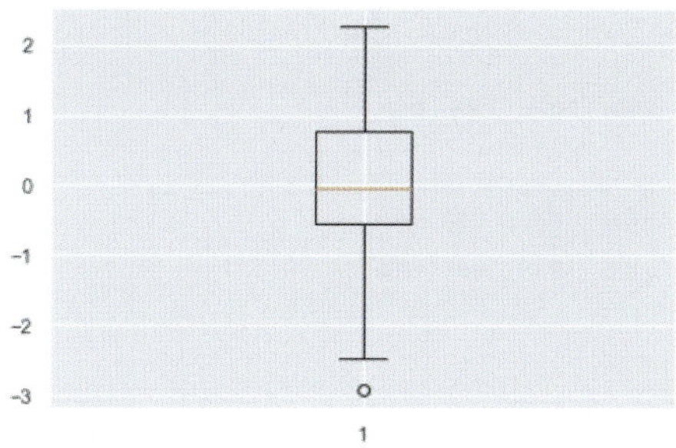

그림 3.4 일 변수 상자그림

예제 3.1(f) 종류 A와 B(그룹)의 물고기가 있으며 각 물고기의 길이를 측정한 데이터

.describe() 함수로 종류별 기초통계량을 구하고자 한다. sns.boxplot() 함수로 종류별 상자그림을 그려보자.

IN
```
species = np.array(["A","A","A","A","A",
                    "B","B","B","B","B","B","B"])
length = np.array([2,3,4,5,6,   5,6,7,7,8,8,9])
```

```
fish = pd.DataFrame({
        'species': species,
        'length': length
})
print(fish)
```

OUT

```
   species  length
0        A       2
1        A       3
2        A       4
3        A       5
4        A       6
5        B       5
6        B       6
7        B       7
8        B       7
9        B       8
10       B       8
11       B       9
```

IN

```
fish.groupby("species").describe()
```

OUT

	length							
	count	mean	std	min	25%	50%	75%	max
species								
A	5.0	4.000000	1.581139	2.0	3.0	4.0	5.0	6.0
B	7.0	7.142857	1.345185	5.0	6.5	7.0	8.0	9.0

IN

```
sns.boxplot(x = "species", y = "length", data = fish,
            color = 'green')
```

OUT

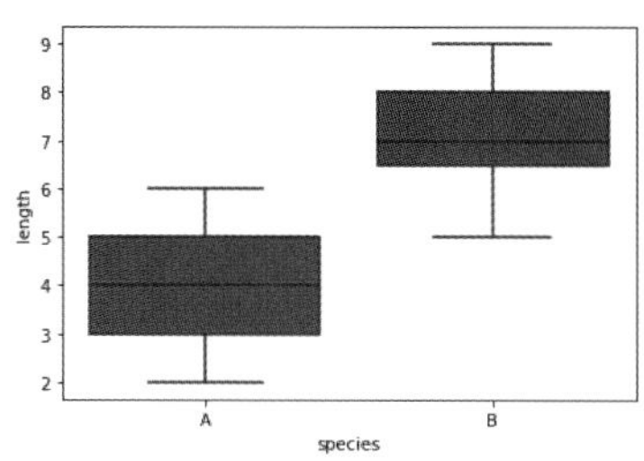

그림 3.5 fish 데이터의 두 집단 상자그림

```
IN  a = fish.query("species =='A' ")["length"]
    b = fish.query("species =='B' ")["length"]
    sns.distplot(a, bins = 4, color = 'green', kde = False)
    sns.distplot(b, bins = 4, color = 'gray', kde = True)
    #kernel density
```

OUT

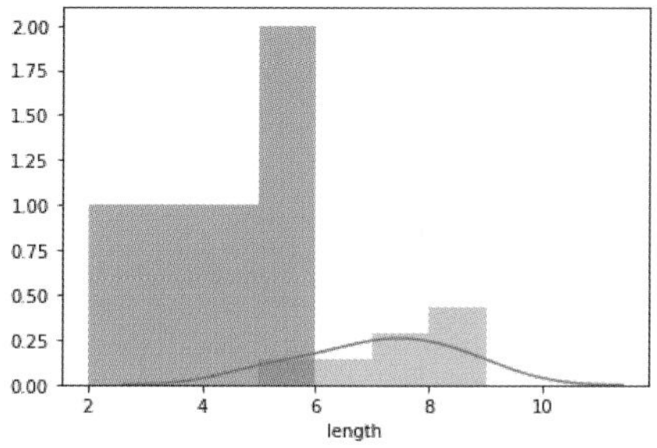

그림 3.6 fish 데이터의 집단별 length 분포 히스토그램

pyplot 패키지를 이용하여 다양한 그래프를 그려보고자 한다. 다음의 패키지를 임포트한 후 사용하도록 하자.

```
IN  # 그래프 모듈 임포트
    import matplotlib.pyplot as plt
```

예제 3.1(g) (x,y) 산점도

```
IN  x = [1,2,3,4,5,6,7,8,9,10]
    y = [2,4,5,7,6,8,9,11,12,10]
     # plotting points as a scatter plot
    plt.scatter(x, y, label = "stars", color = "green",
                marker = "*", s = 30)
    plt.xlabel('x - axis')
    plt.ylabel('y - axis')
    # plot title
    plt.title('My scatter plot')
    # showing legend
    plt.legend()
    # function to show the plot 그림 3.7
    plt.show()
```

OUT

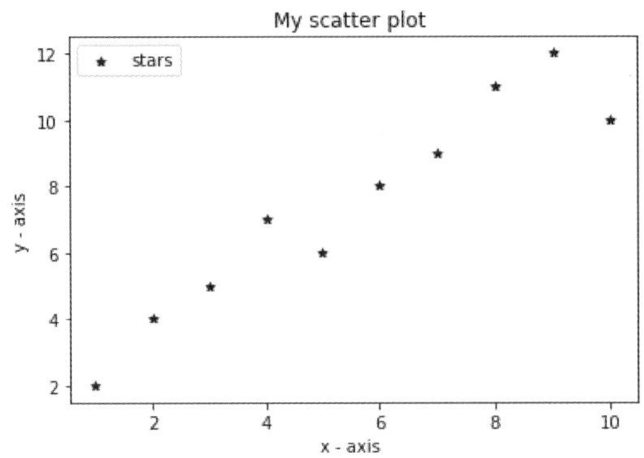

그림 3.7 산점도

예제 3.1(h) 두 개 선을 같은 좌표평면에 그리기

IN

```
# line 1 points
x1 = [1,2,3]
y1 = [2,4,1]
# plotting the line 1 points
plt.plot(x1, y1, label = "line 1")
# line 2 points
x2 = [1,2,3]
y2 = [4,2,3]
# plotting the line 2 points
plt.plot(x2, y2, label = "line 2")
# naming the x axis
plt.xlabel('x - axis')
# naming the y axis
plt.ylabel('y - axis')
# giving a title to my graph
plt.title('Two lines on same graph!')
# show a legend on the plot
plt.legend()
# function to show the plot
plt.show()
```

OUT

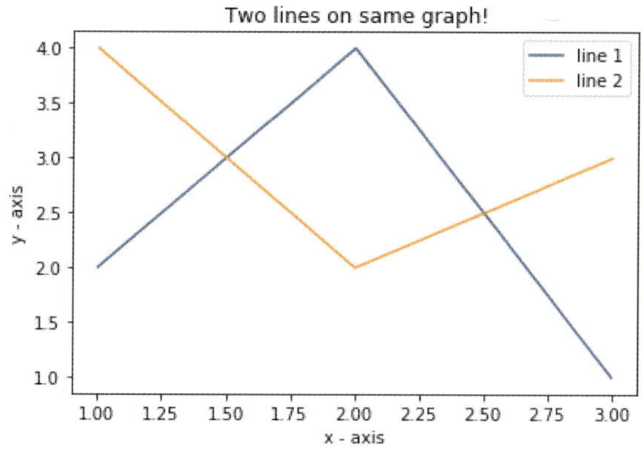

그림 3.8 두 개의 꺾은선 그래프

예제 3.1(i) 같은 좌표평면에 한 개는 점으로 다른 한 개는 선으로 그리기

IN

```
# plotting the points and dashed line together
plt.plot(x1, y1, color = 'green', linestyle = 'dashed', linewidth = 3,
  marker = 'o', markerfacecolor = 'blue', markersize = 12, label = "line 1")
plt.scatter(x1, y2, label = "stars", color = "red",
            marker = "*", s = 30)
```

OUT

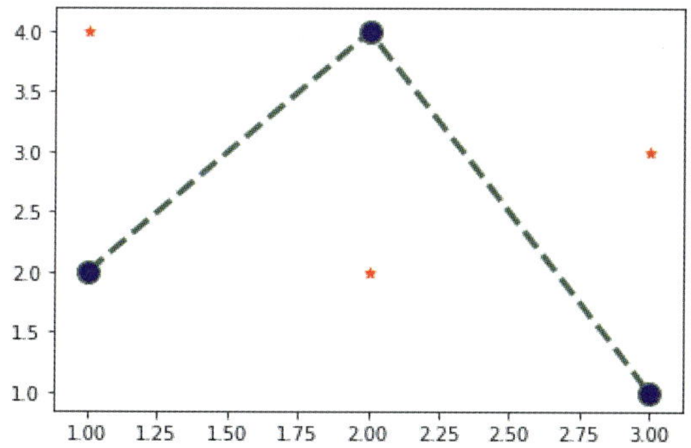

그림 3.9 점과 점선 그래프

예제 3.1(j) 원에서의 면적으로 비중을 나타내는 파이그림 그리기

D의 하루 생활시간의 비중을 나타낸 표는 다음과 같다.

표 3.1 D의 하루 생활시간 비중

	eat	sleep	work	play
시간	3	7	8	6

IN
```
# defining labels
activities = ['eat', 'sleep', 'work', 'play']
# portion covered by each label
slices = [3, 7, 8, 6]
# color for each label
colors = ['r', 'y', 'g', 'b']
# plotting the pie chart
plt.pie(slices, labels = activities, colors = colors,
            startangle = 90, shadow = True,
            explode = (0, 0, 0.1, 0), radius = 1.2,
            autopct = '%1.1f%%')
plt.legend()
plt.show()
```

OUT

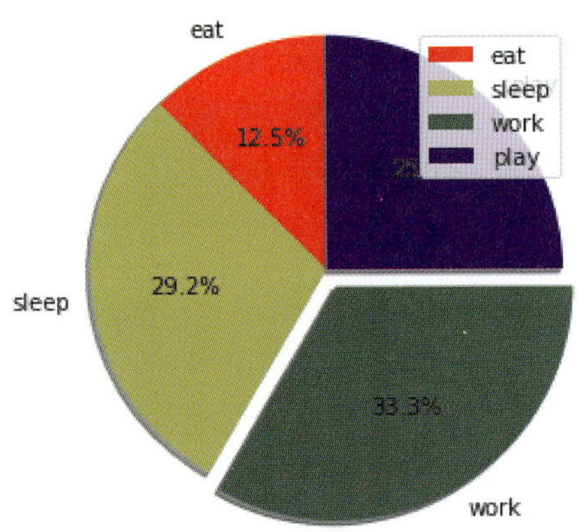

그림 3.10 D의 하루생활 비중 파이 그래프

3.2 그래프 조절 변수

그래프 그릴 때 여러 가지 선 모양을 알아보고자 한다. 다음의 코드는 선 모양을 알려주는 결과를 출력하고자 하는 것이다.

IN
```
import numpy as np
import matplotlib.pyplot as plt

color = 'cornflowerblue'
points = np.ones(5)  # Draw 5 points for each line
text_style = dict(horizontalalignment = 'right',
                  verticalalignment = 'center',
                  fontsize = 12, fontdict = {'family': 'monospace'})
def format_axes(ax):
    ax.margins(0.2)
    ax.set_axis_off()

# Plot all line styles.
fig, ax = plt.subplots()
linestyles = ['-', '--', '-.', ':']
for y, linestyle in enumerate(linestyles):
    ax.text(-0.1, y, repr(linestyle), **text_style)
    ax.plot(y * points, linestyle = linestyle, color = color,
            linewidth = 3)
    format_axes(ax)

    ax.set_title('line styles')
plt.show()
```

OUT

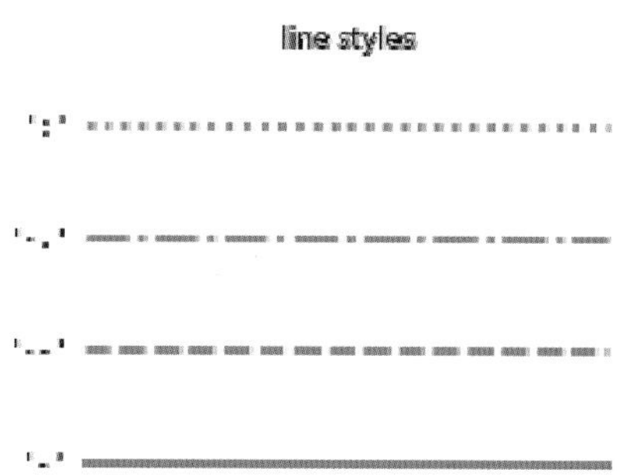

예제 3.2(a) 두 개 그래프를 같은 좌표평면에 그려서 비교하기

$$f(t) = \exp(-t) \times \cos(2\pi t), \ t \in [0,5]$$

$$g(t) = \sin(\pi t), \ t \in [0,5]$$

IN
```
def f(t):
    return np.exp(-t) * np.cos(2*np.pi*t)
def g(t):
    return np.sin(np.pi*t)
t1 = np.arange(0.0, 5.0,  0.01)
t2 = np.arange(0.0, 5.0,  0.01)
plt.plot(t1, f(t1), t2, g(t2))        # 기본
plt.plot(t1, f(t1), 'g-', t2, g(t2), 'r--')   # color, line
type 옵션
plt.show()
```

OUT

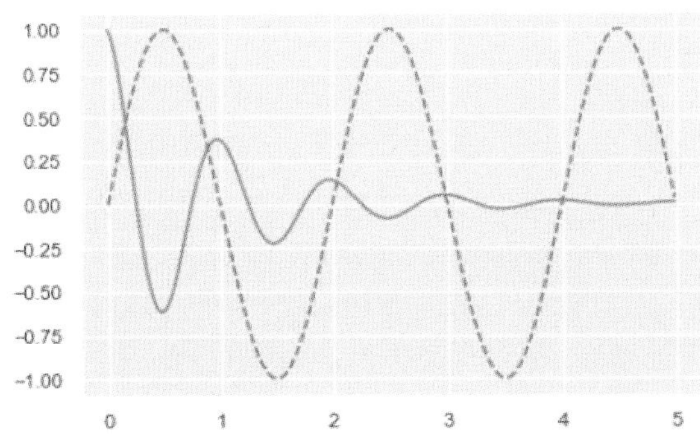

그림 3.11 같은 좌표 평면에 그린 두 개 그래프

예제 3.2(b) 여러 개의 그래프를 한 화면에 배열

$$f(t) = \exp(-t) \times \cos(2\pi t),\ t \in [0,5]$$
$$g(t) = \sin(\pi t),\ t \in [0,5]$$

각 함수를 구할 수 있도록 정의하고, 함수를 나타내는 선의 색깔을 달리하여, 4개의 그림을 한 화면에 그리고자 한다. 2×2로 만들어진 4개 칸에서 각 좌표평면에 그림을 그린다. 여기서 plt.subplot( ) 안의 숫자 221는 (1,1), 222는 (1,2), 223은 (2,1), 224는 (2,2) 위치에 배열함을 나타낸다. `plt.subplot(221)`은 `plt.subplot(2,2,1)`로도 쓸 수 있다.

IN
```
def f(t):
    return np.exp(-t) * np.cos(2*np.pi*t)
def g(t):
```

```
return np.sin(np.pi*t)
t1 = np.arange(0.0, 5.0,  0.01)
t2 = np.arange(0.0, 5.0,  0.01)
plt.subplot(221)
plt.plot(t1, f(t1))
plt.subplot(222)
plt.plot(t2, g(t2))
plt.subplot(223)
plt.plot(t1, f(t1), 'r-')
plt.subplot(224)
plt.plot(t2, g(t2), 'r-')
plt.show()
```

OUT

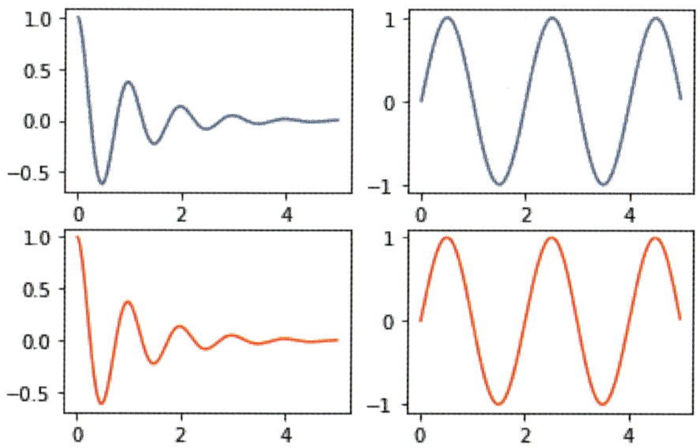

그림 3.12 한 화면에 그린 4개 그래프

그래프를 그릴 때 사용할 수 있는 옵션으로 표 3.2에서는 색상을, 표 3.3에서는 마커(marker)의 예를 보여준다. 예를 들어, `plt.plot(x,y, marker = 'o', color = 'g')`에서 marker와 color의 옵션을 선택하면 된다. 표 3.4에서는 Matplotlib에서 사용하는 `plt.plot()` 함수의 여러 가지 옵션을 보여준다.

표 3.2 matplotlib의 주요 색상

name	color
b	blue
g	green
r	red
c	cyan(청록)
m	magenta(자홍)
y	yellow
k	black(검정)
w	white

표 3.3 matplotlib의 주요 마커(marker)

marker	meaning
o	circle
v	triangle_down(역삼각형)
^	triangle_up(삼각형)
s	square(사각형)
+	plus
.	point(점)
*	* 모양 점

표 3.4 Matplotlib에서 사용하는 plt.plot() 함수의 옵션

parameter	옵션과 설명
`marker =`	그래프 그릴 때의 형태를 정한다. `marker = "."` 점(point)으로 그래프를 그린다. `marker = "-"` 선(line)으로 그래프를 그린다. `marker = "o—"` 점과 선으로 이어 그래프를 그린다. `marker = "o–"` 선이 점 위에 겹쳐진 형태로 그래프를 그린다.
`markersize = 30`	marker = 숫자로 마커의 크기를 조절한다.
`plt.xlim()` `plt.ylim()`	x축과 y축의 상한(upper limit)과 하한(lower limit)을 준다. 예를 들어, plt.xlim = `c(1,10)`
`plt.xlabel()` `plt.ylabel()`	x축과 y축의 이름을 붙인다.
`plt.title()`	주요 제목을 그래프 위쪽에 쓴다.
`plt.legend`	소제목을 그래프 아래쪽에 쓴다.
`plt.subplot`	여러 그래프를 한 번에 나타낼 때 사용한다. 예를 들어, plt.subplot(2,2,1)은 2행*2열로 프레임을 나누고, 첫 번째 칸에 그래프를 위치시킨다.
`plt.tight_layout ()`	여러 그래프를 한 번에 나타낼 때 그래프가 겹치지 않도록 간격을 조정해준다.
`linestyle =`	선으로 그릴 경우에는 선의 종류를 선택한다. '–': 실선(solid), '—': 파선(dashed), ':' : 점선(dotted), '–.': 점파선(dotdash)
`color`	색깔을 정한다. "red", "green", "blue" 등을 쓰거나 번호를 준다.
`fontsize =`	삽입하는 글자의 크기를 조절한다.

예제 3.2(c) 점의 크기가 위치에 따라 달라지는 그래프 그리기

IN
```
x_values = [1, 2, 3, 4, 5]
y_values = [0, 0, 0, 0, 0]
s = [10, 20, 40, 80, 150]
plt.scatter(x_values, y_values, s, color = 'm')
```

OUT

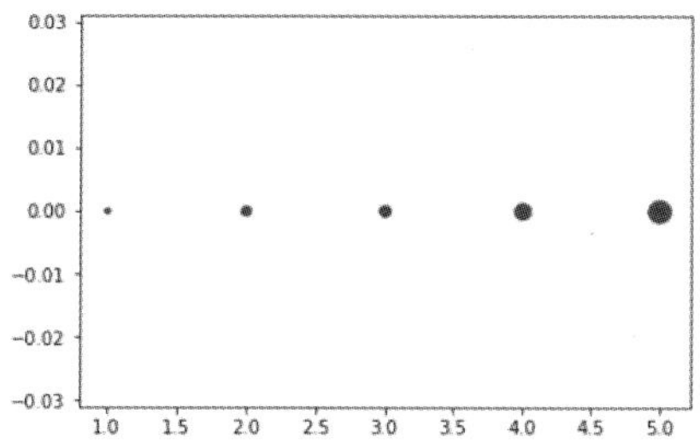

그림 3.13 점의 크기가 위치에 따라 달라지는 그래프

예제 3.2(d) 옵션을 사용하여 다양한 그래프 그리기

조사 동물의 몸무게와 뇌 무게를 조사한 primates 데이터로 csv 파일로 저장한다.

animal	bodywt	brainwt
potar monkey	10	115
gorilla	207	406
human	62	1320
Rhesus monkey	6.8	179
chimp	52.2	440

그림 3.14의 산점도 1에서는 `plt.xlim()`, `plt.ylim()`을 이용하여 x축과 y축의 범위를 지정하고, `plt.xlabel()`, `plt.ylabel()`을 이용하여 x, y축의 소제목을 입력한다. 또한 `plt.annotate`를 이용하여 그래프 상에 'chimp'가 위치한 점을 화살표로 표시한다. 그림 3.14 산점도 2에서는 plt.text을 이용하여 각 점에 동물 이름을 표시한다. 그림 3.15 산점도 3에서는 `fit_reg = True`를 이용하여 선형회귀 적합선을 포함하는 그래프를 보여주고, `plt. legend()`을 이용하여 각 점이 나타내는 animal을 보여준다. 그림 3.15의 산점도 4에서는 'conpoint'를 만들어 동물의 몸무게가 50 kg, 뇌 무게가 300 g을 초과하면 빨간색, 그렇지 않은 경우에는 초록색 점으로 표시되는 그래프를 만든다.

IN

```
import matplotlib.pyplot as plt
primates=pd.read_csv("C:/데이터파일20/primates.csv")

plt.figure(figsize = (15,5))  # 그래프 크기 조정
plt.subplot(121)              # 1*2에 1번째에 위치
plt.plot('bodywt',            # x
         'brainwt',           # y
         data = primates, linestyle = 'none',marker = 'o',
         markersize = 5, colo r= 'black', alpha = 0.5)
# 그래프 제목 지정
plt.title('<ScatterPlot1_by matplotlib>',fontsize = 15)
plt.xlabel('bodywt(kg)', fontsize=12)# x축 라벨 지정
plt.ylabel('brainwt(g)', fontsize=12)# y축 라벨 지정
plt.xlim(0,225), plt.ylim(0,1400)
plt.annotate('chimp',xy = (60,470), xytext = (70,520),
             arrowprops = {'color':'green'})
# 그래프에 화살표 출력

plt.subplot(122) # 1*2 에 2번째에 위치
plt.plot('bodywt','brainwt',
          data = primates, linestyle = 'none', marker = 'o',
          markersize = 5, color = 'black', alpha = 0.5)
plt.title('<ScatterPlot2_by matplotlib>', fontsize = 15)
plt.xlabel('bodywt(kg)', fontsize = 12)
plt.ylabel('brainwt(g)', fontsize = 12)
plt.text(12,80,'potar monkey',fontsize = 13,color = 'blue')
# (12,80)위치에 글자 삽입
plt.text(10,160,'Rhesus monkey',fontsize = 13,color = 'blue')
plt.text(43,500,'chimp', fontsize = 13,color = 'blue')
plt.text(50,1250,'human', fontsize = 13,color = 'blue')
plt.text(185,410,'gorilla', fontsize = 13,color = 'blue')
plt.tight_layout() # 그래프 간 간격 조정
plt.show()
```

OUT

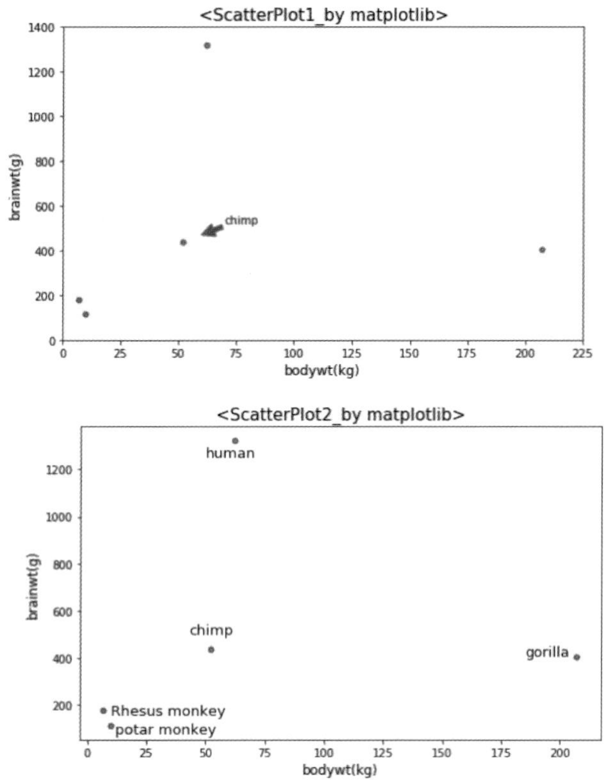

그림 3.14 동물의 몸무게와 뇌무게 산점도 1(위)과 산점도 2(아래)

IN

```
import seaborn as sns
plt.figure(figsize = (15,5))
plt.subplot(121) # 1행2열의 첫 번째 위치
sns.regplot(x = primates['bodywt'],
            y = primates['brainwt'],
            fit_reg = True, # 선형회귀 적합선 포함
            label = 'animal') # 범례 내용 지정
plt.title('<ScatterPlot3_by regplot>', fontsize = 15)
plt.xlabel('bodywt(kg)', fontsize = 12)
plt.ylabel('brainwt(g)', fontsize = 12)
plt.legend(loc = 'upper right') # 범례위치지정
plt.ylim(0,1500) # y축 범위 지정

plt.subplot(122) # 1행2열의 두 번째 위치
# 몸무게가 50 kg, 뇌 무게가 300 g 초과하면 빨간색, 아니면 초록색 표시
cutpoint = (primates['bodywt']>50) & (primates['brainwt'] >
300)
```

```
primates['color'] = np.where(cutpoint==True, "red", "green")

sns.regplot(x = primates['bodywt'],y = primates['brainwt'],
            fit_reg = False,
            scatter_kws = {'facecolors': primates['color']})
plt.title('<ScatterPlot4_by regplot>', fontsize = 15)
plt.xlabel('bodywt(kg)', fontsize = 12)
plt.ylabel('brainwt(g)', fontsize = 12)
plt.ylim(0,1500)
plt.tight_layout() # 그래프 간 간격 조정
plt.show()
```

OUT

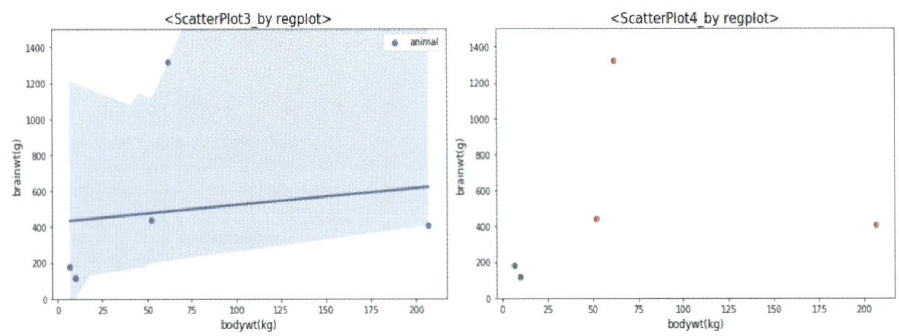

그림 3.15 동물의 몸무게와 뇌 무게 데이터에 대한 산점도 3(왼쪽)과 산점도 4(오른쪽)

3.3 다차원 데이터에 대한 다양한 표현

3.3.1 분포 그래프

예제 3.3.1(a) seaborn에 내장된 붓꽃데이터 iris 데이터프레임으로 기초적인 데이터 분석과 그래프 그리기

붓꽃종류와 꽃받침 길이(sepal_length), 꽃받침 너비(sepal_width), 꽃잎길이(petal_length), 꽃잎너비(petal_width)를 변수로 갖는다. `.mean()` 함수로 종류별 평균을 구한다. `sns.pairplot()` 함수로 변수 간 산점도행렬을 그려보자. `sns.jointplot()` 함수로 변수 간 산점도와 주변 히스토그램을 그려보자.

IN

```
iris = sns.load_dataset("iris")
print(iris.head(n = 2))
print(iris.groupby("species").mean())
```

OUT
```
   sepal_length sepal_width petal_length petal_width species
0           5.1         3.5          1.4         0.2  setosa
1           4.9         3.0          1.4         0.2  setosa

            sepal_length  sepal_width  petal_length petal_width
species
setosa             5.006        3.428         1.462       0.246
versicolor         5.936        2.770         4.260       1.326
virginica          6.588        2.974         5.552       2.026
```

sns.pairplot 함수 사용 시 hue = "범주형 변수 열이름" 인수로 하면 범주별로 색을 다르게 그림을 그린다. 대각선상에는 그룹별 분포그림을 그려준다. 그림 3.16은 대각선상에서는 각 변수의 붓꽃종류(3개)별 분포 그래프를 보여주어 종류 간 분포비교를 할 수 있다. 비대각선상에서는 두 개 변수쌍에 대한 산점도로 두 변수 간의 관계를 보여준다. 그림 3.17은 x축에는 sepal_length, y축에는 sepal_width으로 하는 산점도와 함께 각 변수의 주변 분포를 나타내는 히스토그램을 보여준다.

IN
```
sns.pairplot(iris, hue = "species")
```

OUT

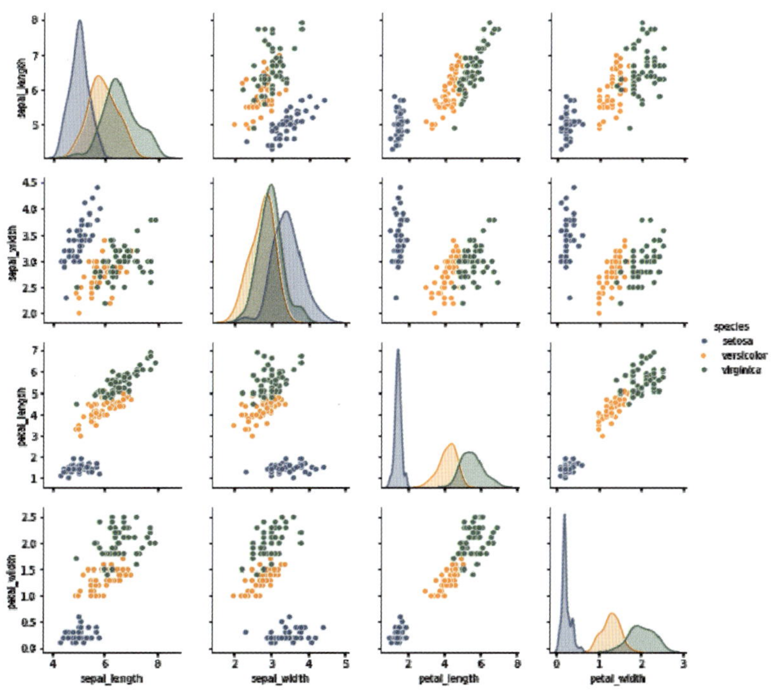

그림 3.16 iris 데이터에 대한 쌍산점도

IN
```
sns.jointplot(x = "sepal_length", y = "sepal_width", data =
                    iris, color = "brown")
```

OUT

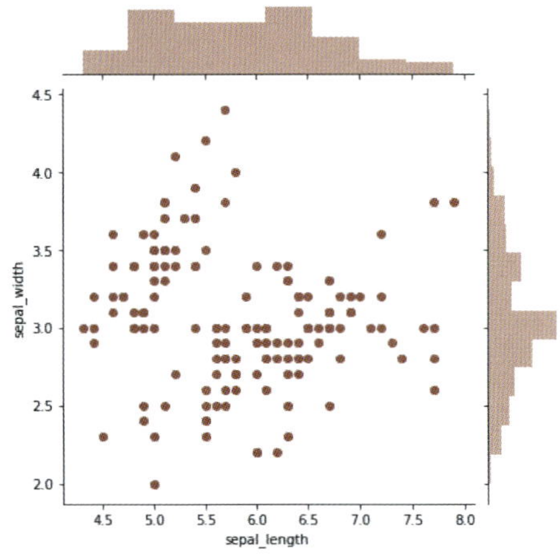

그림 3.17 iris 데이터에서 꽃받침 길이와 꽃받침 너비의 jointplot

예제 3.3.1(b) 붓꽃 데이터셋의 변수별 분포 그래프 그리기

그림 3.18은 각 변수의 히스토그램과 분포곡선을 보여준다.

IN
```
import seaborn as sns
import matplotlib.pyplot as plt
iris = sns.load_dataset("iris")
# # 연속형 변수들의 히스토그램
numerical_feature = list(set(iris.columns) - set(['species']))
#범주형 변수 제거
numerical_feature = np.sort(numerical_feature)
numerical_feature

for col in numerical_feature:
    sns.distplot(iris.loc[iris[col].notnull(), col])
    plt.title(col)
    plt.show()
```

OUT

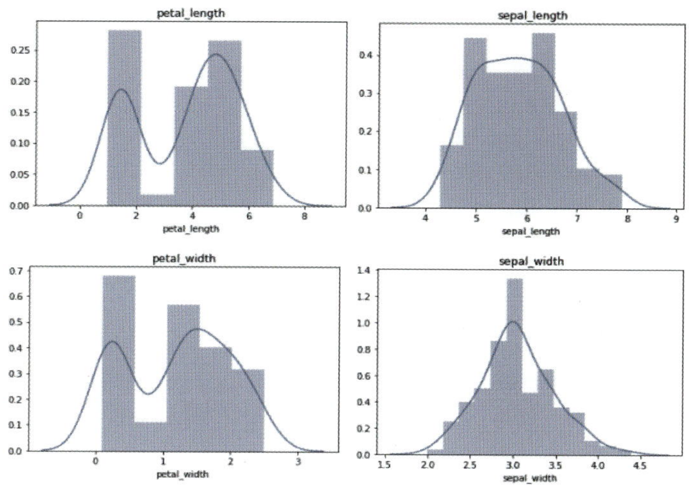

그림 3.18 iris 데이터에서 꽃받침 길이와 꽃받침 너비의 jointplot

예제 3.3.1(c) 붓꽃 데이터셋에서 두 개 변수에 대한 결합분포 그래프 그리기

그림 3.19에서는 커널확률밀도함수 그래프와 주변확률밀도함수의 등고선그림을 같이 보여준다.

IN

```
# 커널 밀도함수 그래프와 jointplot
sns.jointplot(x = "sepal_length", y = "sepal_width", data =
              iris, kind = "kde")
plt.suptitle("Jointplot & KernelDensityplot", y = 1)
plt.show()
```

OUT

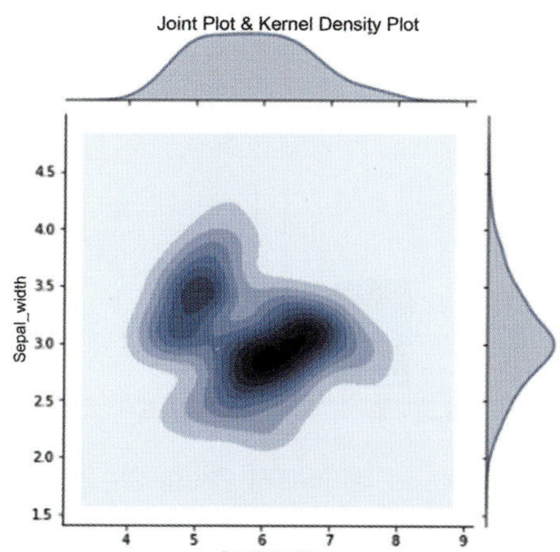

그림 3.19 iris 데이터에서 꽃받침 길이와 꽃받침 너비의 커널확률밀도함수 그래프

예제 3.3.1(d) 각 변수에 대하여 붓꽃 종류별 상자그림 그리기

그림 3.20은 붓꽃 종류별 상자그림을 보여준다.

IN

```
# 'species(종)'에 따른 연속형 변수들의 상자그림
# 중앙값, IQR(interquartile range), 이상값을 보여준다.
numerical_feature = list(set(iris.columns) - set(['species']))
#범주형 변수 제거
numerical_feature = np.sort(numerical_feature)
numerical_feature

for col in numerical_feature:
    sns.boxplot(x = iris.loc[iris[col].notnull(), col],
    y = "species", data = iris)
    plt.title(col)
    plt.show()
```

OUT

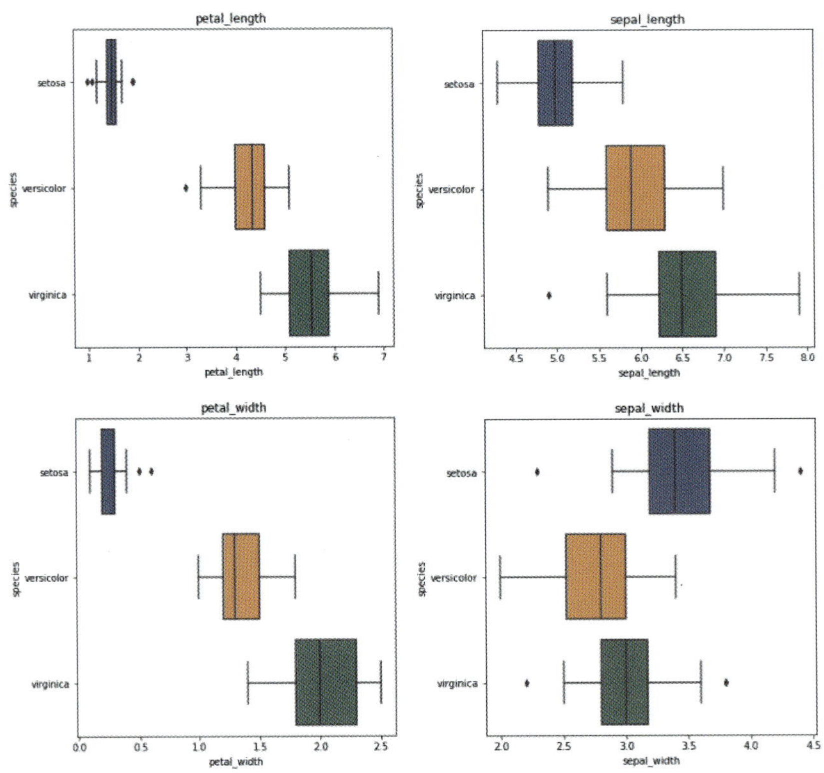

그림 3.20 iris 데이터에서 연속형 변수들의 상자그림

예제 3.3.1(e) 각 변수에 대하여 붓꽃 종류별 바이올린 그림 그리기

그림 3.21은 붓꽃 종류별 바이올린 그림을 보여준다.

IN
```
# Violin Plot
# 가로 방향으로 위, 아래 대칭이 되도록 커널 밀도 히스토그램을 그린다.
for col in numerical_feature:
    sns.violinplot(x = iris.loc[iris[col].notnull(), col],
                   y = "species", data=iris)
    plt.title(col)
    plt.show()
```

OUT

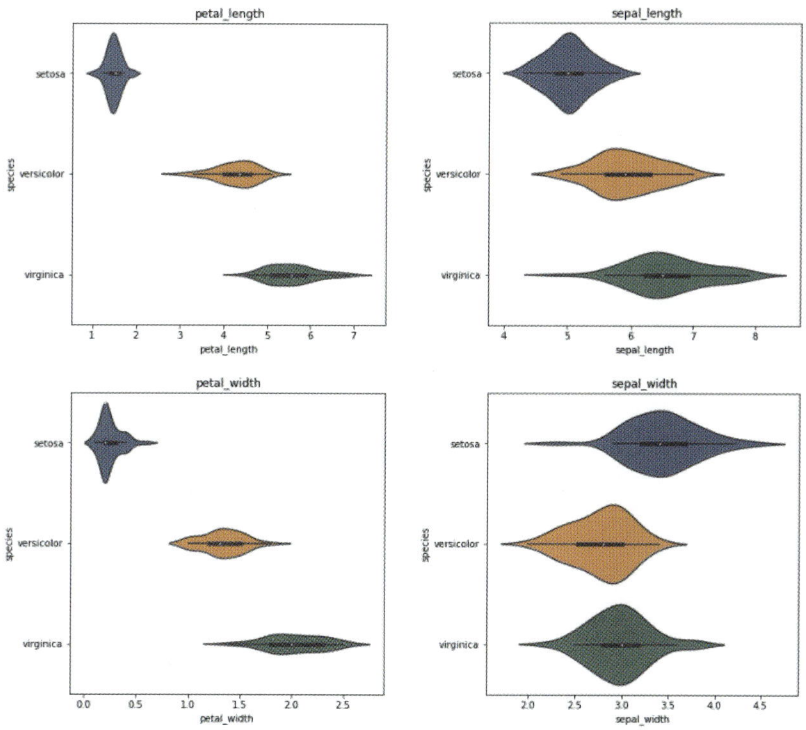

그림 3.21 iris 데이터에서 꽃받침 길이와 꽃받침 너비의 바이올린 그래프

예제 3.3.1(f) 각 변수에 대하여 분포에 관한 그래프 그리기

그림 3.22는 여러가지 그래프를 보여준다.

IN
```
# 여러 그래프 동시에 표현하기
pg = sns.PairGrid(iris)              # pairgrid 형태 만들기
pg.map_upper(sns.regplot)            # 산점도 : 위쪽에 위치
pg.map_lower(sns.kdeplot)            # 커널밀도함수 : 아래쪽에 위치
pg.map_diag(sns.distplot)            # 히스토그램 : 가운데 위치
```

OUT

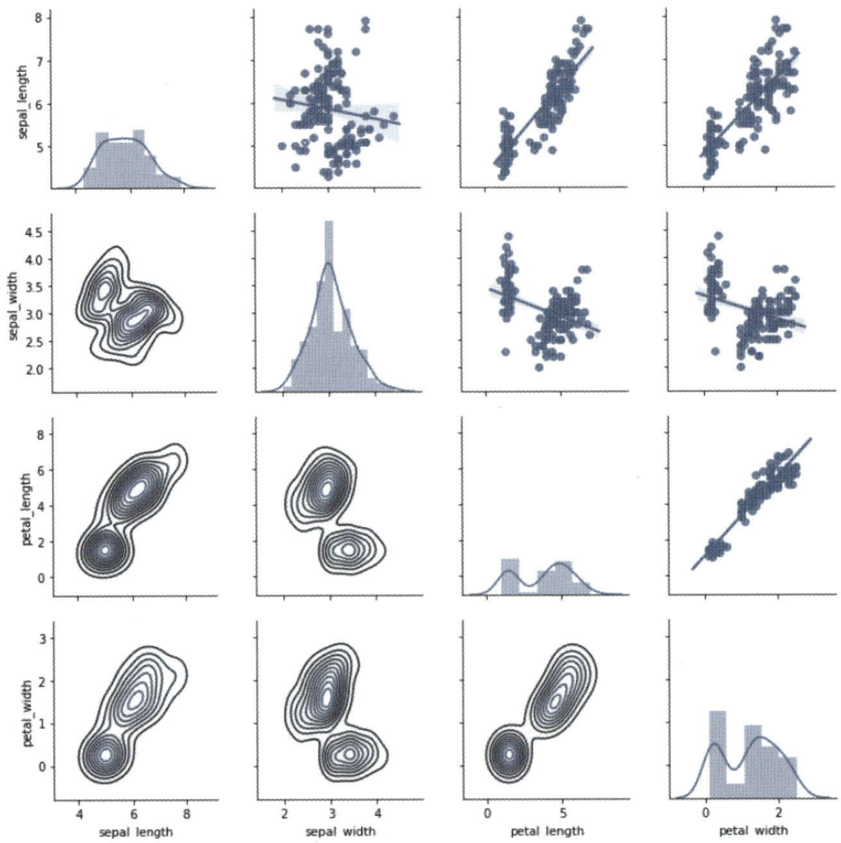

그림 3.22 여러 그래프 동시에 표현하기

3.3.2 모자이크 그림

모자이크 그림(mosaic plot)은 두 개 이상의 범주형 변수 간의 관계를 그래프적으로 표현한 그림이다. 정사각형(square)으로 시작하여 이 정사각형이 첫 번째 범주형 변수에 비례하여 평행 막대(horizontal bar)로 나뉘고, 각 막대는 두 번째 범주형 변수의 조건부 확률에 비례하여 수직 막대(vertical bar)로 나뉜다.

예제 3.3.2 모자이크 그림

다음의 데이터는 성별로 비행기 사고 후 생존자 수 데이터이다. 그림 3.23을 보면 해당 범주에 대한 면적이 해당 범주의 비중을 나타낸다.

표 3.5 성별로 비행기 사고 후 생존자 데이터

생존 여부	성별	
	남	여
생존	50	30
사망	50	70

IN
```
from statsmodels.graphics.mosaicplot import mosaic
airplane = {('survive','male'):50, ('survive','female'):30,
            ('death','male'):50, ('death','female'):70}
mosaic(airplane, title = 'mosaic polt')
plt.show()
```

OUT

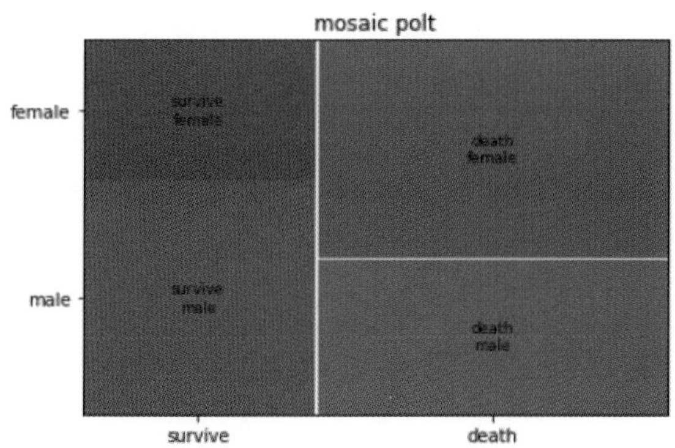

그림 3.23 생존 데이터 모자이크 그림

3.4 3차원 그래프

3차원 공간에서 표현되는 함수 그래프를 그리고자 한다. 2차원 평면에서 3차원 그림을 나타내기에는 한계가 있으나 입체감을 살릴 수 있는 그래프로 표현할 수 있다.

예제 3.4(a) 2차원 공간에 정의된 함수 그리기

함수값이 나타나는 3차원이 필요하다.

$$y = x_1^2 + x_2^2 + x_1 x_2, \quad x_1 \in (-3,3), \quad x_2 \in (-4,4)$$

IN

```
import matplotlib.pyplot as plt
from mpl_toolkits.mplot3d import Axes3D
import numpy as np
# scattering
fig = plt.figure(figsize = (10,10))
ax = Axes3D(fig)
# contour3d
x1 = np.arange(-3, 4,0.1)
x2 = np.arange(-4, 5,0.1)
x1, x2 = np.meshgrid(x1, x2)
y = (x1**2+x2**2+x1*x2)

# 그림 3.24 3차원 등고선그림
ax.plot_surface(x1,x2,y, rstride = 1, cstride = 1,
                cmap = plt.cm.hot)
ax.contourf(x1, x2, y, zdir = 'z', offset = -2,
            cmap = plt.cm.hot)
ax.set_zlim(-2,50)
plt.show()
```

OUT

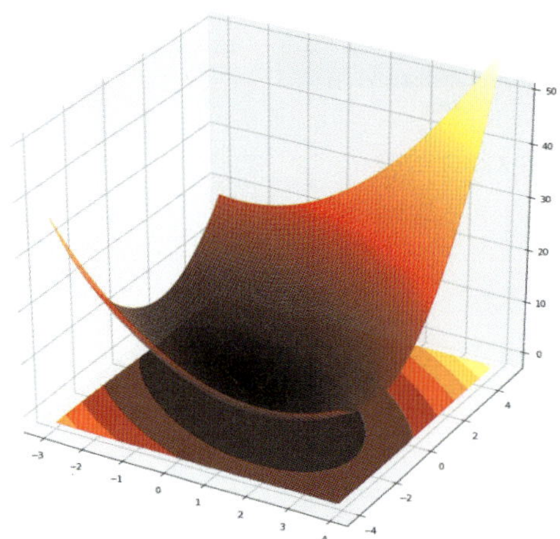

그림 3.24 $y = x_1^2 + x_2^2 + x_1 x_2$ 3차원 그림

예제 3.4(b) 등고선그림

등고선그림 그리기를 통하여 높이에 관한 입체적인 정보를 얻고자 한다.

IN
```
# 2차원 등고선그림
x1 = np.arange(-3, 4,0.1)
x2 = np.arange(-4, 5,0.1)
x1, x2 = np.meshgrid(x1, x2)
y = (x1**2 +x2**2+x1*x2)

plt.figure(figsize = (10,8))
plt.contourf(x1, x2, y, 8, alpha = .75, cmap = plt.cm.hot)
C = plt.contour(x1, x2, y, 8, colors = 'black', linewidth = .5)
plt.clabel(C, inline = 1, fontsize = 10)
plt.xticks([]), plt.yticks([])
plt.show()
```

OUT

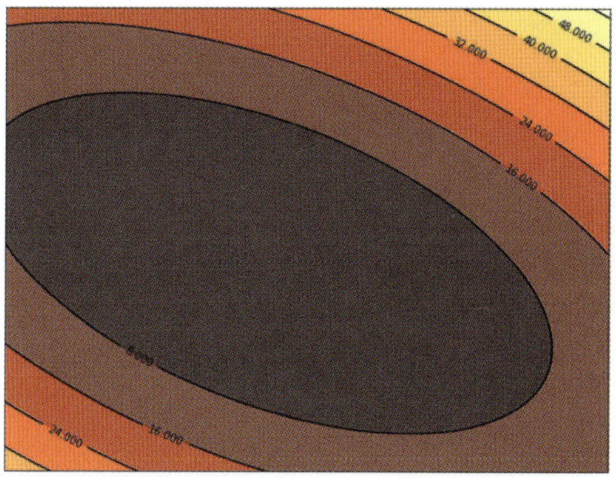

그림 3.25 $y = x_1^2 + x_2^2 + x_1 x_2$ 등고선그림

예제 3.4(c) 3차원 산점도

IN
```
# 3차원 산점도
fig = plt.figure(figsize = (10,10))
ax = fig.gca(projection = '3d')
ax.scatter(x1,x2,y)
```

OUT

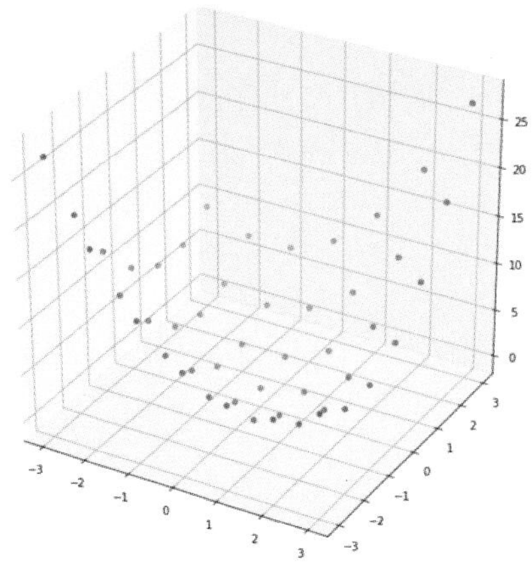

그림 3.26 3차원 산점도

예제 3.4(d) 표준정규분포의 확률밀도함수 그리기

IN
```
import numpy as np
import matplotlib.pyplot as plt
%matplotlib inline
x = np.linspace(-10, 10, 100)  # -10~10 사이를 100칸으로 나누겠다.
y = (1 / np.sqrt(2 * np.pi)) * np.exp(- x ** 2 / 2)
plt.figure(figsize = (10, 6))
plt.plot(x, y) ;plt.xlabel("x");plt.ylabel("y")
plt.grid()                         # 플롯에 격자 표시
plt.title("Standard Normal Distribution")
plt.legend(["N(0, 1)"])            # 범례
plt.show()
```

OUT

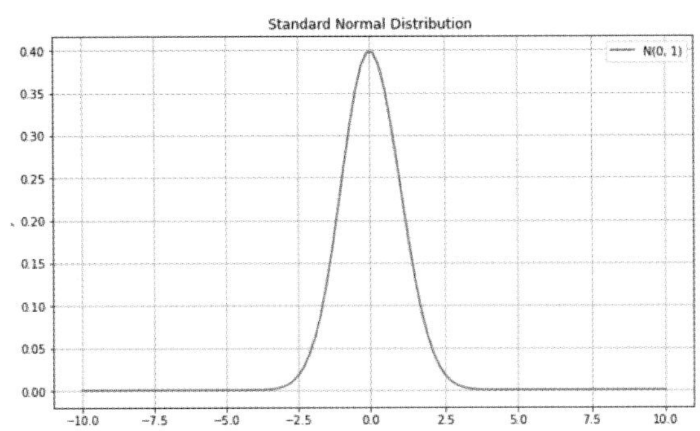

그림 3.27 표준정규분포 확률밀도함수

예제 3.4(e) 이변량 정규분포의 확률밀도함수로 3차원 그래프 그리기

이변량 정규분포(bivariate normal distribution)의 확률밀도함수는 다음과 같다.

$$f(\boldsymbol{x}) = \frac{1}{2\pi\sqrt{\sigma_{11}\sigma_{22}(1-\rho^2)}} \times \exp\left\{-\frac{1}{2(1-\rho^2)}\left[\left(\frac{x_1-\mu_1}{\sqrt{\sigma_{11}}}\right)^2 + \left(\frac{x_2-\mu_2}{\sqrt{\sigma_{22}}}\right)^2 - 2\rho\left(\frac{x_1-\mu_1}{\sqrt{\sigma_{11}}}\right)\left(\frac{x_2-\mu_2}{\sqrt{\sigma_{22}}}\right)\right]\right\}$$

여기서 $\boldsymbol{x} = (x_1, x_2)'$, $-\infty < x_1 < \infty$, $-\infty < x_2 < \infty$.

$$\mu_1 = 0,\ \mu_2 = 1,\ \sigma_{11} = 1,\ \sigma_{22} = 1.5,\ \sigma_{12} = 0.5,\ \rho = \frac{\sigma_{12}}{\sqrt{\sigma_{11}\sigma_{22}}},\ \boldsymbol{\mu} = \begin{pmatrix} 0 \\ 1 \end{pmatrix},\ \boldsymbol{\Sigma} = \begin{bmatrix} 1 & -0.5 \\ 0.5 & 1.5 \end{bmatrix}$$

필요한 패키지를 다음과 같이 임포트한다.

IN
```
import numpy as np
import matplotlib.pyplot as plt
from matplotlib import cm
from mpl_toolkits.mplot3d import Axes3D
```

그림의 색깔을 바꾸기 위한 cmap 옵션은 다음을 참고하면 된다.

```
cmaps['Perceptually Uniform Sequential'] = [
        'viridis', 'plasma', 'inferno', 'magma', 'cividis']
cmaps['Sequential'] = [
        'Greys', 'Purples', 'Blues', 'Greens', 'Oranges', 'Reds',
        'YlOrBr', 'YlOrRd', 'OrRd', 'PuRd', 'RdPu', 'BuPu',
        'GnBu', 'PuBu', 'YlGnBu', 'PuBuGn', 'BuGn', 'YlGn']
```

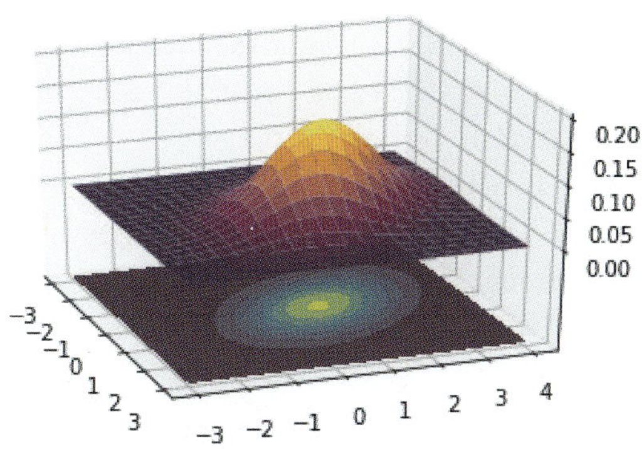

그림 3.28 이변량 정규분포 확률밀도함수

IN

```
# Our 2-dimensional distribution will be over variables X and Y
N = 60
X = np.linspace(-3, 3, N)
Y = np.linspace(-3, 4, N)
X, Y = np.meshgrid(X, Y)
# Mean vector and covariance matrix
mu = np.array([0., 1.])
Sigma = np.array([[ 1. , -0.5], [-0.5,  1.5]])
# Pack X and Y into a single 3-dimensional array
pos = np.empty(X.shape + (2,))
pos[:, :, 0] = X
pos[:, :, 1] = Y

# the multivariate Gaussian distribution on array pos.
def multivariate_gaussian(pos, mu, Sigma):
    n = mu.shape[0]
    Sigma_det = np.linalg.det(Sigma)
    N = np.sqrt((2*np.pi)**n * Sigma_det)
    # This einsum call calculates (x-mu)T.Sigma-1.(x-mu) in a
    # vectorized way across all the input variables
    # fac = np.einsum('...k,kl,...l->...', pos-mu, Sigma_inv,
    # pos-mu)
    # return np.exp(-fac / 2) / N

# The distribution on the variables X, Y packed into pos.
Z = multivariate_gaussian(pos, mu, Sigma)
# Create a surface plot and projected filled contour plot
fig = plt.figure()
ax = fig.gca(projection = '3d')
ax.plot_surface(X, Y, Z, rstride = 3, cstride = 3,
             linewidth = 1, antialiased = True, cmap = cm.plasma)
cset = ax.contourf(X, Y, Z, zdir = 'z', offset = -0.15,
cmap = cm.viridis)
# Adjust the limits, ticks and view angle
ax.set_zlim(-0.15,0.2)
ax.set_zticks(np.linspace(0,0.2,5))
ax.view_init(27, -21)
plt.show()
```

예제 3.4(f) 평균벡터 $\mu=\begin{pmatrix}0\\0\end{pmatrix}$, 공분산행렬 $\Sigma=\begin{pmatrix}1&0\\0&1\end{pmatrix}$을 가진 이변량 정규분포의 등고선그림

IN
```
from scipy.stats import multivariate_normal
import scipy as sp
import scipy.stats
mu=[0,0]
cov = [[1, 0], [0, 1]]
# input matrix must be positive semidefinite
rv = sp.stats.multivariate_normal(mu,cov)
X = rv.rvs(20000)

xx = np.linspace(-3, 4, 100)
yy = np.linspace(-3, 4, 100)
XX, YY = np.meshgrid(xx, yy)

plt.scatter(X[:, 0], X[:, 1], s = 1)
plt.contour(XX, YY, rv.pdf(np.dstack([XX, YY])))
plt.axis("equal")
plt.xlim(-2, 2)
plt.ylim(-2, 2)
plt.xlabel("$x_1$")
plt.ylabel("$x_2$")
plt.title("$x_1,x_2$Contour")
plt.show()
```

OUT

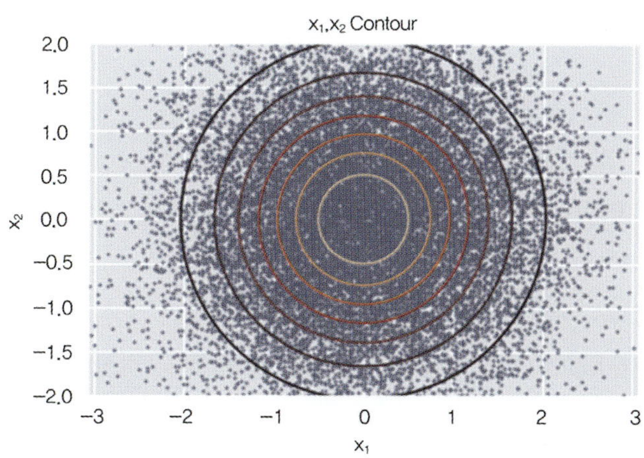

그림 3.29 이변량 정규분포 등고선그림

3장 | 연습문제

1 $y=x^2,\ x\in[-1,1]$ 그래프를 그리시오.

(a) [−1,1] 사이에 등간격 100개 값을 생성하여 x에 할당하시오.

(b) 점으로 표시되도록 그리시오.

(c) 좌표평면에 빨간색 선으로 출력되도록 그리시오.

2 해당하는 그래프를 그리시오.

(a) $x\in[0,5]$에서 $y=x,\quad y=x^2,\quad y=\log_e x,\quad y=\sqrt{x}$ 그래프들을 한 페이지에 4개의 그래프가 점으로 나오도록 그리시오.

(b) $x\in[0,5]$에서 $y=x,\quad y=x^2,\quad y=\log_e x,\quad y=\sqrt{x}$ 그래프들이 한 좌표평면에 4개의 선으로 나오도록 그리시오.

(c) $x\in[0,5]$에서 $y=x,\quad y=x^2,\quad y=\log_e x,\quad y=\sqrt{x}$ 그래프들이 첫 번째 그래프는 점, 두 번째 그래프는 선, 세 번째와 네 번째 그래프는 점과 선이 연결된 형태로 한 개의 좌표평면에 나오도록 그리시오.

3 $x\in(-\pi,\pi)$일 때 $\sin(x),\ \cos(x),\ \tan(x)$ 그래프를 같은 좌표평면에 그리시오.

4 x = [1,2,3,4,5,6,7,8,9,10]

y = 2x+3일 때 여러 가지 형태로 그래프 (x,y)를 그려보고자 한다.

(a) 사각형의 점으로 나타나도록 그래프를 그리시오.

(b) 연결된 선으로 나타나도록 그래프를 그리시오.

(c) 점의 크기가 x값에 비례하여 커지도록 그래프를 그리시오.

5 (−3, 3) 사이에서

(a) 표준정규분포의 확률밀도함수 그래프를 그리시오.

$$f(x) = \frac{1}{\sqrt{2\pi}} e^{-\frac{1}{2}x^2}, \qquad -3 \le x \le 3$$

(b) $f(x) = \exp(-|x|)$ 그래프를 그리시오.

6 (0, 5) 사이에서 $\lambda = 0.5,\ 1,\ 2$ 인 경우 지수분포의 확률밀도함수 $f(x)$ 그래프를 한 좌표평면에 그리고 비교하시오.

$$f(x) = \lambda e^{-\lambda x}, \qquad 0 \le x \le 5.$$

7 다음의 이산형 확률변수 X의 확률질량함수(probability mass function)를 그래프로 나타내시오.

$$P(X=j) = \frac{1}{6}, \qquad j = 1,2,3,4,5,6.$$

8 다음의 3차원 그래프를 그리시오.

(a) x의 범위 (−2,2), y의 범위 (−3,3)에서

$$z = f(x,y) = x^2 + y^2 + x(y-3)$$

(b) $z = f(x,y) = 1 - \exp\left(-\frac{1}{x^2+y^2}\right), \qquad x,y \in [-5,5]$

(c) $z = f(x,y) = x\sin(y), \qquad x,y \in [0,16]$

9 다음의 데이터에 대해 그래프를 그리시오.

```
from matplotlib import pyplot as plt
import numpy as np
x = np.arange(1,10,  0.1)
y = x*0.3
w = np.sin(x)
```

(a) (x,y)와 (x,w)를 같은 좌표평면에 각각 다른 모양의 점으로 그리시오.

(b) (x,y)와 (x,w)를 같은 좌표평면에 각각 다른 모양의 선으로 그리시오.

(c) (x,y)는 점으로 (x,w)는 선으로 같은 좌표평면에 나타나도록 그리시오.

10 iris 데이터에 대해 여러 가지 통계량을 구하고자 한다.

```
iris = sns.load_dataset("iris")
iris.head()
```

(a) 변수별 평균을 구하시오.

(b) 세 가지 종류에 따라 각 변수의 평균을 구하시오.

(c) x축에는 변수이름, 변수별 세 종류의 평균값이 막대 그래프로 나타나도록 그리시오(다음의 코드를 참고).

```
st = iris.groupby(iris.species).mean()
# species를 기준으로 그룹화를 하여 각 그룹의 평균을 구해 준다.
print(st)
st.T.plot.bar(rot=0)  # rot : x축 변수명의 기울기
plt.title("variable mean of species")
plt.xlabel("variables")
plt.ylabel("mean")
plt.show()
```

11 다음과 같이 정의된 Lissajous 그래프를 출력하시오.

$$z(x)=\begin{pmatrix}\sin(ax)\\ \sin(bx)\end{pmatrix}=\begin{pmatrix}z_1\\ z_2\end{pmatrix},\qquad x\in(0,2\pi),\qquad a,b:\quad \text{양의 정수}$$

$(a,b)=(3,4)$, $(3,6)$, $(5,8)$, $(4,7)$일 경우 한 화면에 4개의 선 그래프를 출력하시오.

12 두 종류의 고무밴드에 대해 긴장실험을 통해 다음과 같이 측정되었다.

A 고무밴드(a)는

stretch: 46, 54, 48, 50, 44, 42, 52

distance: 183, 217, 189, 208, 178, 150, 249

B 고무밴드(b)는

stretch: 25,   45,   35,   40,   55,   60

distance: 71, 196, 127, 187, 249, 291

a, b 두 집합을 합해서 x축을 stretch로 하여 산점도를 그리는데 점모양은 집합에 따라 ‘a’, ‘b’로 찍히도록 그래프를 그리시오.

4장

난수 발생과 모의실험

Python에는 몇 가지 특정한 분포로부터 난수를 발생할 수 있는 함수들이 패키지에 내장되어 있다. 이러한 기능을 이용하여 연속분포(continuous distribution)와 이산분포(discrete distribution)로부터 확률표본(random sample)을 생성할 수 있으며 모의실험(simulation)에 활용할 수 있다. 확률분포함수는 stats 서브패키지에 포함되어 있다. statsmodels 라이브러리를 임포트한 후 각 분포함수 이름. 다음에 확률밀도함수 `pdf`(연속형), 확률질량함수 `pmf`(이산형), 누적분포함수 `cdf`, 퍼센타일함수 `ppf`, 난수 `rvs`를 뒤에 붙여 해당 함수를 수행한다. 분포마다 모수가 다르므로 해당 분포에 필요한 모수값(parameter value)을 지정해주어야 한다. 표 4.1은 Python에서 제공하는 다양한 확률분포함수를 보여준다.

표 4.1 Python에서 확률분포 stats.분포 이름

유형	확률분포	Python 분포함수 이름	분포 모수
연속형	정규분포	`norm`	loc(평균), scale(표준편차)
	t 분포	`t`	df
	균일분포	`uniform`	loc(min), scale(max)
	지수분포	`expon`	scale(mean)
	F 분포	`f`	dfn(분자자유도), dfd(분모자유도)
	카이제곱분포	`chi2`	df
	감마분포	`gamma`	shape, scale
	베타분포	`beta`	alpha, beta
	코쉬분포	`cauchy`	loc, scale
	로그-정규분포	`lognorm`	s(shape)
이산형	이항분포	`binom`	n, p(sucess prob)
	음이항분포	`nbinom`	n, p(sucess prob)
	포아송 분포	`poisson`	mu(rate)
	기하분포	`geometric`	p(prob)
	초기하분포	`hypergeom`	M(total), n(total number of Success), N(drawn)

pmf 확률질량함수(probability mass function) $d = P(X = x)$
pdf 확률밀도함수(probability density function) $d = f(x)$
cdf 누적분포함수(cumulative distribution function)
$p = P(X \leq x)$
누적확률(cumulative probabiltiy)
ppf 해당 퍼센트포인트(percentile), percent point function

```
        ∫_{-∞}^{q} f(x)dx = p를 만족하는 q값
rvs     난수(random number) 발생, 랜덤표본 생성
sf      생존함수(survival function)
        S(x) = 1 - P(X ≤ x) = P(X > x)
isf     생존함수의 역함수 S^{-1}(u), 여기서 S(x) = u
```

■ 확률분포 활용을 위한 라이브러리 임포트

IN
```
#통계모형
import statsmodels.formula.api as smf
import statsmodels.api as sm
```

4.1 연속분포

4.1.1 정규분포

확률변수 X가 정규분포(normal distribution)를 따를 때 확률밀도함수는

$$f(x) = \frac{1}{\sqrt{2\pi}\,\sigma} e^{-\frac{1}{2}\left(\frac{x-\mu}{\sigma^2}\right)^2}, \qquad -\infty < x < \infty \tag{4.1}$$

이다. 정규분포의 모수는 평균 μ와 표준편차 σ이다. Python에서 정규분포 이용 시 평균과 표준편차 값을 지정해주어야 한다.

다음의 함수를 사용하여 정규분포의 확률밀도함수(probability density), 누적확률(cumulative probability), 백분위수(percentile), 난수(random number)를 얻을 수 있다.

```
norm.pdf(loc=0, scale=1, x=xvalue)       # f(x)
norm.cdf(loc=0, scale=1, x=xvalue)       # P(X ≤ x)
norm.sf(loc=0, scale=1, x=xvalue)        # P(X > x)
norm.ppf(loc=0, scale=1, q=pvalue)       # ∫_{-∞}^{q} f(x)dx = p
```

```
norm.ppf(loc=0, scale=1, q=1-pvalue)
```

$$\# \int_q^{\infty} f(x)dx = 1 - \int_{-\infty}^{q} f(x)dx = 1 - p$$

```
norm.rvs(loc=0, scale=1, size=number)
                    # number 개수만큼 난수 발생
```

예제 4.1.1(a) (a) $Z \sim N(0,1)$일 때 $P(Z \leq -1)$ 구하기

IN
```
stats.norm.cdf(loc = 0, scale = 1, x = -1)
```

OUT
```
0.15865525393145707
```

해당 확률을 나타내는 그래프를 그리고자 한다.

IN
```
mu = 0
sigma = 1

x = np.linspace(mu-4*sigma, mu+4*sigma, 100)
# 표준정규분포 x값의 범위 -4~+4
y = stats.norm.pdf(x, mu, sigma) #정규분포에 의한 확률밀도함수의 값
xx = np.linspace(mu-4*sigma, mu-1*sigma, 100) # P(Z<-1)
yy = stats.norm.pdf(xx, mu, sigma)
plt.plot(x, y, 'red')
plt.title('$Probability$ $Density$ $Function$')
plt.xlabel('x')
plt.ylabel('$p(x)$')
plt.fill_between(xx,yy,alpha=0.5)
plt.text(-1.5,0.1,'$P(Z<-1)$',fontsize = 13,color = 'black')
plt.show()
```

OUT

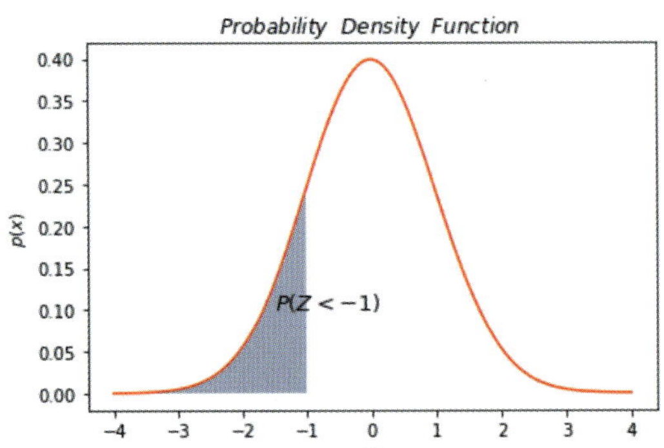

그림 4.1 정규분포를 따르는 경우 $P(Z \leq -1)$ 확률 영역

예제 4.1.1(b) $Z \sim N(0,1)$일 때 $P(Z \geq -1)$ 구하기

또한 해당 확률을 나타내는 그래프를 그리고자 한다.

IN
```
stats.norm.sf(loc = 0, scale = 1,  x = -1)
```

OUT
```
0.8413447460685429
```

IN
```
xx= np.linspace(mu-1*sigma, mu+4*sigma, 100) # P(Z>-1)
yy= stats.norm.pdf(xx, mu, sigma)
plt.plot(x, y, 'red')
plt.title('$Probability$  $Density$  $Function$')
plt.xlabel('x')
plt.ylabel('$p(x)$')
plt.fill_between(xx,yy,alpha = 0.5)
plt.text(-0.7,0.15,'$P(Z>-1)$',fontsize = 13,color = 'black')
plt.show()
```

OUT

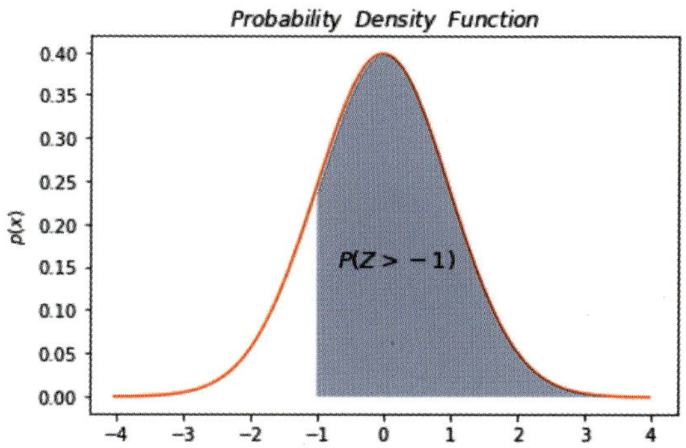

그림 4.2 정규분포를 따르는 경우 $P(Z \geq -1)$ 확률 영역

예제 4.1.1(c) 평균 100, 표준편차 10인 정규분포로부터 난수(random number) 한 개를 발생

IN
```
stats.norm.rvs(loc = 100, scale = 10,  size = 1)
```

OUT
```
array([93.544])
```

예제 4.1.1(d) 평균 280, 표준편차 10인 정규분포 집단을 가정으로부터 난수 5개 발생

IN
```
stats.norm.rvs(loc = 280, scale = 10, size = 5)
```

OUT
```
array([299.471, 280.187, 300.591, 275.234, 311.84])
```

예제 4.1.1(e) 평균 280, 표준편차 10인 정규분포를 따르는 확률변수 X에 대해 $P(X \leqq 270)$ 구하기

IN
```
stats.norm.cdf(loc = 280, scale = 10, x = 270)
```

OUT
```
0.15865525393145707
```

예제 4.1.1(f) 이 집단에서 아래로부터(왼쪽꼬리로부터) 10%에 해당하는 값 구하기

$$\int_{-\infty}^{q} f(x)dx = 0.10\text{을 만족하는 } q$$

IN
```
stats.norm.ppf(loc = 280, scale = 10,  q = 0.1)
```

OUT
```
267.184484344554
```

예제 4.1.1(g) 이 집단에서 위로부터(오른쪽꼬리로부터) 10%에 해당하는 값 구하기
$\int_{q}^{\infty} f(x)dx = 0.10$는 $\int_{-\infty}^{q} f(x)dx = 0.90$와 같다.

IN
```
stats.norm.ppf(loc = 280, scale = 10,  q = 0.9)
```

OUT
```
292.815515655446
```

예제 4.1.1(h) 평균 0, 표준편차 1인 표준정규분포를 가정

(1) 왼쪽꼬리로부터의 확률이 0.05가 되는 값, $\int_{-\infty}^{q_1} f(x)dx = 0.05$를 만족하는 q_1을 구하고자 한다.

(2) 왼쪽꼬리로부터의 확률이 0.95(오른쪽꼬리로부터의 확률이 0.05)가 되는 값 q_2

를 구하고자 한다.

(3) $x=0$에서의 확률밀도함수값 $f(0)$을 구하고자 한다.

IN
```
q1 = stats.norm.ppf(loc = 0, scale = 1,  q = 0.05)      #(a)
print(q1)
q2 = stats.norm.ppf(loc = 0, scale = 1,  q = 0.95)      #(b)
print(q2)
f0 = stats.norm.pdf(loc = 0, scale = 1,  x = 0)         #(c)
print(f0)
```

OUT
```
-1.6448536269514729
1.6448536269514722
0.3989422804014327
```

예제 4.1.1(i) 표준정규분포로부터 발생한 난수 100개에 대해 히스토그램 그리기

IN
```
x = stats.norm.rvs(loc = 0, scale = 1,  size = 100)
plt.hist(x)
```

OUT

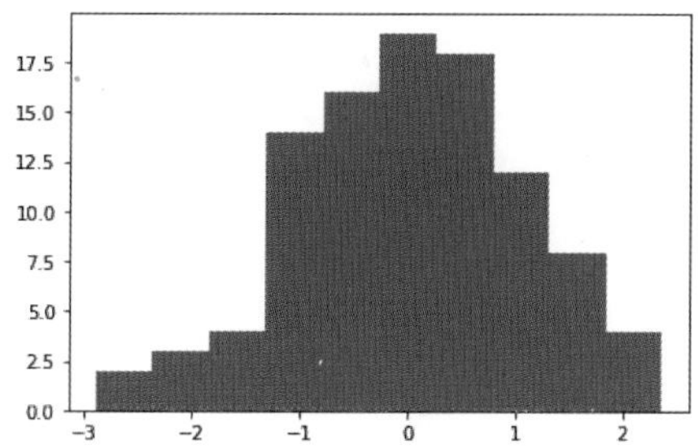

그림 4.3 정규분포를 따르는 확률표본에 대한 히스토그램

4.1.2 *t* 분포

자유도 ν인 t 분포의 확률밀도함수는

$$f(x)=\frac{\Gamma((\nu+1)/2)}{\Gamma(\nu/2)\sqrt{\nu\pi}\,\sigma}\left(1+\frac{1}{\nu}\left(\frac{x-\mu}{\sigma}\right)^2\right)^{-(\nu+1)/2}, \qquad -\infty<x<\infty \quad (4.2)$$

이며 t 분포의 모수는 자유도 ν이다. Python에서 t 분포 이용 시 자유도를 지정해주어야 한다. 다음의 함수를 이용하여 t 분포의 확률밀도함수, 누적확률, 백분위수, 난수를 얻을 수 있다.

```
t.pdf(df = dfvalue, x = xvalue)      # f(x)
t.cdf(df = dfvalue, x = xvalue)      # P(X ≦ x)
t.sf(df = dfvalue, x = xvalue)       # P(X > x)
t.ppf(df = dfvalue, q = pvalue)      # ∫_{-∞}^{q} f(x)dx = p
t.ppf(df = dfvalue, q = 1-pvalue)
                         # ∫_{q}^{∞} f(x)dx = 1 - ∫_{-∞}^{q} f(x)dx = 1 - p
t.rvs(df = dfvalue, size = number) # number 개수만큼 난수 발생
```

여기서 df는 자유도(degree of freedom)를 나타낸다.

예제 4.1.2(a) 자유도 5인 t 분포의 확률밀도함수와 표준정규분포의 확률밀도함수를 함께 그리기

IN
```
x = np.arange(start = -3, stop = 3, step = 0.1)
plt.plot(x, stats.norm.pdf(x = x), color = 'black', linestyle
         = 'dotted')
plt.plot(x, stats.t.pdf(x = x, df = 5), color = 'green')
```

OUT

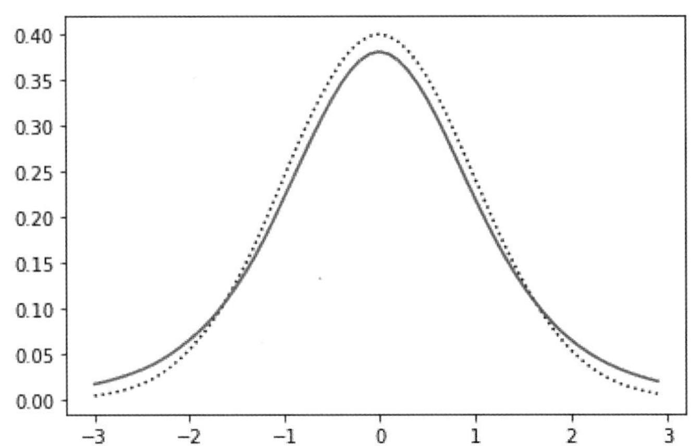

그림 4.4 자유도 5인 t 분포(실선)와 표준정규분포(점선)의 확률밀도함수

예제 4.1.2(b) 자유도 5인 t 분포를 따르는 난수 3개 발생

IN
```
stats.t.rvs(df = 5, size = 3)
```

OUT
```
array([-0.137,  0.237,  1.069])
```

예제 4.1.2(c) 자유도 5인 t 분포를 따르는 확률변수 X에 대해 $P(X \leqq 2)$ 구하기

IN
```
stats.t.cdf(df = 5, x = 2)
```

OUT
```
0.9490302605850708
```

예제 4.1.2(d) 자유도 5인 t 분포를 따르는 확률변수 X에 대해 $P(X < 2)$ 구하기

IN
```
stats.t.cdf(df = 5, x = 2)
```

OUT
```
0.9490302605850708
```

예제 4.1.2(e) 자유도 5인 t 분포를 따르는 확률변수 X에 대해 $P(X \geq 2)$ 구하기

IN
```
stats.t.sf(df = 5, x = 2)
```

OUT
```
0.05096973941492914
```

예제 4.1.2(f) 자유도 5인 t 분포를 따르는 확률변수 X에 대해 $P(-1 \leq X < 1.5)$ 구하기

IN
```
stats.t.cdf(df = 5, x = 1.5) - stats.t.cdf(df = 5, x = -1)
```

OUT
```
0.7214394260542021
```

예제 4.1.2(g) 자유도 5인 t 분포를 따르는 확률변수 X에 대해 아래로부터(왼쪽꼬리로부터) 10%에 해당하는 값을 구하기

$$\int_{-\infty}^{q} f(x)dx = 0.10 \text{을 만족하는 } q$$

IN
```
stats.t.ppf(df = 5, q = 0.1)
```

OUT
```
-1.475884048782027
```

예제 4.1.2(h) 자유도 5인 t 분포를 따르는 확률변수 X에 대해 위로부터(오른쪽꼬리로부터) 5%에 해당하는 값을 구하기

$\int_{q}^{\infty} f(x)dx = 0.05$는 $\int_{-\infty}^{q} f(x)dx = 0.95$와 같다.

IN
```
stats.t.ppf(df = 5, q = 0.95)
```

OUT
```
2.015048372669157
```

4.1.3 균일분포

구간 $[a,b]$에서 균일분포(uniform distribution)를 따르는 확률변수의 확률밀도함수는

$$f(x) = \frac{1}{b-a}, \qquad a \le x \le b. \tag{4.3}$$

균일분포의 모수는 구간의 최솟값 a와 최댓값 b이다. Python에서는 균일분포 이용시 모수를 지정해주어야 한다. 다음의 함수를 이용하여 [a, b] 구간에서 균일분포의 확률밀도함수, 누적확률, 백분위수, 난수를 얻을 수 있다.

```
uniform.pdf(loc = a, scale = b, x = xvalue)      # f(x)
uniform.cdf(loc = a, scale = b, x = xvalue)      # P(X ≦ x)
uniform.sf(loc = a, scale = b, x = xvalue)       # P(X > x)
uniform.ppf(loc = a, scale = b, q = pvalue)
                                    # ∫_{-∞}^{q} f(x)dx = p
uniform.ppf(loc = a, scale = b, q = 1-pvalue)
                                    # ∫_{q}^{∞} f(x)dx = 1 - ∫_{-∞}^{q} f(x)dx = 1 - p
uniform.rvs(loc = a, scale = b, size=number)
                                    # number 개수만큼 난수 발생
```

예제 4.1.3(a) [0,1]에서 균일분포로부터 난수 10개를 발생시키고 이 표본에 대한 평균 구하기

IN
```
aa = stats.uniform.rvs(loc = 0,scale = 1, size = 10)
sp.mean(aa)
```

OUT
```
0.561405503864991
```

예제 4.1.3(b) [0,1]에서 균일분포를 따르는 확률변수 X에 대해 $P(X \leqq 0.5)$ 구하기

IN
```
stats.uniform.cdf(loc = 0,scale = 1, x = 0.5)
```

OUT
```
0.5
```

예제 4.1.3(c) [1,5]에서 균일분포를 따르는 확률변수 X에 대해 $P(X > 2)$ 구하기

IN
```
stats.uniform.sf(loc = 1,scale = 5, x = 2)
```

OUT
```
0.8
```

예제 4.1.3(d) [0,1]에서의 균일분포를 따르는 확률변수 X에 대해 $P(0.2 < X \leq 0.6)$ 구하기

IN
```
stats.uniform.cdf(loc = 0, scale = 1, x = 0.6)-stats.uniform.cdf
(loc = 0,scale = 1,x = 0.2)
```

OUT
```
0.39999999999999997
```

예제 4.1.3(e) [0,1]에서의 균일분포의 확률밀도함수와 누적분포함수 그리기

IN
```
x = np.linspace(0,1, 10)
y = stats.uniform.pdf(loc = 0, scale = 1, x = x)
plt.figure(figsize = (12, 10))
plt.plot(x, y, 'red')
plt.title('$Probability$  $Density$  $Function$')
```

```
plt.xlabel('x'); plt.ylabel('$p(x)$')
plt.fill_between(x,y,alpha = 0.3) # alpha = 투명도
plt.text(0.45,0.48,'$Area = 1$',fontsize = 13,color = 'black')
plt.show()
```

OUT

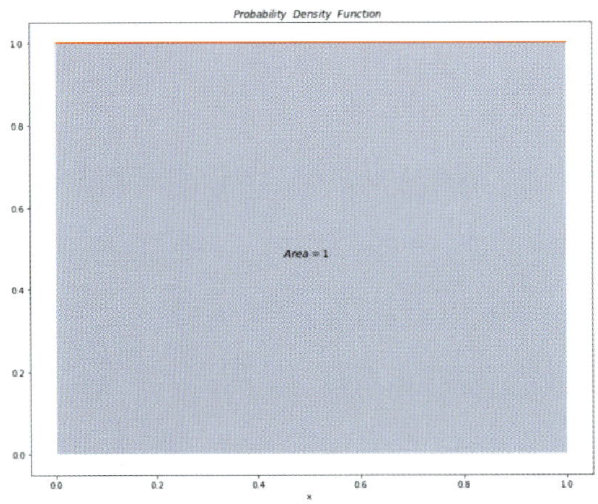

그림 4.5 [0,1]에서의 균일분포의 확률밀도함수

IN

```
y = stats.uniform.cdf(loc = 0, scale = 1, x = x)
plt.figure(figsize = (12, 10))
plt.plot(x, y, 'red')
plt.title('$Cumulative$ $Distribution$ $Function$')
plt.xlabel('x')
plt.ylabel('$P(x)$')
plt.fill_between(x,y,alpha = 0.3)
plt.show()
```

OUT

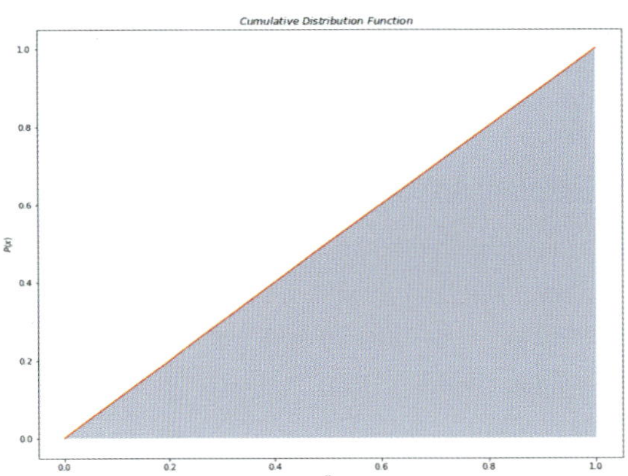

그림 4.6 [0,1]에서의 균일분포의 누적분포함수

4.1.4 지수분포

평균이 m인 지수분포(exponential distribution)에 대한 확률밀도함수는

$$f(x) = \frac{1}{m} e^{-\frac{x}{m}}, \qquad -\infty < x < \infty \tag{4.4}$$

이며 여기서 $1/m$은 발생비율(rate)이다. Python은 지수분포 이용 시 평균을 지정해 주어야 한다. 다음의 함수를 이용하여 지수분포의 확률밀도함수, 누적확률, 백분위수, 난수를 얻을 수 있다.

```
expon.pdf(scale = m, x = xvalue)        # f(x)
expon.cdf(scale = m, x = xvalue)        # P(X ≦ x)
expon.sf(scale = m, x = xvalue)         # P(X > x)
expon.ppf(scale = m, q = pvalue)        # ∫_{-∞}^{q} f(x)dx = p
expon.ppf(scale = m, q = 1-pvalue)
                        # ∫_{q}^{∞} f(x)dx = 1 - ∫_{-∞}^{q} f(x)dx = 1 - p
expon.rvs(scale = m, size = number)  # number 개수만큼 난수 발생
```

예제 4.1.4(a) 평균 3인 지수분포로부터 난수 100개를 발생한 표본에 대한 평균 구하기

IN
```
aa = stats.expon.rvs(scale = 3, size = 100)
sp.mean(aa)
```

OUT
```
3.2000205346467503
```

예제 4.1.4(b) 평균 3인 지수분포를 따르는 확률변수 X에 대해 $P(X \leqq 3)$ 구하기

IN
```
stats.expon.cdf(scale = 3, x = 3)
```

OUT
```
0.6321205588285577
```

예제 4.1.4(c) 평균 3인 지수분포를 따르는 확률변수 X에 대해 $P(X>2)$ 구하기

IN
```
stats.expon.sf(scale = 3, x = 2)
```

OUT
```
0.513417119032592
```

예제 4.1.4(d) 평균 3인 지수분포를 따르는 확률변수 X에 대해 $P(0.2<X\le 1)$ 구하기

IN
```
stats.expon.cdf(scale = 3, x = 1)-stats.expon.cdf(scale = 3, x =
0.2)
```

OUT
```
0.21897567445782845
```

예제 4.1.4(e) 평균 1인 지수분포와 평균 3인 지수분포로 확률밀도함수 함께 그리기

IN
```
x = np.linspace(0,10, 100) # x 범위 지정 : 지수분포에서 x>0
y1 = stats.expon.pdf(scale = 1, x = x)
y2 = stats.expon.pdf(scale = 3, x = x)
plt.figure(figsize = (12, 10))
plt.plot(x, y1, 'red', label = 'mu = 1')
plt.plot(x, y2, 'blue', label = 'mu = 3')
plt.title('$Probability$ $Density$ $Function$')
plt.xlabel('x')
plt.ylabel('$p(x)$')
plt.ylim(0,1.2)
plt.legend()
plt.show()
```

OUT

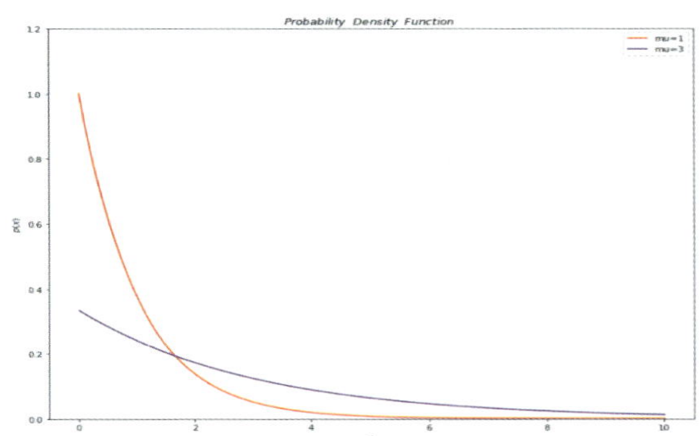

그림 4.7 평균 1인 지수분포와 평균 3인 지수분포의 확률밀도함수

4.1.5 *F* 분포

분자자유도 d_1, 분모자유도 d_2인 F 분포의 확률밀도함수는

$$f(x) = \frac{\sqrt{\frac{(d_1 x)^{d_1} d_2^{d_2}}{(d_1 x + d_2)^{d_1 + d_2}}}}{x B\left(\frac{d_1}{2}, \frac{d_2}{2}\right)} = \frac{1}{B\left(\frac{d_1}{2}, \frac{d_2}{2}\right)} \left(\frac{d_1}{d_2}\right)^{\frac{d_1}{2}} x^{\frac{d_1}{2} - 1} \left(1 + \frac{d_1}{d_2} x\right)^{-\frac{d_1 + d_2}{2}},$$

$$x > 0 \tag{4.5}$$

이며 F 분포의 모수는 자유도 d_1, d_2이다. Python에서 F 분포 이용 시 분자자유도와 분모자유도를 지정해주어야 한다. 다음의 함수를 이용하여 F 분포의 확률밀도함수, 누적확률, 백분위수, 난수를 얻을 수 있다. 여기서 $B(a,b) = \int_0^1 x^{a-1}(1-x)^{b-1}dx$ 는 베타 함수이다.

```
f.pdf(dfn = d1, dfd = d2, x = xvalue)     # f(x)
f.cdf(dfn = d1, dfd = d2, x = xvalue)     # P(X ≤ x)
f.sf(dfn = d1, dfd = d2,  xvalue)         # P(X > x)
f.ppf(dfn = d1, dfd = d2, q = pvalue)     # ∫_{-∞}^{q} f(x)dx = p
f.ppf(dfn = d1, dfd = d2, q = 1-pvalue
                            # ∫_{q}^{∞} f(x)dx = 1 - ∫_{-∞}^{q} f(x)dx = 1 - p
f.rvs(dfn = d1, dfd = d2, size = number) # number 개수만큼 난수 발생
```

여기서 dfn는 분자자유도이고 dfd는 분모자유도이다.

예제 4.1.5(a) 분자자유도 3, 분모자유도 10인 *F* 분포로부터 난수 4개를 발생시키고 평균 구하기

IN
```
aa = stats.f.rvs(dfn = 3, dfd = 10, size = 4)
print(aa)
sp.mean(aa)
```

OUT
```
[1.504 1.105 4.144 1.023]
1.9440415599302703
```

예제 4.1.5(b) 분자자유도 3, 분모자유도 10인 F 분포를 따르는 확률변수 X에 대해 $P(X \leq 3)$ 구하기

IN
```
stats.f.cdf(dfn = 3, dfd = 10, x = 3)
```

OUT
```
0.9182530481901752
```

예제 4.1.5(c) 분자자유도 3, 분모자유도 10인 F 분포를 따르는 확률변수 X에 대해 $P(X > 2)$ 구하기

IN
```
stats.f.sf(dfn = 3, dfd = 10, x = 2)
```

OUT
```
0.17800740737517542
```

예제 4.1.5(d) 분자자유도 3, 분모자유도 10인 F 분포를 따르는 확률변수 X에 대해 $P(0.2 < X \leq 1)$ 구하기

IN
```
stats.f.cdf(dfn = 3, dfd = 10, x = 1) -stats.f.cdf(dfn = 3, dfd = 10,
x = 0.2)
```

OUT
```
0.46168090839902376
```

예제 4.1.5(e) 분자자유도 3, 분모자유도 10인 F 분포로부터 95%(오른쪽꼬리에서 5%)에 해당하는 값을 구하기

IN
```
stats.f.ppf(dfn = 3, dfd = 10, q = 0.95)
```

OUT
```
3.7082648190468435
```

예제 4.1.5(f) 분자자유도 3, 분모자유도 10인 F 분포로부터 5%(왼쪽꼬리에서 5%)에 해당하는 값을 구하기

IN
```
stats.f.ppf(dfn = 3, dfd = 10, q = 0.05)
```

OUT
```
0.11382359425864687
```

예제 4.1.5(g) 분자자유도 3, 분모자유도 10인 *F* 분포의 확률밀도함수 그리기

IN

```
grid = np.linspace(0,10, 100)    # x 범위 지정 : F 분포에서 x>0
y1 = stats.f.pdf(dfn = 3, dfd = 10, x = grid)
y2 = stats.f.pdf(dfn = 8, dfd = 10, x = grid)
plt.figure(figsize = (10, 5))
plt.plot(grid, y1, 'red', label = 'numerator df = 3  den df = 10')
plt.plot(grid, y2, 'blue', label = 'numerator df = 5  den df = 10')
plt.title('$Probability$  $Density$  $Function$')
plt.xlabel('x')
plt.ylabel('$p(x)$')
plt.ylim(0,1.2)
plt.legend()
plt.show()
```

OUT

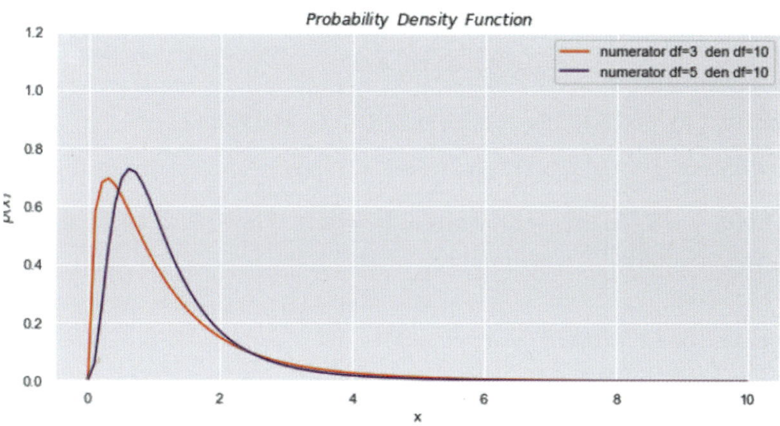

그림 4.8 분자자유도 3과 5, 분모자유도 10인 *F* 분포의 확률밀도함수

4.1.6 카이제곱분포

자유도가 k인 카이제곱분포의 확률밀도함수는

$$f(w) = \frac{1}{2^{k/2}\Gamma\left(\frac{k}{2}\right)} w^{(k/2)-1} e^{-w/2}, \quad w > 0 \tag{4.6}$$

이며 카이제곱분포의 모수는 자유도 k이다. Python에서 카이제곱분포 이용 시 자유도를 지정해주어야 한다. 다음의 함수를 이용하여 카이제곱분포의 확률밀도함수, 누적확률, 백분위수, 난수를 얻을 수 있다.

```
chi2.pdf(df = k, x = xvalue)    # f(x)
chi2.cdf(df=  k, x = xvalue)    # P(X ≦ x)
chi2.sf(df = k, x = xvalue)     # P(X > x)
chi2.ppf(df = k, q = pvalue)    # ∫_{-∞}^{q} f(x)dx = p
chi2.ppf(df = k, q = 1-pvalue)
                          # ∫_{q}^{∞} f(x)dx = 1 - ∫_{-∞}^{q} f(x)dx = 1 - p
chi2.rvs(df = k,size = number) # number 개수만큼 난수 발생
```

여기서 df는 자유도이다.

예제 4.1.6(a) 자유도 8인 카이제곱분포로부터 3개 난수 얻기

IN
```
stats.chi2.rvs(df = 8, size = 3)
```

OUT
```
array([3.75753736, 12.36987482, 6.48899848])
```

예제 4.1.6(b) 자유도 8인 카이제곱분포를 따르는 확률변수 X에 대해 $P(X \leqq 3)$ 구하기

IN
```
stats.chi2.cdf(df = 8, x = 3)
```

OUT
```
0.06564245437845008
```

예제 4.1.6(c) 자유도 8인 카이제곱분포를 따르는 확률변수 X에 대해 $P(X > 2)$ 구하기

IN
```
stats.chi2.sf(df = 8, x = 2)
```

OUT
```
0.9810118431238462
```

예제 4.1.6(d) 자유도 8인 카이제곱분포를 따르는 확률변수 X에 대해 $P(0.2 < X \leq 1)$ 구하기

IN
```
stats.chi2.cdf(df = 8, x = 1) -stats.chi2.cdf(df = 8, x = 0.2)
```

OUT
```
0.0017477757223654789
```

예제 4.1.6(e) 자유도 8인 카이제곱분포로부터 95%(오른쪽꼬리에서 5%)에 해당하는 값 구하기

IN
```
stats.chi2.ppf(df = 8, q = 0.95)
```

OUT
```
3.7082648190468435
```

예제 4.1.6(f) 자유도 8인 카이제곱분포로부터 왼쪽꼬리에서 5%에 해당하는 값 구하기

IN
```
stats.chi2.ppf(df = 8, q = 0.05)
```

OUT
```
2.732636793499662
```

예제 4.1.6(g) 자유도 3인 경우와 자유도 10인 경우 카이제곱분포의 확률밀도함수 그리기

또한 누적확률 95%에 해당하는 값을 각각 구하고자 한다.

IN
```
x = np.arange(start = 0, stop = 30, step = 0.1)
plt.figure(figsize = (10, 5))
plt.subplot(1, 2, 1)
plt.plot(x, stats.chi2.pdf(df = 3, x = x), color = 'black',
linestyle = 'dotted')
plt.xlabel("chisq df = 3");
plt.subplot(1, 2, 2)
plt.plot(x, stats.chi2.pdf(df = 10, x = x), color = 'brown',
linestyle = 'solid')
plt.xlabel("chisq df = 10")
print(stats.chi2.ppf(df = 3, q = 0.95))
print(stats.chi2.ppf(df = 10, q = 0.95))
```

OUT
```
7.814727903251179
18.307038053
```

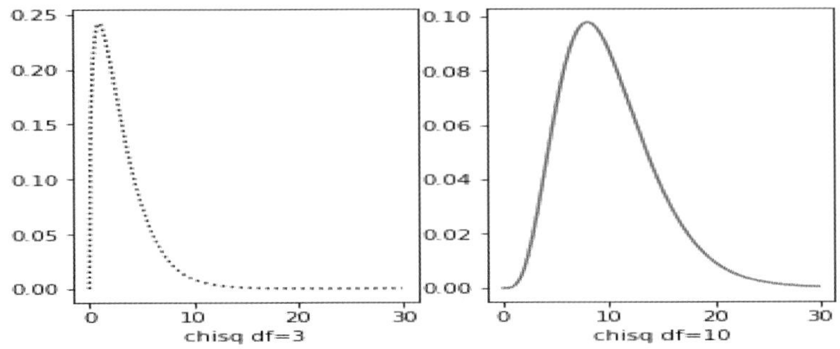

그림 4.9 자유도 3인 카이제곱분포와 자유도 10인 카이제곱분포의 확률밀도함수

예제 4.1.6(h) 자유도 3인 경우와 자유도 10인 경우 카이제곱분포의 확률밀도함수를 x축 범위를 동일하게 맞추어 두 개 그림 그리기

IN
```
x = np.arange(start = 0, stop = 5, step = 0.1)
axes = plt.gca()
axes.set_ylim([0, 0.4])  # common ylim setup

plt.subplot(2, 1, 1)
plt.plot(x, stats.chi2.pdf(df = 3, x = x), color  = 'black',
         linestyle = 'dotted')
plt.xlabel("chisq df = 3")
plt.subplot(2, 1, 2)
plt.plot(x, stats.chi2.pdf(df = 10, x = x), color = 'brown',
         linestyle = 'solid')
plt.xlabel("chisq df = 3 (upper) chisq df = 10(lower)")
```

OUT

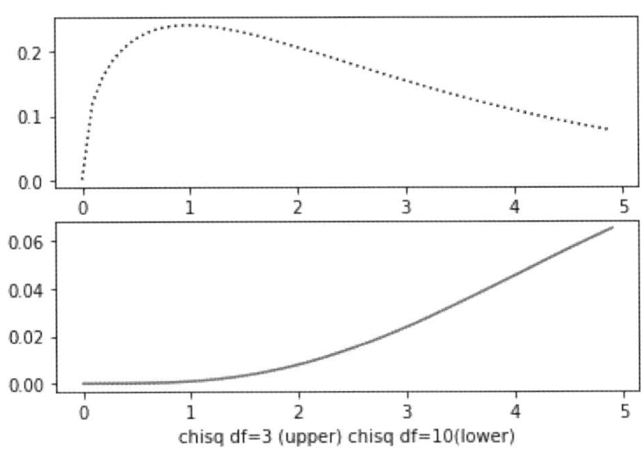

그림 4.10 자유도 3인 카이제곱분포와 자유도 10인 카이제곱분포의 확률밀도함수

예제 4.1.6(i) 자유도 5인 t 분포, 표준정규분포, 평균 1인 지수분포, [0,2]에서의 균일분포에 대한 확률밀도함수 그리기

IN
```
x = np.arange(start = -4, stop = 4, step = 0.1)
plt.subplot(2, 2, 1)
plt.plot(x, stats.norm.pdf(x = x), color = 'black', linestyle
= 'dotted')
plt.title("Normal(0,1)")
plt.subplot(2, 2, 2)
plt.plot(x, stats.t.pdf(x = x, df = 5), color = 'green')
plt.title("t with df = 5")
plt.subplot(2, 2, 3)
plt.plot(x, stats.expon.pdf(scale = 1, x = x), color = 'm',
linestyle = 'dashed')
plt.xlabel("Exponential with mean = 1")
plt.subplot(2, 2, 4)
plt.plot(x, stats.uniform.pdf(loc = 0, scale = 2, x = x),
color = 'red', linestyle = '-')
plt.xlabel("Uniform [0,2]")
```

OUT

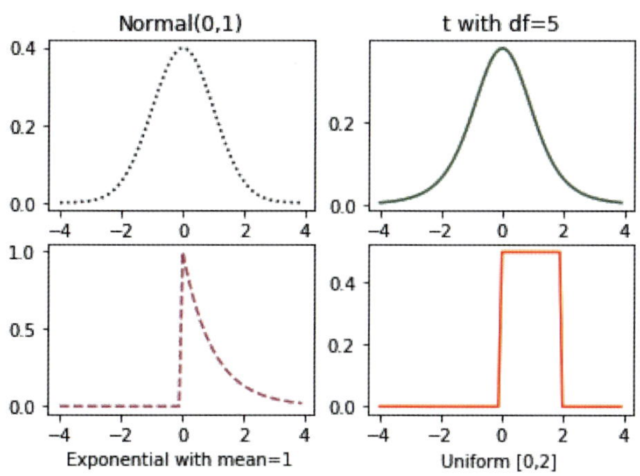

그림 4.11 여러 분포에서 발생한 난수에 대한 확률밀도함수 그래프

4.2 이산분포

4.2.1 베르누이 분포와 이항분포

반응 결과가 성공 혹은 실패인 두 가지 경우만을 가질 때를 생각해 보자. 예를 들

어, 한 번의 동전 던지기 시행에서 앞면이나 뒷면이 나오는 경우 앞면의 나오는 횟수는 0 또는 1이며 성공의 확률이 0.5인 베르누이 분포(Bernoulli distribution)를 따른다.

독립시행을 n회 하는 경우 앞면(성공)이 나온 횟수는 앞면(성공)이 나올 확률이 p인 이항분포(binomial distribution), $B(n,p)$를 따른다. 이항분포에서 $n=1$인 경우가 베르누이 분포가 된다.

이항분포 $B(n,p)$를 따르는 확률변수의 확률질량함수(pmf: probability mass function)는

$$f(x)=\binom{n}{x}p^x(1-p)^{n-x}, \qquad x=0,1,2,\ldots,n \tag{4.7}$$

이다. Python에서 이항분포 이용 시 이항분포의 모수 (n,p)를 지정해주어야 한다. 다음의 함수를 이용하여 이항분포의 확률밀도함수, 누적확률, 백분위수, 난수를 얻을 수 있다. 이항분포 함수에서 n은 독립시행 횟수, p는 성공확률이다.

```
binom.pmf(n = n, p = prob, x = xvalue)       # f(x)
binom.cdf(n = n, p = prob, x = xvalue)       # P(X ≤ x)
binom.sf(n = n, p = prob, x = xvalue)        # P(X > x)
binom.ppf(n = n, p = prob, q = pvalue)       # ∑_{x=0}^{q} f(x) = p
binom.rvs(n = n, p = prob, size = number) # number 개수만큼 난수
                                              발생
```

예제 4.2.1(a) 10회 독립시행이며 성공확률이 0.3인 이항분포를 가정

이러한 경우 확률변수가 갖는 값은 0, 1, 2, ..., 10이다. 0, 1, 2, 3, 4, 5 값에 대한 확률값을 구하고자 한다.

IN
```
stats.binom.pmf(n = 10,p = 0.3, k = [0, 1, 2, 3, 4, 5])
```

OUT
```
array([0.028, 0.121, 0.233, 0.267, 0.2 , 0.103])
```

예제 4.2.1(b) x 값이 (1, 3, 6)일 경우 각 값까지의 누적확률 구하기

IN
```
stats.binom.cdf(n = 10,p = 0.3, k = [1,3,6])
```
OUT
```
array([0.149, 0.65, 0.989])
```

예제 4.2.1(c) 0.2, 0.5, 0.8의 누적확률을 갖는 확률변수값 구하기

IN
```
stats.binom.ppf(n = 10,p = 0.3, q = [0.2, 0.5, 0.8 ])
```
OUT
```
array([2., 3., 4.])
```

예제 4.2.1(d) 이항분포 $B(10, 0.3)$를 따르는 난수 5개 얻기

IN
```
stats.binom.rvs(n = 10,p = 0.3, size = 5)
```
OUT
```
array([4, 6, 4, 2, 3])
```

4.2.2 포아송 분포

불량품의 개수 또는 드물게 발생하는 사건은 포아송 분포(Poisson distribution)를 따르기도 한다. 평균 λ인 포아송 분포를 따르는 확률변수의 확률밀도함수는

$$f(x) = \frac{1}{x!}\mu^x e^{-\mu}, \qquad x = 0,1,2,... \tag{4.8}$$

이며 μ가 포아송 분포의 모수이다. Python에서 포아송 분포 이용 시 μ를 지정해주어야 한다. 다음의 함수를 이용하여 평균 μ인 포아송 분포의 확률질량함수, 누적확률, 백분위수, 난수를 얻을 수 있다.

```
poisson.pmf(mu = muvalue,  x = xvalue) # f(x)
poisson.cdf(mu = muvalue,  x = xvalue) # P(X ≤ x)
poisson.ppf(mu = muvalue,  q = pvalue) # Σ_{x=0}^{q} f(x) = p
poisson.rvs(mu=muvalue,  size = number) # number 개수만큼 난수 발생
```

예제 4.2.2(a) 평균 3인 포아송 분포를 따르는 확률변수 고려

0, 1, 2, 3, 4, 5 값에 대한 확률값을 구하고자 한다.

IN
```
stats.poisson.pmf(mu = 3, k = [0,1,2,3,4,5])
```
OUT
```
array([0.05 , 0.149, 0.224, 0.224, 0.168, 0.101])
```

예제 4.2.2(b) 평균 3인 포아송 분포를 따르는 경우

x 값이 1, 3, 6일 경우 각 값까지의 누적확률을 구하고자 한다.

IN
```
stats.poisson.cdf(mu = 3, k = [1,3,6])
```
OUT
```
array([0.149, 0.65 , 0.989])
```

예제 4.2.2(c) 평균 3인 포아송 분포를 따르는 경우

0.2, 0.5, 0.8의 누적확률을 갖는 확률변수값을 구하고자 한다.

IN
```
stats.poisson.ppf(mu = 3, q = [0.2, 0.5, 0.8])
```
OUT
```
array([2., 3., 4.])
```

예제 4.2.2(d) 평균 3인 포아송 분포를 따르는 난수 5개 얻기

IN
```
stats.poisson.rvs(mu = 3, size = 5)
```
OUT
```
array([2, 6, 3, 0, 3])
```

예제 4.2.2(e) 평균 3인 포아송 분포를 따르는 경우 $P(X \leq 3)$ 구하기

IN
```
stats.poisson.cdf(mu = 3, k = 3)
```
OUT
```
0.6472318887822312
```

예제 4.2.2(f) 평균 3인 포아송 분포를 따르는 경우 $P(X \geq 4)$ 구하기

$P(X \geq 4) = 1 - P(X \leq 3)$을 이용한다.

IN
```
1-stats.poisson.cdf(mu = 3, k = 3)
```

OUT
```
0.35276811121776874
```

예제 4.2.2(g) 평균 3인 포아송 분포를 따르는 경우 $P(3 \le X \le 5)$ 구하기

$P(3 \le X \le 5) = P(X \le 5) - P(X \le 2)$을 이용한다.

IN
```
stats.poisson.cdf(mu = 3, k = 5) - stats.poisson.cdf(mu = 3, k = 2)
```

OUT
```
0.49289197684185293
```

예제 4.2.2(h) 평균 3인 포아송 분포를 따르는 경우 $P(X > 5)$ 구하기

$P(X > 5) = 1 - P(X \le 5)$을 이용한다.

IN
```
1-stats.poisson.cdf(mu = 3, k = 5)
```

OUT
```
0.08391794203130343
```

예제 4.2.2(i) 평균 3인 포아송 분포의 확률질량함수 그리기

IN
```
bins = np.arange(0,10, 1)        # x 범위 지정 : 포아송 분포에서 x>=0
y1 = stats.poisson.pmf(mu = 3, k = bins)

plt.bar(bins, y1,
        color = 'red',           # color
        alpha = 0.3)             # transparency
plt.title('$Poisson$ $Probability Mass Function$')
plt.xlabel('x')
plt.ylabel('$p(x)$')
plt.show()
```

OUT

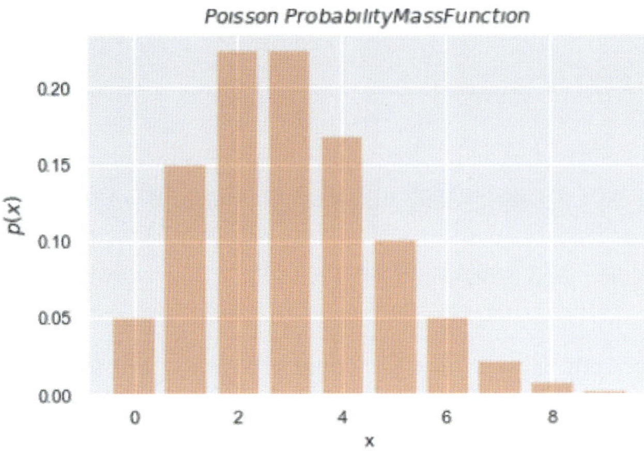

그림 4.12 평균 3인 포아송 분포의 확률질량함수

참고 이산확률분포의 경우 "=" 일 때의 확률값이 0이 아니므로 연속확률분포의 경우와 달리 확률 계산 시에 주의해야 한다.

예제 4.2.2(j) 도수분포 그래프 그리기

평균 3인 포아송 분포를 따르는 난수 100개에 대해 도수분포 그래프를 그려보자.

IN

```
y = stats.poisson.rvs(mu = 3, size = 100)
bins = np.arange(0,10, 1)
hist, bins = np.histogram(y, bins)
plt.hist(y, bins, rwidth = 0.8)
plt.xlabel('x', fontsize = 14)
plt.xticks(fontsize = 14)
plt.yticks(fontsize = 14)
```

OUT

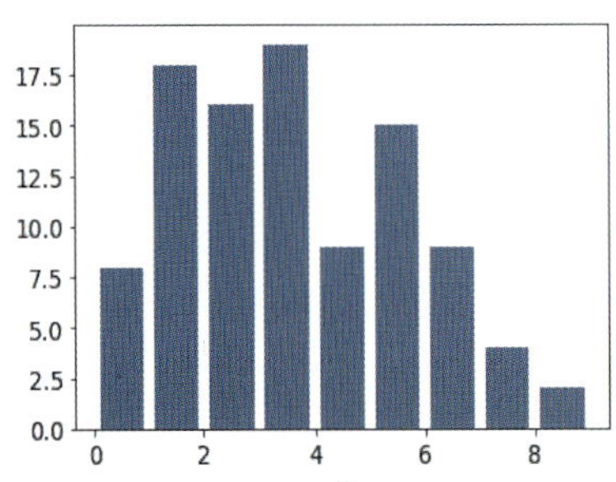

그림 4.13 평균 3인 포아송 분포에서 발생한 난수에 대한 빈도 그래프

4.3 정규성검정

4.3.1 히스토그램을 이용한 정규성 검토

예제 4.3.1 표준정규분포에서 난수 발생으로 표본에 대해 히스토그램 그리기

정규분포로부터 랜덤하게 얻은 표본의 히스토그램이 다양함을 볼 수 있다.

IN
```
from scipy.stats import probplot
n = 50
x1 = np.random.normal(0, 1, n)
x2 = np.random.normal(0, 1, n)
x3 = np.random.normal(0, 1, n)
x4 = np.random.normal(0, 1, n)
x5 = np.random.normal(0, 1, n)

plt.subplot(2, 3, 1)
plt.hist(x1, density = True, color = 'r')
plt.title("Normal(0,1)")
plt.subplot(2, 3, 2)
sns.distplot(x2)
plt.title("Normal(0,1)")
plt.subplot(2, 3, 3)
sns.distplot(x3, hist = True, kde = True,
             kde_kws = {'shade': True, 'linewidth': 3})
plt.subplot(2, 3, 4)
plt.hist(x4)
plt.subplot(2, 3, 5)
plt.hist(x5, histtype = 'bar', rwidth = 0.8)
```

OUT

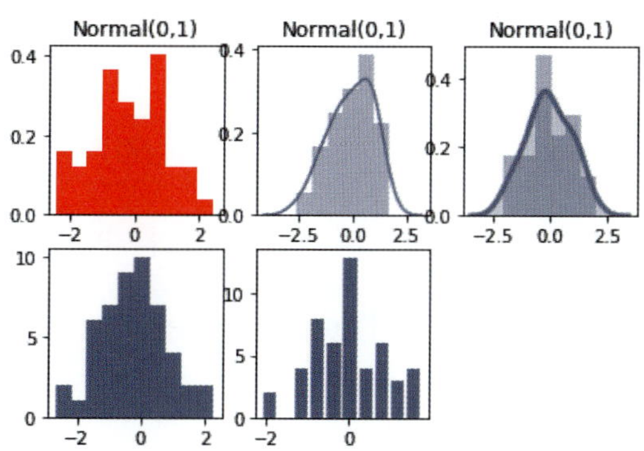

그림 4.14 정규분포에서 발생한 난수 표본에 대한 히스토그램

4.3.2 정규확률그림

사분위수-사분위수 그림(Q-Q 그림: Quantile-Quantile plot)을 통해 정규성을 확인할 수 있다. 정규분포에 따라서 이론적 사분위수, 표준화 표본에서의 사분위수를 점찍어 그리는 것으로 정규성 가정이 완벽히 만족한다면 기울기가 45°인 직선 위에 점들이 놓인다. 그러므로 기울기가 45°인 직선을 같이 그릴 때, 찍힌 점들이 이 직선에서 멀리 벗어난다면 데이터가 정규성에서 벗어난다고 할 수 있다.

예제 4.3.2(a) 표준정규분포에서 발생한 랜덤 데이터에 대해 Q-Q 그림

IN

```
import numpy as np
import statsmodels.api as sm
import pylab as py

data_n = np.random.normal(0, 1, 100)  #랜덤 데이터
sm.qqplot(data_n, line = '45')
py.show()
```

OUT

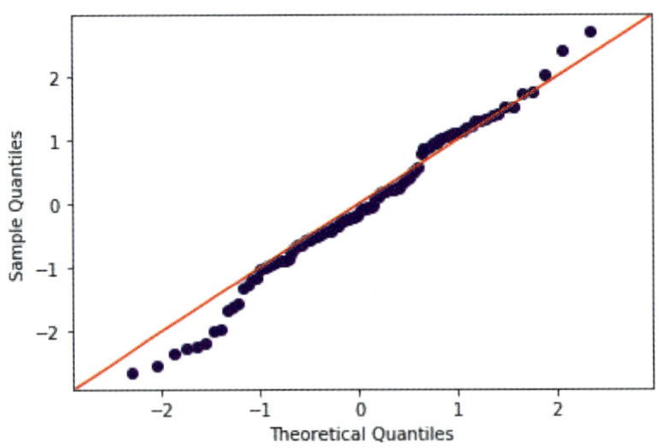

그림 4.15 정규분포에서 발생한 랜덤 데이터에 대한 Q-Q 그림

예제 4.3.2(b) 데이터에 대해 검정통계량을 이용한 정규성검정

H_0 : 정규분포를 따른다. 에 대해 H_1 : 정규분포를 따르지 않는다.

가설에 대한 Shapiro 검정을 할 수 있으며 `stats.shapiro()` 함수를 이용한다. 결과로 검정통계량과 p-값을 출력한다.

```
IN  x = stats.norm.rvs(0,1, size = 10)
    stats.shapiro(x)
```

```
OUT (0.954, 0.718)
```

검정통계량 W = 0.954이고 p-값= 0.718 > 0.05이므로 유의수준 5%에서 H_0를 기각하지 못한다. 그러므로 데이터 x는 정규분포를 따른다고 할 수 있다.

예제 4.3.2(c) 여러 분포에서 발생한 랜덤 표본에 대해 정규성 검토

표준정규분포, 평균 2인 지수분포, [0,1]인 균일분포로부터 각각 난수 100개에 대해 상자그림과 정규성 Q-Q 그림을 그리고자 한다.

```
IN  from scipy.stats import probplot

    np.random.seed(0)
    n = 100
    x1 = np.random.normal(0, 1, n)
    x2 = np.random.exponential(2, n)
    x3 = np.random.uniform(0,1, n)

    f, axes = plt.subplots(2, 3, figsize = (12, 6))
    axes[0][0].boxplot(x1)
    probplot(x1, plot = axes[1][0]) #scipy.stats.probplot
    axes[0][1].boxplot(x2)
    probplot(x2, plot = axes[1][1]) #scipy.stats.probplot
    axes[0][2].boxplot(x3)
    probplot(x3, plot = axes[1][2]) #scipy.stats.probplot
    plt.show()
```

OUT

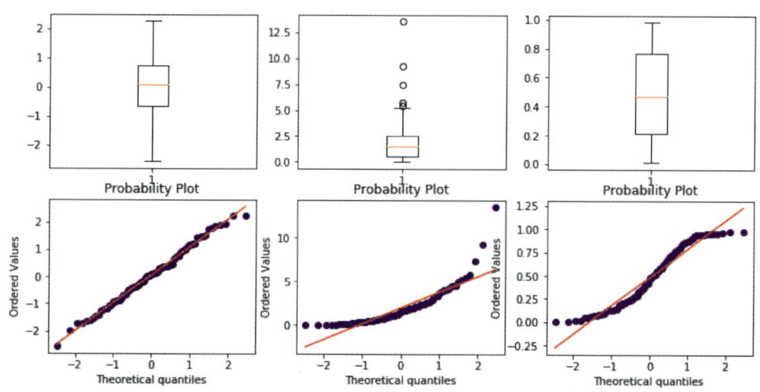

그림 4.16 여러 분포에서 발생한 난수에 대한 상자그림과 정규성 Q-Q 그림

4.4 모의실험

4.4.1 이항분포의 정규분포근사

데이터가 이항분포에서 발생했을 경우, 정규분포를 따르도록 근사되기 위해서는 어느 정도의 시행크기가 필요한지 모의실험을 통해 살펴보기로 한다.

$X \sim B(n,p)$일 경우 n이 충분히 크면 근사적으로 $X \sim N(np, np(1-p))$를 따른다.

예제 4.4.1(a) 함수 정의 후 히스토그램 및 확률밀도함수선 그리기

$X \sim B(n,p)$분포로부터 $p = 0.7$, $n = 3, 7, 10, 20$인 경우 각각 100번 실험 후 히스토그램을 그리고 $X \sim N(np, np(1-p))$인 확률밀도함수선을 같이 그려본다.

IN
```
n_list = [3, 7, 10, 20]
p = 0.7
k_list = [np.arange(1, n+1) for n in n_list]
x_list = [np.linspace(-2, 2*n, 100) for n in n_list]

fig, ax_list = plt.subplots(nrows = 1, ncols = len(n_list),
                            figsize = (4*len(n_list), 3))
for i, n in enumerate(n_list):
    ax = ax_list[i]
    binom_p = sp.stats.binom.pmf(k_list[i], n, p)
    gauss_p = sp.stats.norm.pdf(x_list[i], n*p, n*p*(1-p))
    ax.bar(k_list[i], binom_p, color='seagreen',
           alpha = .6, label = 'Binomial')
    ax.plot(x_list[i], gauss_p, label = 'Gaussian', color =
    'seagreen')
    ax.set_title('$n=%d$'%n)
ax.legend()
fig.tight_layout()
```

OUT

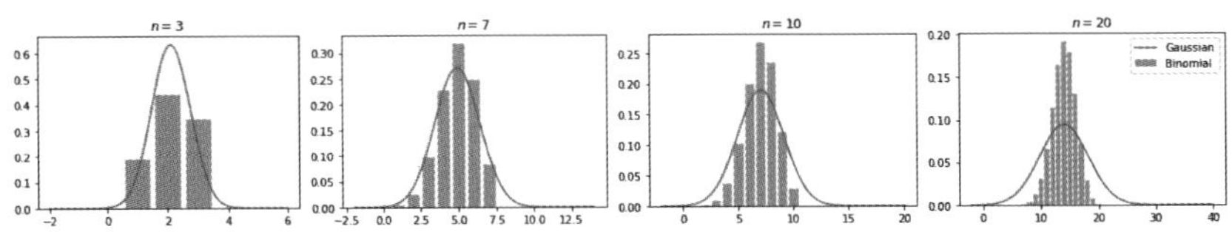

그림 4.17 이항분포의 정규분포근사 (성공확률=0.7)

대략적으로 $np \ge 5$, $np(1-p) \ge 5$인 경우 이항분포의 정규분포근사가 유효하다고 알려져 있다. 그림 4.17을 살펴보면 $n=3$일 때는 정규분포근사에서 크게 벗어나지만, $n=10, 20$일 경우에는 정규분포 모양을 따라가는 듯이 보인다. 즉 n이 커질수록 베르누이 시행의 합인 이항분포가 정규분포로 근사해 가는 것을 알 수 있다. 이처럼 특정한 분포를 따르는 데이터를 발생시켜 관심 있는 문제에 대해 접근할 수 있다.

예제 4.4.1(b) 사용자함수 정의 후 히스토그램 및 확률밀도함수선 그리기

$X \sim B(n,p)$ 분포로부터 $p=0.5$, $n=1,\ 4,\ 10,\ 20,\ 30,\ 100$인 경우 각각 1000번 실험 후 히스토그램을 그리고 $X \sim N(np, np(1-p))$인 확률밀도함수선을 같이 그려본다. 필요한 함수를 정의한 후 이용하고자 하며 코드를 참고하면 된다.

IN
```
def sampling2pmf(n, dist, m = 1000):
  # n: sample size    m: experiment size fix in 1000    dist:
    frozen distribution
    ber_dist = dist
    sum_of_samples = [ ]
    for i in range(m):
        samples = ber_dist.rvs(size = n)
        sum_of_samples.append(np.sum(samples))
    val, cnt = np.unique(sum_of_samples, return_counts = True)
    pmf = cnt / len(sum_of_samples)
    return val, pmf

def plot(n, dist, subplot, plt_handle):
    """
    :param n: sample size
    :param dist: distribution of each single sample
    :param subplot: location of sub-graph, such as 221, 222,
    223, 224
    :param plt_handle: plt object
    :return: plt object
    """
    plt = plt_handle
    plt.subplot(subplot)
    mu = n * dist.mean()
    sigma = np.sqrt(n * dist.var())
```

```
    samples = sampling2pmf(n = n, dist = dist)
    plt.vlines(samples[0], 0, samples[1],
             colors = 'g', linestyles = '-', lw = 3)
    plt.ylabel('Probability')
    plt.title('Sum of bernoulli dist. (n={})'.format(n))
    # normal distribution
    norm_dis = stats.norm(mu, sigma)
    norm_x = np.linspace(mu - 2.8 * sigma, mu + 2.8 * sigma,
                          1000)
    pdf1 = norm_dis.pdf(norm_x)
    plt.plot(norm_x, pdf1, 'r-')
    return plt

size = [1, 4, 10, 20, 30, 100]

# sum of bernoulli distribution
dist_type = 'bern'
bern_para = [0.5]
single_sample_dist = stats.bernoulli(p = bern_para[0])  #
define a bernoulli distribution
# plot by matplotlib
plt.figure(1)
plt = plot(n = size[0], dist = single_sample_dist, subplot =
            321, plt_handle = plt)
plt = plot(n = size[1], dist = single_sample_dist, subplot =
            322, plt_handle = plt)
plt = plot(n = size[2], dist = single_sample_dist, subplot =
            323, plt_handle = plt)
plt = plot(n = size[3], dist = single_sample_dist, subplot =
            324, plt_handle = plt)
plt = plot(n = size[4], dist = single_sample_dist, subplot =
            325, plt_handle = plt)
plt = plot(n = size[5], dist = single_sample_dist, subplot =
            326, plt_handle = plt)
plt.tight_layout()
fig.tight_layout()
```

OUT

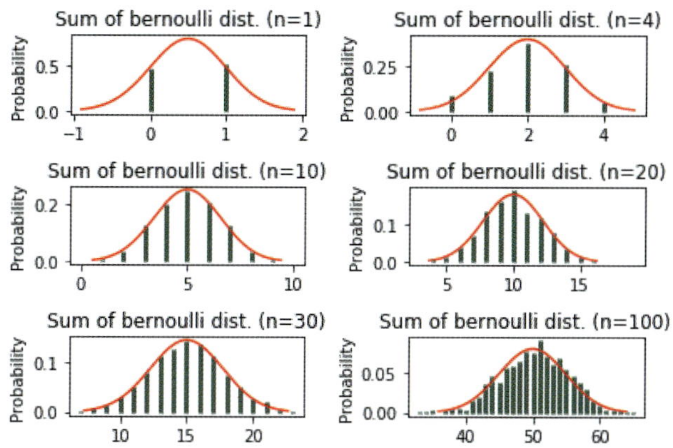

그림 4.18 베르누이 시행의 합인 이항분포의 정규분포 근사 (성공확률 = 0.7)

4.4.2 중심극한정리와 모의실험

확률론의 주요한 업적으로 프랑스의 수학자 Laplace는 1812년, Théorie Analytique des Probabilités에서 1733년에 발표된 de Moivre의 극한정리를 이용하여 이항분포가 정규분포로 근사됨을 보였으나 크게 주목받지는 못하였다. 그 후 1901년 러시아 수학자인 Lyapunov가 일반적인 증명과 더불어 이를 중심극한정리로 명명하였고 결국 통계학에서 매우 중요한 정리로 자리잡게 되었다.

> **중심극한정리(central limit theorem):**
> 표본의 크기가 충분히 크면, 동일한 분포에서 얻어진 확률표본평균과 합은 정규분포로 근사한다.

균일분포에서의 확률표본에 대해, 확률표본의 크기를 증가시키면서 표본평균의 분포를 살펴보자. 모의실험을 통해 표본의 크기가 커질수록 표본평균들에 대한 확률분포함수가 정규분포함수 형태와 비슷해짐을 알 수 있다.

예제 4.4.2(a) 균일분포의 확률밀도함수선 그리기

$X \sim Unif[0,1]$ 균일분포로부터 $n=5$, 10, 20, 30인 경우 각각 100번 실험 후 얻은 평균값에 대해 확률밀도함수선을 그려본다. 그림 4.19에서 표본의 크기 n이 커질수록 정규분포의 모양으로 다가감을 볼 수 있다.

IN

```
def sampling2pdf(n, m = 100):
    mean_of_samples = []

for i in range(m):
        samples = stats.uniform.rvs(loc = 0, scale = 1,size = n)
        mean_of_samples.append(np.mean(samples))
   return mean_of_samples

samples1 = sampling2pdf(5)
samples2 = sampling2pdf(10)
samples3 = sampling2pdf(20)
samples4 = sampling2pdf(30)
sns.kdeplot(samples1, color = "green", label = "n = 5",
            linestyle = "--")
sns.kdeplot(samples2, color = "grey", label = "n = 10",
            linestyle = "-.")
sns.kdeplot(samples3, color = "blue", label = "n = 20",
            linestyle = "dashed" )
sns.kdeplot(samples4, color = "red", label = "n = 30",
            linestyle = "solid", linewidth = 3.0)
plt.legend(title = "sample size")
```

OUT

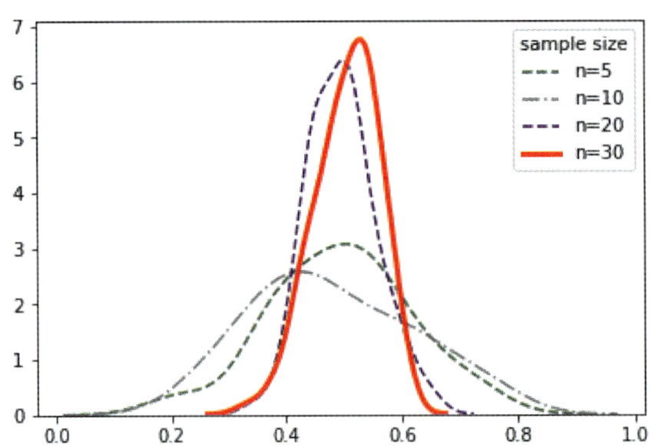

그림 4.19 균일분포 [0,1]의 정규분포근사

예제 4.4.2(b) 지수분포의 확률밀도함수선 그리기

$X \sim \text{Exp}(3)$ 지수분포로부터 $n = 5, 10, 20, 30$인 경우 각각 100번 실험 후 얻은 평균값에 대해 확률밀도함수선을 그려본다. 그림 4.20에서 표본의 크기 n이 커질수록 정규분포의 모양으로 다가감을 볼 수 있다.

IN

```
def sampling2pdf(n, m = 100):
    mean_of_samples = []
    for i in range(m):
        samples = stats.expon.rvs(scale = 3,size = n)
        mean_of_samples.append(np.mean(samples))
    return mean_of_samples

samples1 = sampling2pdf(5)
samples2 = sampling2pdf(10)
samples3 = sampling2pdf(20)
samples4 = sampling2pdf(30)
sns.kdeplot(samples1, color = "green", label = "n = 5",
            linestyle = "--")
sns.kdeplot(samples2, color = "grey", label = "n = 10",
            linestyle = "-.")
sns.kdeplot(samples3, color = "blue", label = "n = 20",
            linestyle = "dashed" )
sns.kdeplot(samples4, color = "red", label = "n = 30",
            linestyle = "solid", linewidth = 3.0)
plt.legend(title = "sample size")
plt.title("exponential to normal")
```

OUT

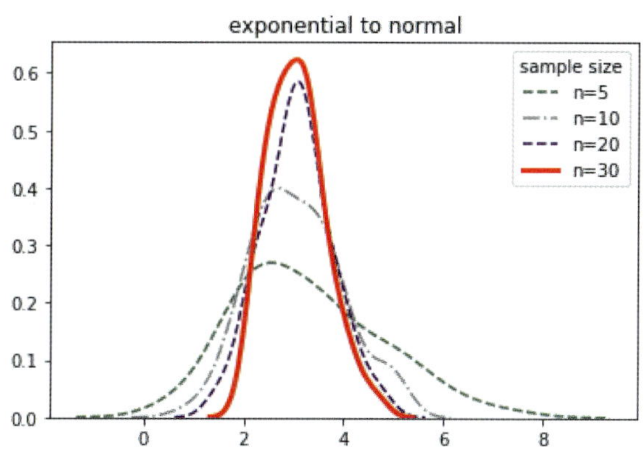

그림 4.20 지수분포의 정규분포근사

4장 | 연습문제

PYTHON

1 $N(3,5^2)$를 따르는 랜덤 데이터 20개를 발생시켜 rand로 저장하시오.

(a) rand 값을 출력하시오.

(b) rand의 평균과 표준편차를 구하시오.

(c) 히스토그램을 그리시오.

2 평균 3인 포아송 분포를 따르는 랜덤 데이터 10개를 발생시켜 rand_p로 저장하시오.

(a) rand_p 값을 출력하시오.

(b) rand_p의 평균과 표준편차를 구하시오.

(c) 히스토그램을 그리시오.

3 확률값을 구하고자 한다.

(a) 평균 10, 표준편차 3인 정규분포를 따르는 변수 Z에 대해 $P(Z \geq a) = 0.4$인 a 값을 구하도록 명령문과 결과를 쓰시오.

(b) 평균 10, 표준편차 3인 정규분포를 따르는 변수 Z에 대해 $P(Z \geq 12)$을 구하도록 명령문과 결과를 쓰시오.

(c) 평균 10, 표준편차 3인 정규분포를 따르는 변수 Z에 대해 $P(|Z| \leq 11.5)$을 구하도록 명령문과 결과를 쓰시오.

4 $Z \sim N(0,1)$인 경우

(a) $P(-b \leq Z \leq b) = 0.90$을 만족하는 b를 구하도록 명령문과 결과를 쓰시오.

(b) $P(-c \leq Z \leq c) = 0.95$을 만족하는 c를 구하도록 명령문과 결과를 쓰시오.

5 주사위를 5번 던질 때 6이 세 번 이상 나올 확률을 구하시오.

6 공평한 동전을 10,000번 던졌을 때, 앞면이 4980 이상 5020 이하만큼 나올 확률을 구하시오.

7 T는 자유도가 10인 t 분포를 따를 경우, 다음을 얻도록 명령문과 결과를 쓰시오.

(a) $P(T \geqq 2.5)$

(b) $P(T \leqq -2.5)$

(c) $P(|T| \geqq 1.8)$

(d) $P(T > 2.5)$

(e) $P(T < -2.5)$

(f) $P(-1 < T \leqq 1.5)$

8 X는 평균 3인 포아송 분포를 따를 경우, 다음을 얻도록 명령문과 결과를 쓰시오.

(a) $P(X \geqq 3)$

(b) $P(X < 4)$

(c) $P(2 \leq X < 8)$

(d) $P(X \leqq 4)$

9 아래의 데이터는 사용한 기계의 배터리를 재충전하는 데 걸리는 시간이다.

1.5, 2.2, 0.9, 1.3, 2.0, 1.2, 2.5, 2.7, 1.8 2.3

(a) 히스토그램을 그리고 분포에 대해 설명하시오.

(b) Q-Q 그림을 그리고 정규성 여부에 대해 설명하시오.

(c) Shapiro 검정으로 유의수준 0.05에서 정규성검정을 하시오.

(d) 평균, 분산, 표준편차를 구하시오.

10 대학생 40명의 키를 측정한 결과가 아래와 같다.

182	167	166	159	178	176	169	163	166	181
171	182	172	186	171	166	170	168	154	173
174	166	160	162	161	179	147	162	170	166
165	178	171	169	183	149	168	177	170	163

(a) 평균, 분산, 표준편차, 범위 등 기술통계량을 구하시오.

(b) 히스토그램과 확률밀도함수추정선을 그리고 분포에 대해 설명하시오.
(c) 정규분포를 따른다고 할 수 있는지 Q-Q 그림을 그리고 해석하시오.

11 여러 개의 데이터셋을 만들고자 한다.

(a) 평균 0, 분산 2인 정규분포를 따르는 난수 30개를 발생시켜 x에 할당하시오.
(b) (a)와 같은 방법으로 데이터셋 50개를 만들어 각 데이터셋의 평균을 구하고 50개 평균들로 히스토그램을 그리시오.
(c) 각 데이터셋의 평균들이 정규분포를 따른다고 할 수 있는지 Q-Q 그림을 그리시오.
(d) 평균이 3인 포아송 분포를 따르는 난수 30개를 발생시켜 y에 저장하시오.
(e) (d)와 같은 데이터셋 50개를 발생시켜 50개의 평균들로 히스토그램을 그리시오.
(f) (e)의 각 데이터셋 평균들이 정규분포를 따른다고 할 수 있는지 Q-Q 그림을 그리고 설명하시오.

12 표준정규분포, 평균 3인 지수분포로부터 100개, 지수분포 따르는 데이터에 자연로그를 취한 것(np.logp)에 대해 각각 상자그림과 정규성 Q-Q 그림을 그리시오(다음의 코드를 참고).

IN
```
from scipy.stats import probplot
np.random.seed(0)
n = 100
x1 = np.random.normal(0, 1, n)
x2 = np.random.exponential(2, n)
x3 = np.log1p(x2)   # natural logaritm

f, axes = plt.subplots(2, 3, figsize = (12, 6))
axes[0][0].boxplot(x1)
probplot(x1, plot = axes[1][0]) #scipy.stats.probplot
axes[0][1].boxplot(x2)
probplot(x2, plot = axes[1][1]) #scipy.stats.probplot
axes[0][2].boxplot(x3)
probplot(x3, plot = axes[1][2]) #scipy.stats.probplot
```

```
plt.axis("equal")
plt.savefig('C:/Users/KIM/Desktop/Python통계기초/Fig/qqplot.
svg')
plt.show()
```

OUT

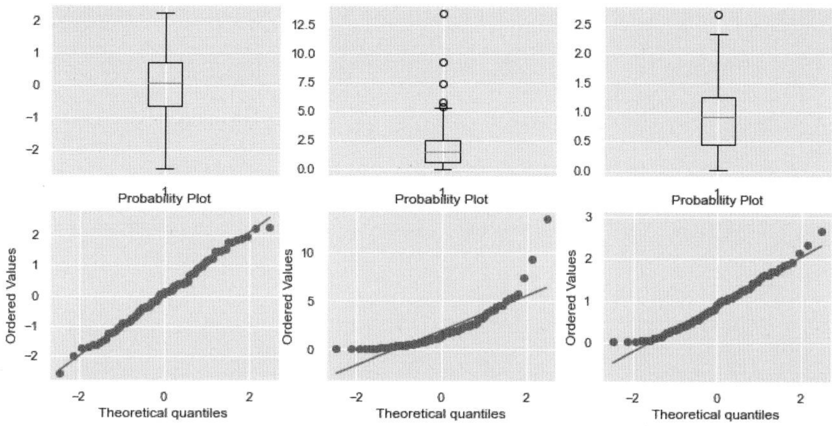

그림 4.21 여러 분포에서 발생한 난수에 대한 상자그림과 정규성 Q-Q 그림

5장

일변량 데이터와 기술통계량

일변량 데이터(univariate data)를 정리하고 기술하는(describe) 기초통계량과 기본적인 그래프 그리는 방법을 소개하고자 한다.

5.1 범주형 데이터

범주형 데이터(categorical data)는 그 개체가 속하는 범주를 나타낸 데이터이며 이산형 데이터(discrete data)이다. 이러한 형태의 데이터에 대한 기초통계량으로 각 범주에 속한 도수 또는 퍼센트를 나타내는 분할표를 구해 이산형 변수에 대한 분포를 알아보고자 한다.

5.1.1 분할표

범주형 데이터에 대해, 예를 들어, A 과자를 시식한 후 구매 의사를 물었을 때 "예", "아니오", "예", "예", "예", "아니오", "아니오", "예", "예", "예"로 답했다고 하자.

예제 5.1.1 pandas 패키지의 함수 pd.crosstab()으로 간단한 표 만들기

IN
```
import pandas as pd
import numpy as np
import matplotlib.pyplot as plt
res = np.array(['y', 'n', 'y', 'y', 'y', 'n', 'n', 'y', 'y',
                'y'])
df = pd.DataFrame(res, columns = ['res'])
df
pd.crosstab(index=df["res"],          # Make a crosstab
            columns="count")          # Name the count column
```

OUT

col_0	count
res	
n	3
y	7

5.1.2 막대 그래프

범주형 데이터에 대해 각 범주별 빈도를 나타내는 막대 그래프를 그려보자.

예제 5.1.2(a) 수직 막대 그래프에는 plt.bar(), 수평 막대 그래프에는 plt.barh() 함수 이용

IN

```
cr = pd.crosstab(index = df["res"], columns = "count")
y_pos = np.arange(len(cr))

plt.subplot(1,2,1)
plt.bar(y_pos, cr['count'], color='g')  # Create bars
plt.xticks(y_pos, res)  # Create names on the x-axis
plt.subplot(1,2,2)
plt.barh(y_pos, cr['count'], color=['blue', 'cyan'])
                                    # horizontal bars
plt.yticks(y_pos, res)
```

OUT

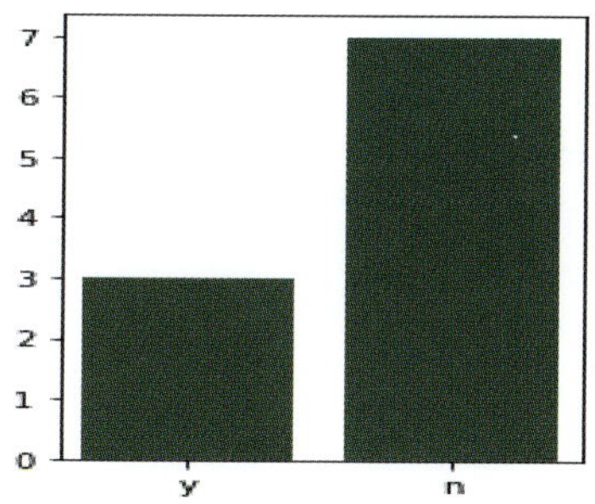

그림 5.1 수직 막대 그래프

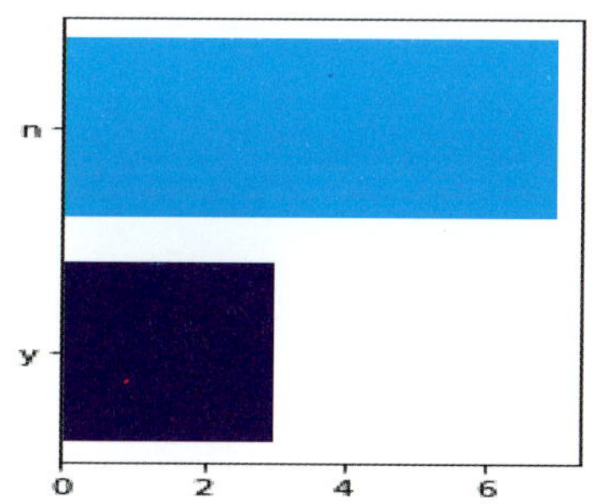

그림 5.2 수평 막대 그래프

예제 5.1.2(b) 각 지점별 매출을 비교하기 쉽게 막대 그래프 그리기

지점 점포(store)별 월매출액(sales) 데이터는 다음과 같다.

지점 점포(store)	A	B	C	D	E
월매출액(sales)	3	12	5	25	45

IN
```
store = ('A', 'B', 'C', 'D', 'E')
sales = [3, 12, 5, 25, 45]
y_pos = np.arange(len(store))
plt.bar(y_pos, sales, color = (0.1, 0.1, 0.1, 0.1),
        edgecolor='blue')
plt.xticks(y_pos, store)  # Create names on the x-axis
```

OUT

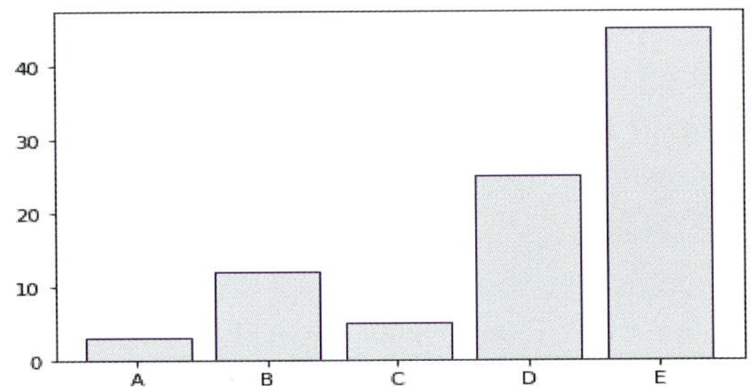

그림 5.3 가장자리선 막대 그래프

5.1.3 파이그림

상대적인 빈도 또는 상대적인 비율을 원모양 파이의 분할 부분으로 나타낼 수 있다.

예제 5.1.3(a) plt.pie() 함수를 사용하여 파이그림 그리기

IN
```
ans = ('y', 'n')
freq = [7, 3]
plt.pie(freq, labels = ans, autopct = '%1.2f%%')
plt.title("survey")
```

OUT

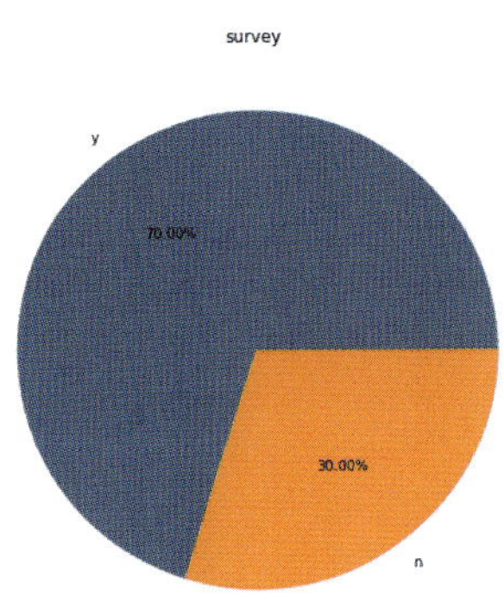

그림 5.4 지점별 매출 비중 파이그림

예제 5.1.3(b) [예제 5.1.2](b)의 지점 점포(store)별 월매출액(sales) 데이터에 대해 총 매출에 대한 비중 알아보기

퍼센트가 적힌 파이그림과 특정한 부분이 도드라지는 파이그림을 그려보자.

IN
```
plt.rcParams['figure.figsize'] = [12, 8]

store = ('A', 'B', 'C', 'D', 'E')
sales = [3, 12, 5, 25, 45]
y_pos = np.arange(len(store))

# startangle: 첫 번째 pie 시작 각도
cols = ['gold', 'yellowgreen', 'lightcoral', 'lightskyblue',
        'red']
explode = (0.0, 0.1, 0.0, 0.0, 0.0)  # 확대
plt.subplot(1, 3, 1)
plt.pie(sales, labels = store)
plt.subplot(1, 3, 2)
plt.pie(sales, labels = store, explode = explode)
plt.subplot(1, 3, 3)
plt.pie(sales, labels = store, explode = explode,
        autopct = '%1.2f%%',shadow = True, startangle = 90,
        colors = cols)
plt.title("store sales")
```

OUT

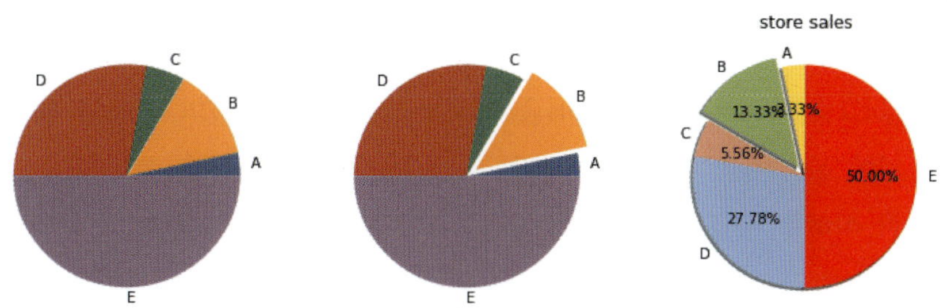

그림 5.5 (a) 기본 파이그림 (b) 확대 파이그림 (c) 퍼센트 파이그림

5.1.4 점그림

예제 5.1.4 [예제 5.1.2](b)의 지점 점포(store)별 월매출액(sales) 데이터에 대해 각 지점별 매출을 점그림(dotchart)으로 그리기

IN
```
store = ('A', 'B', 'C', 'D', 'E')
sales = [3, 12, 5, 25, 45]
y_pos = np.arange(len(store))
plt.grid()
plt.scatter(store, sales, color = 'r')
```

OUT

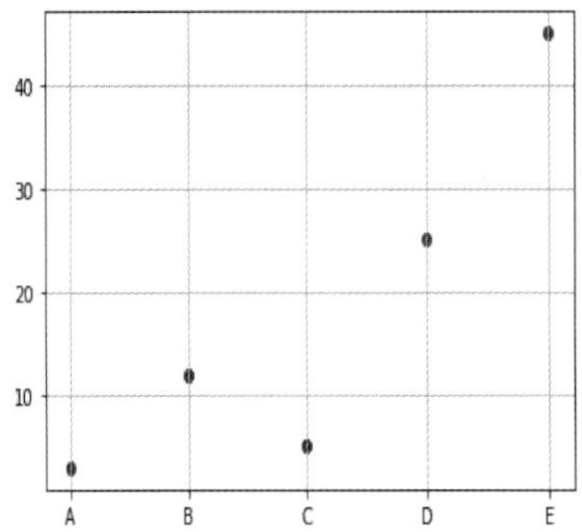

그림 5.6 점그림

5.2 연속형 숫자형 데이터

5.2.1 줄기-잎 그림

관측값의 개수가 너무 많지 않으며 관측값을 줄기와 잎으로 구분할 수 있을 경우 줄기-잎 그림(stem-and-leaf plot)을 그려보면 전체 데이터의 분포와 데이터값 자체를 동시에 볼 수 있다. 또한 최솟값, 최댓값, 분포 형태 등을 확인하여 데이터 분포에 대한 이해를 도울 수 있다. 줄기-잎 그림을 그리기 위해서는 데이터를 구성하는 숫자를 줄기 부분과 잎 부분으로 나눈다. 예를 들어, '45'는 '4'를 줄기(stem), '5'를 잎(leaf)으로 간주한다.

Python에서 줄기-잎 그림을 그리기 위해서는 stemgraphic module을 설치(install)하고 내장함수를 사용해야 한다.

예제 5.2.1 농구시합 데이터에 대해 줄기-잎 그림 그리기

다음은 농구 데이터로, 농구경기에서 시합한 팀들의 점수이다.

45, 86, 34, 98, 67, 78, 56, 45, 85, 75, 64, 75, 75, 75, 58, 45, 83, 74

```
import sys
!{sys.executable} -m pip install stemgraphic
import stemgraphic

x = np.array([45, 86, 34, 98, 67, 78, 56, 45, 85, 75, 64, 75,
              75, 75, 58, 45, 83, 74])
stemgraphic.stem_graphic(x, scale = 10)
```

그림 5.7 줄기-잎 그림

5.2.2 상자그림

상자그림(boxplot)은 25% 사분위수, 50% 사분위수(중앙값), 75% 사분위수로 상자를 그리고 최솟값과 최댓값이 표시되어 데이터의 분포를 대략적으로 알 수 있다. `sns.boxplot()` 함수를 이용하고 `orient = "v"` 옵션을 사용하면 세로 상자그림, `orient = "h"` 옵션을 사용하면 가로 상자그림을 출력한다.

예제 5.2.2 [예제 5.2.1]의 농구데이터에 대해 상자그림 그리기

```
x = np.array([45, 86, 34, 98, 67, 78, 56, 45, 85, 75, 64, 75,
              75, 75, 58, 45, 83, 74])
plt.subplot(1,2,1)
sns.boxplot(x, orient = "v")
plt.subplot(1,2,2)
sns.boxplot(x, orient = "h", color = "green")
```

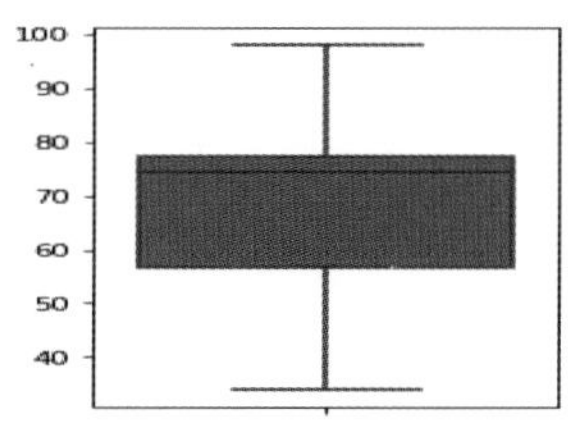

그림 5.8 세로 상자그림

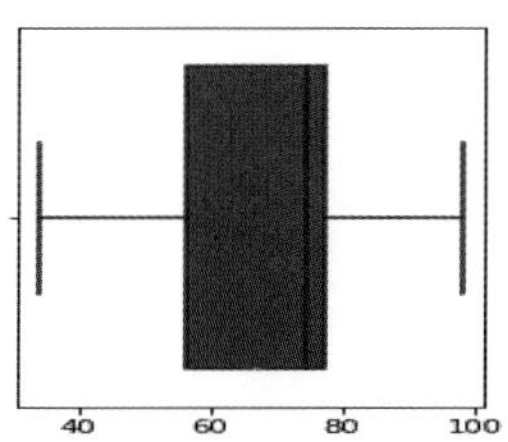

그림 5.9 가로 상자그림

5.2.3 히스토그램

히스토그램(histogram)은 구간으로 나누어 빈도가 계산되어 정리된 후 데이터의 분포를 나타낸다.

예제 5.2.3(a) 정규분포로부터 50개 난수에 대해 히스토그램 그리기

plt.hist() 함수를 사용한다.

IN
```
from scipy.stats import probplot
from scipy import stats
y = stats.norm.rvs(loc = 0, scale = 1, size = 50)
plt.hist(y)
```

OUT

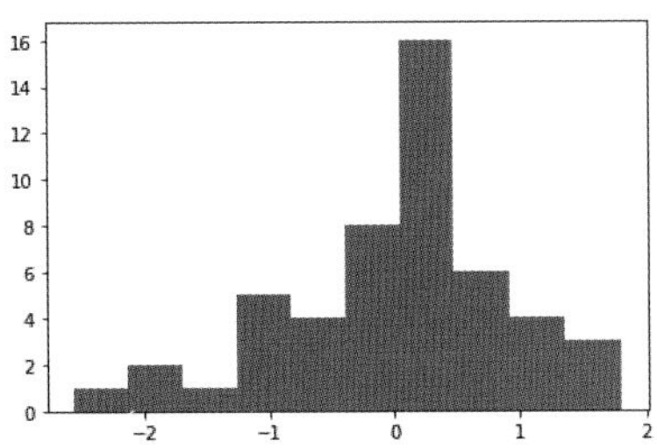

그림 5.10 도수 히스토그램

예제 5.2.3(b) 정규분포로부터 50개 난수에 대해 확률밀도함수를 추정선을 히스토그램에 같이 그리기

sns.distplot() 함수를 사용한다.

IN
```
from scipy.stats import probplot
y = stats.norm.rvs(loc = 0, scale = 1, size = 50)
sns.distplot(y)
```

OUT

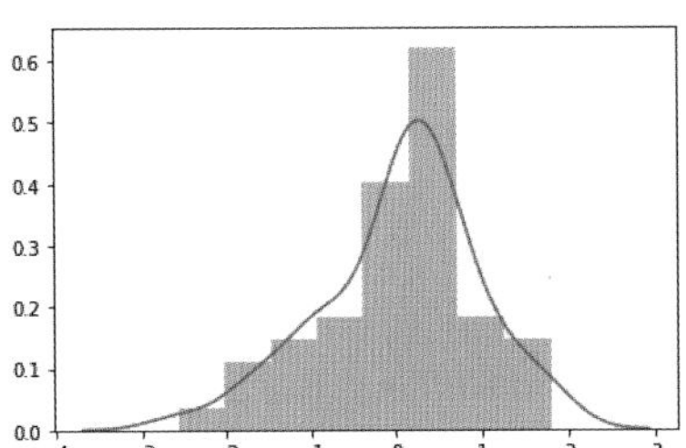

그림 5.11 분포 히스토그램과 확률밀도추정선

5.2.4 중심경향 측도: 평균, 중앙값

데이터 $\{x_1, x_2, \cdots, x_n\}$에 대해 데이터의 중심경향을 나타내주는 통계량으로 평균과 중앙값을 추정하고자 한다. scipy 패키지 또는 numpy의 내장함수를 이용하여 기초 통계량을 구할 수 있다.

(1) 평균

$$\bar{x} = \frac{x_1 + x_2 + \cdots x_n}{n} \tag{5.1}$$

`sp.mean()` 함수를 사용한다.

(2) 중앙값

$$m = \begin{cases} x_{(k+1)}, & n = 2k+1 \\ \dfrac{x_{(k)} + x_{(k+1)}}{2}, & n = 2k \end{cases} \tag{5.2}$$

즉 중앙값은 크기순으로 늘어놓았을 때 중앙에 위치한 값이다. `sp.median()` 함수를 사용한다.

5.2.5 퍼짐경향 측도: 분산, 표준편차, 사분위수범위

(1) 표본분산: 평균으로부터의 퍼진 정도 측정

$$s^2 = \frac{1}{n-1}\sum_{i=1}^{n}(x_i - \bar{x})^2 \tag{5.3}$$

`sp.var(object, ddof = 1)` 함수를 사용한다.

(2) 표본표준편차: $\sqrt{\text{분산}}$

$$s = \sqrt{\frac{1}{n-1}\sum_{i=1}^{n}(x_i - \bar{x})^2} \tag{5.4}$$

`sp.std(object, ddof = 1)` 함수를 사용한다.

(5) 백분위수

`sp.percentile()` 함수는 해당하는 백분위수의 값을 보여준다.

(6) 기술통계량 요약

describe() 함수는 일변량 데이터에 대해 기본적인 기술통계량을 출력한다.

예제 5.2.5(a) 농구데이터에 대해 describe() 함수로 기술통계량 구하기

IN
```
from scipy.stats import describe
x = np.array([45, 86, 34, 98, 67, 78, 56, 45, 85, 75, 64, 75,
             75, 75, 58, 45, 83, 74])
describe(x)
```

OUT
```
DescribeResult(nobs = 18, minmax = (34, 98), mean =
                67.66666666666667,
variance = 298.35294117, skewness = -0.3502161630770203,
kurtosis = -0.737343763994069)
```

예제 5.2.5(b) scipy 패키지를 임포트 후 농구데이터에 대해 기술통계량 구하기

IN
```
import scipy as sp
print("mean", sp.mean(x))
print("median", sp.median(x))
print(sp.var(x, ddof = 0))
print("var",sp.var(x, ddof = 1))
print("std",sp.std(x, ddof = 1))
print("max",sp.amax(x))
print("min",sp.amin(x))
print("quantile", sp.percentile(x, [0.25, 0.7]))
```

OUT
```
mean 67.66666666666667
median 74.5
281.7777777777778
var 298.35294117647067
std 17.27289614327808
max 98
min 34
quantile [34.4675 35.309]
```

예제 5.2.5(c) numpy 패키지를 임포트 후 농구데이터에 대해 기술통계량 구하기

IN
```
print("mean", np.mean(x))
print("median", np.median(x))
print(np.var(x, ddof = 0))
print("var",np.var(x, ddof = 1))
print("std",np.std(x, ddof = 1))
print("max",np.amax(x))
print("min",np.amin(x))
print("quantile", np.percentile(x, [0.25, 0.7]))
```

OUT
```
mean 67.66666666666667
median 74.5
281.7777777777778
var 298.35294117647067
std 17.27289614327808
max 98
min 34
quantile [34.4675 35.309]
```

5.2.6 표준화 점수

평균과 표준편차를 이용하여 변수를 표준화(standardization)한다.

데이터 $\{x_1, x_2, \cdots, x_n\}$에 대해 표준화 점수는

$$z_i = \frac{x_i - \overline{x}}{s} \tag{5.5}$$

으로 계산되며 여기서 $\overline{x}$는 표본평균, s는 표본표준편차이다. z의 평균과 분산을 구하면

$$\frac{1}{n}\sum_{i}^{n} z_i = 0, \qquad \frac{1}{n-1}\sum_{i}^{n}(z_i - 0)^2 = 1 \tag{5.6}$$

이다. 즉 z는 평균 0, 표준편차 1을 갖게 되어 데이터의 측정단위가 서로 다른 변수 간의 비교도 가능해진다. 다음의 계산식으로 표준화 z-값을 얻을 수 있다.

예제 5.2.6 데이터 y에 대해 표준화

IN
```
y = [2,5,7,9,3]
z = (y-np.mean(y))/np.std(y, ddof = 1)
print(z)
print(np.mean(z))
print(np.var(z, ddof = 1))
```

OUT
```
[-1.11748847 -0.06984303  0.62858727  1.32701756
-0.76827333]
-4.4408920985006264e-17
0.9999999999999999
```

참고 표준화 점수의 평균과 표준편차를 구하면 평균은 0, 표준편차는 1에 근접해 있다. 반올림 때문에 발생하는 오차로 인해 0 근처의 값으로 계산된다.

5.2.7 신뢰구간

모수 추정 시 90%, 95%, 99% 신뢰구간(confidence interval)을 구해 구간 추정을 할 수 있다. 95% 신뢰구간이란 모집단으로부터 100번의 확률표본을 구하여 신뢰구간을 구하면 적어도 95번 이상은 모수 참값을 포함할 수 있는 구간을 의미한다. 예를 들어, 모수 μ의 신뢰구간을 반복하여 구할 때, 전체의 약 95% 정도는 μ를 포함하리라고 기대할 수 있다.

일반적으로 θ에 대한 근사적인 95% 신뢰구간은

$$\hat{\theta} \pm 1.96 \times sd(\hat{\theta}) \tag{5.7}$$

으로 구할 수 있다. 여기서 $\hat{\theta}$는 θ에 대한 추정량, $sd(\hat{\theta})$은 $\hat{\theta}$의 표준편차이다.

데이터 $\{x_1, x_2, \cdots, x_n\}$에 대해 모집단이 정규분포를 따르며 모분산을 모르는 경우, 평균 μ에 대한 95% 신뢰구간은

$$\overline{X} \pm t_{n-1}(\alpha/2) \times \frac{S}{\sqrt{n}} \tag{5.8}$$

로 표현된다. 여기서 $\overline{X}$는 표본평균, S는 표본표준편차이고, $t_{n-1}(\alpha/2)$는 자유도가 $n-1$인 t 분포를 따르는 확률변수 T에 대해 $P(T \geq t_{n-1}(\alpha/2)) = \alpha/2$를 만족하는 값이다.

데이터 $\{x_1, x_2, \cdots, x_n\}$에 대해 모집단이 정규분포를 따르며 모분산 σ^2을 아는 경우, 평균 μ에 대한 95% 신뢰구간은

$$\overline{X} \pm z(\alpha/2) \times \frac{\sigma}{\sqrt{n}} \tag{5.9}$$

로 표현된다. 여기서 $\overline{X}$는 표본평균, σ는 표본표준편차이고, $z(\alpha/2)$는 정규확률변수 Z에 대해 $P(Z \geq z(\alpha/2)) = \alpha/2$를 만족하는 값이다.

예제 5.2.7(a) 랜덤 데이터 y에 대해 95% 신뢰구간 구하기

IN

```
y = stats.norm.rvs(loc = 0, scale = 1, size = 10)
n = len(y)
m = sp.mean(y)
sd = sp.std(y, ddof = 1)
cri = stats.t.ppf(df = n-1, q = 0.975)
lower = m-cri*sd/np.sqrt(n)
upper = m+cri*sd/np.sqrt(n)
print(lower) ; print(upper)
```

OUT

```
0.39880459580441185
1.0955489463198185
```

예제 5.2.7(b) 데이터 y에 대해 95% 신뢰구간 구하기

IN

```
y = [2,5,7,9,3]
n = len(y)
m = sp.mean(y)
sd = sp.std(y, ddof = 1)
cri = stats.t.ppf(df = n-1, q = 0.975)
lower = m-cri*sd/np.sqrt(n)
upper = m+cri*sd/np.sqrt(n)
print(lower) ; print(upper)
```

OUT

```
1.6444154106012356
8.755584589398765
```

예제 5.2.7(c) 분산을 아는 경우 95% 신뢰구간 구하기

데이터 y에 대해 분산이 3이라고 알려져 있다.

IN
```
y = [2,5,7,9,3]
n = len(y)
m = sp.mean(y)
sigma2 = 3
sd = np.sqrt(sigma2)
cri = stats.norm.ppf(loc = 0, scale = 1, q = 0.975)
lower = m-cri*sd/np.sqrt(n)
upper = m+cri*sd/np.sqrt(n)
print(lower) ; print(upper)
```

OUT
```
3.681818425742008
6.718181574257992
```

예제 5.2.7(d) 각 데이터셋에 대한 평균과 근사적인 95% 신뢰구간을 구한 후 신뢰구간 그림 그리기

한 개의 확률표본은 표준정규분포를 따르는 랜덤 데이터 10개로 구성된다. 각 데이터셋에 대한 평균과 근사적인 95% 신뢰구간을 구한 후 신뢰구간 그림을 그린다. 이와 같은 작업을 30번 반복하여 30개 데이터셋에 대해 각각의 신뢰구간을 그리고자 한다. 결과 그림을 보면 30개 중 2개의 신뢰구간에 참 평균모수값 0이 포함되지 않음을 알 수 있다.

IN
```
from scipy import stats
population = stats.norm(loc = 0, scale = 1)
time = np.array(np.arange(30))
def calc_sample_mean_ci(size, n_trial):
    sample_mean_array = np.zeros(n_trial)
    ci_lower_array = np.zeros(n_trial)
    ci_upper_array = np.zeros(n_trial)
    int_array=np.zeros(n_trial)
    for i in range(0, n_trial):
        sample = population.rvs(size = size)
        sample_mean_array[i] = sp.mean(sample)
        sd = sp.std(sample, ddof = 1)/sp.sqrt(size)
        ci_lower_array[i] = sp.mean(sample) -1.96* sd
        ci_upper_array[i] = sp.mean(sample) +1.96* sd
        int_array[i] = 1.96* sd
   return(sample_mean_array, ci_lower_array,
          ci_upper_array, int_array)
```

```
np.random.seed(1)
m, lo, up, int_l = calc_sample_mean_ci(size = 10, n_trial = 30)
plt.errorbar(
time, # X
m,   # Y
yerr = int_l, # Y-errors
fmt = "bo", # format line like for plot()
linewidth = 1, # width of plot line
elinewidth = 0.5,# width of error bar line
ecolor = 'k', # color of error bar
capsize = 3, # cap length for error bar
capthick = 0.5 # cap thickness for error bar
)
plt.axhline(y = 0)
```

OUT

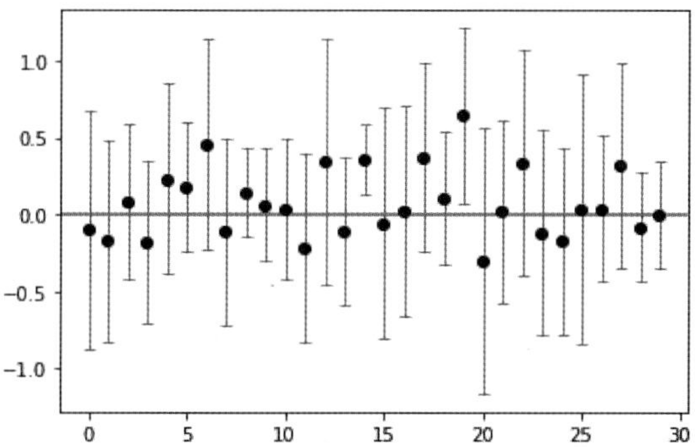

그림 5.12 수직형 95% 신뢰구간

5장 | 연습문제

1 다음은 살충제 종류 A, B, C를 이용하여 진행된 살충 효과 실험의 살충 개수이다.

experiment	count	spray
1	10	A
2	12	A
3	20	A
4	14	A
5	17	A
6	20	A
7	14	A
8	13	A
9	11	B
10	17	B
11	21	B
12	11	B
13	16	B
14	14	B
15	17	B
16	2	C
17	0	C
18	1	C
19	7	C
20	2	C

(a) `spray` 종류에 따른 빈도표를 구하고 파이그림을 그리시오.

(b) `count` 평균을 구하시오.

(c) `spray` 종류별 `count` 수의 합을 구하시오.

2 다음은 미국에서 조사한 강(river)들의 길이를 나타낸 데이터이다.

735 320 325 392 524 450 1459 135 465 600 330 336 280
315 870 906 202 329 290 1000 600 505 1450 840 1243 890
350 407 286 280

(a) 평균, 중앙값을 구하시오.

(b) 분산, 표준편차, 사분위수범위를 구하시오.

(c) 15%, 45%, 80%에 해당하는 데이터 값을 구하시오.

(d) 히스토그램을 그리시오.

(e) 상자그림을 그리시오.

3 다음의 전구 수명 데이터를 이용하여

25 16 44 62 36 58 38

(a) 평균 전구 수명을 구하시오.

(b) 전구 수명 분산을 구하시오.

(c) 전구 수명 표준편차를 구하시오.

(d) 상자그림을 그리시오.

(e) 몇 개의 옵션을 추가하여 상자그림을 그리시오.

(f) 줄기-잎 그림을 그리고 분포를 파악하시오.

4 균일분포 (0,1)을 따르는 30개 난수를 포함한 데이터셋을 만든 후

(a) 평균과 표준편차를 구하시오.

(b) 평균$\pm 2\times$ 표준편차/ $\sqrt{n}$

으로 나타나는 근사적인 95% 신뢰구간을 구하시오..

5 K 지역의 2004년도 가구당 연간 소득을 조사한 데이터이다(단위: 100만 원).

19, 21, 15, 23, 24, 15, 15, 15, 16, 29,
18, 32, 20, 23, 24, 24, 25, 25, 25, 25,
25, 25, 25, 36, 26, 28, 30

(a) 평균, 중앙값을 구하시오.

(b) 분산, 표준편차, 범위를 구하시오.

(c) 히스토그램을 그리시오.

(d) 소득이 20 미만, 20 이상 30 미만, 30 이상의 세 개의 범주로 나누어 도수를 이용하여 파이그림을 그리시오.

6 다음은 어떤 음식물에 대한 불순물 포함량 데이터이다. 데이터는 정규분포를 따른다고 한다.

2.3 2.4 3.1 2.2 1.0 2.3 2.1 1.1 1.2 0.9 1.5 1.1

(a) 평균, 중앙값을 구하시오.

(b) 분산, 표준편차, 범위를 구하시오.

(c) 평균 μ에 대한 95% 신뢰구간을 구하시오.

(d) 상자그림을 그리시오.

(e) 줄기-잎 그림을 그리시오.

7 다음은 같은 나이의 흡연자에 대해 눈가 주름 있음/없음을 조사한 데이터이다.

	주름 있음	주름 없음
흡연	60	10
비흡연	30	40

(a) 흡연자 중 흡연자의 주름 있음 비율을 구하시오

(b) 흡연자 중 비흡연자의 주름 있음 비율을 구하시오.

(c) 흡연자와 비흡연자의 주름 있음 비율의 차를 구하시오.

(d) 흡연자와 비흡연자 그룹별로 파이그림을 그리시오.

8 A 회사에 생산되는 TV의 수명시간(단위: 년)을 조사한 데이터이다. 데이터는 정규분포를 따른다고 한다.

5.7 6.7 6.8 7.9 10.6 11.3 9.8 8.4 8.3 9.5

6.7 6.9 9.8 8.8 12.1 10.2 9.5 9.4 9.3 5.9

(a) 평균 TV 수명시간을 추정하시오.

(b) 평균 TV 수명시간의 95% 신뢰구간을 추정하시오.

(c) TV 수명시간의 분산, 표준편차와 범위를 추정하시오.

(d) 상자그림을 그리시오.

(e) 확률밀도함수추정선과 히스토그램을 그리시오.

9 B 회사 직원들의 월별 핸드폰 요금(단위: 원)을 조사하여 얻은 데이터이다. 데이터는 정규분포를 따른다고 한다.

20,870	39,400	65,000	45,000	35,890	29,000	56,770
23,000	38,550	59,800	39,880	56,780	35,220	48,990

(a) 평균 핸드폰 요금을 추정하시오.

(b) 평균 핸드폰 요금의 95% 신뢰구간을 추정하시오.

(c) 핸드폰 요금의 분산, 표준편차와 범위를 추정하시오.

(d) 상자그림을 그리시오.

(e) 확률밀도함수추정선과 히스토그램을 그리시오.

10 D 여대의 학생들 200명에게 남녀 공학으로의 전환에 대해 조사했더니 80명이 찬성, 120명이 반대하였다.

(a) 찬성비율을 추정하시오.

(b) 반대비율을 추정하시오.

11 D 대학 신입생들을 대상으로 수면시간을 조사하여 다음의 데이터를 얻었다. 정규분포를 따른다고 할 수 있으며 모분산은 알 수 없다.

5.6 7.8 6.5 7.2 6.9 7.3 5.8 7.5 8.2 7.8

(a) 평균 수면시간을 추정하시오.

(b) 평균 수면시간의 95% 신뢰구간을 추정하시오.

(c) 수면시간의 분산, 편차와 범위를 추정하시오.

(d) 상자그림을 그리시오.

(e) 각 수면시간의 표준화 점수를 구하시오

6장

이변량 데이터

6.1 범주형 데이터

범주형 변수가 2개인 경우의 문제를 고려하고자 한다. 5.1절에서는 한 개 범주형 변수를 다루었고 6.1절에서는 두 개 범주형 변수에 대해 다루고자 한다.

6.1.1 두 개 범주형 데이터의 이원분할표

예제 6.1.1(a) 부모와 아이의 안전벨트 착용 여부를 조사한 빈도 데이터

표 6.1은 두 개 범주형 변수의 이원분할표이다.

표 6.1 부모와 아이의 안전벨트 착용여부

부모 안전벨트 착용여부	아이 안전벨트 착용여부 착용	착용안함
착용	54	7
착용안함	3	12

표 6.1과 같이 이원분할표 형태의 데이터인 경우 변수를 열로 하여 데이터프레임을 만들고자 할 경우 `DataFrame()`을 사용하여 만들 수 있다. 각 열은 같은 변수열이어야 한다.

IN
```
belt = pd.DataFrame({
      'parent': ['yes', 'no', 'yes', 'no'],
      'child':  ['yes','yes', 'no', 'no'],
      'y':   [54,3,7,12]
})
belt
```

OUT

	parent	child	y
0	yes	yes	54
1	no	yes	3
2	yes	no	7
3	no	no	12

예제 6.1.1(b) 각 범주형 변수에 대한 주변도수분포

pivot_table() 함수로 margins = True 옵션을 사용하면 된다.

IN
```
cross = pd.pivot_table(
        data = belt,
        values = "y",
        aggfunc = "sum",
        index = "parent",
        columns = "child",
        margins = True
)
cross
```

OUT

child	no	yes	All
parent			
no	12	3	15
yes	7	54	61
All	19	57	76

예제 6.1.1(c) 부모와 아이의 안전벨트 착용 여부에 대해 서로 독립인지에 대한 통계적 검정으로 카이제곱검정 실시

카이제곱검정에 대해서는 8장에서 다룬다.

IN
```
obs = np.array([[12,3],[7,54]])
sp.stats.chi2_contingency(cross, correction = Ture)
```

OUT
```
(26.60692167577413, 2.4934883310369546e-07, 1,
array([[ 3.75, 11.25], [15.25, 45.75]]))
```

contingency() 함수 수행 결과, 연속성 보정의 경우 카이제곱검정통계량 = 26.607, p-값 = 2.49×10^{-7}, 자유도 = 1, 기대도수표 순서로 출력된다. 연속성 보정에 대한 옵션으로 보정하지 않을 경우에는 correction = False, 보정할 경우에는 correction = True를 선택한다.

IN
```
sp.stats.chi2_contingency(cross, correction = False)
```

OUT
```
(30.150819672131146, 3.997182120429595e-08, 1,
array([[ 3.75, 11.25], [15.25, 45.75]]))
```

예제 6.1.1(d) parent, child 변수에 대해 결합분포

pivot_table()을 이용한다.

IN
```
pd.pivot_table(belt, index = ["parent","child"],
               values = "y")
```

OUT

parent	child	y
no	no	12
	yes	3
yes	no	7
	yes	54

6.1.2 두 개 범주형 데이터에 대한 그래프

시각적으로 막대 그래프로 표현하여 행과 열의 빈도를 비교할 수 있다.

예제 6.1.2(a) parent, child 변수에 대해 막대 그래프로 표현

pivot_table()로 분할표를 만든 후 plot()을 이용하여 막대 그래프를 그린다. 여기서 stacked = True 옵션을 사용하면 막대를 위로 쌓아 올린 그림을, stacked = False 옵션을 사용하면 막대를 옆으로 나란히 그린다.

IN
```
belt_cross = pd.pivot_table(
      data = belt,
      values = "y",
      index = "parent",
      columns = "child")
print(belt_cross)
belt_cross.plot(kind = "bar", stacked = True)
belt_cross.plot(kind = "bar", stacked = False)
```

OUT

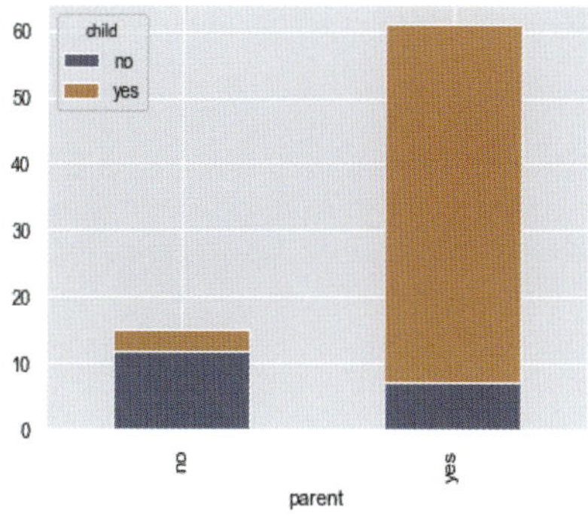

그림 6.1 쌓은 막대 그래프

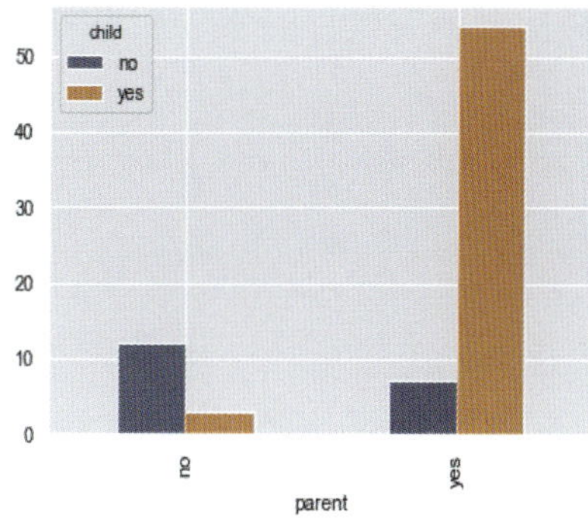

그림 6.2 나란한 막대 그래프

예제 6.1.2(b) 빈도표 만들기

니코틴 중독환자들을 대상으로 일정 기간 실험 후 얻은 데이터이다. 빈도표를 만들고자 한다.

표 6.2 니코틴 중독환자 데이터

환자번호 patient	니코틴 패치 사용여부 nicotin	금연 여부 stopsmoke
1	Y	Y
2	Y	Y
3	Y	N
4	Y	N
5	Y	Y
6	N	Y
7	N	N
8	N	N
9	N	N
10	N	N

IN

```
nico_df = pd.read_csv("C:/데이터파일20/table6.2_nicotin.csv")
print(nico_df)
nico_df.shape
```

OUT
```
   patient nicotin stopsmoke
0        1       Y         Y
1        2       Y         Y
2        3       Y         N
3        4       Y         N
4        5       Y         Y
5        6       N         Y
6        7       N         N
7        8       N         N
8        9       N         N
9       10       N         N
(10, 3)
```

groupby() 함수로 두 변수의 범주조합으로 형성되는 범주별로 생성되는 범주에 해당하는 도수를 구하는 표를 만들고자 한다.

IN
```
grouped = nico_df.groupby(['nicotin', 'stopsmoke'])
grouped.size()
```

OUT
```
 nicotin  stopsmoke
N        N            4
         Y            1
Y        N            2
         Y            3
dtype: int64
```

crosstab() 함수를 이용하여 이원분할표를 만들고자 한다.

IN
```
nico_tab = pd.crosstab(index = nico_df["nicotin"],
                       columns = nico_df["stopsmoke"])
nico_tab
```

OUT

stopsmoke	N	Y
nicotin		
N	4	1
Y	2	3

6.2 두 개 연속형 변수에 대한 상관계수

이변량 데이터(bivariate data) $(X_1, Y_1), (X_2, Y_2), \cdots, (X_n, Y_n)$에 대해 상관성 문제를 고려하고자 한다. 두 개의 숫자형 변수 간의 선형 상관관계를 구하여 두 변수 간의 관련성을 추정할 수 있다.

Pearson 상관계수(correlation coefficient)는

$$r = \widehat{cor}(X, Y) = \frac{\sum_{i=1}^{n}(X_i - \overline{X})(Y_i - \overline{Y})}{\sqrt{\sum_{i=1}^{n}(X_i - \overline{X})^2 (Y_i - \overline{Y})^2}} = \frac{1}{n-1}\sum_{i=1}^{n}\left(\frac{X_i - \overline{X}}{s_X}\right)\left(\frac{Y_i - \overline{Y}}{s_Y}\right) \quad (6.1)$$

여기서

$$\overline{X} = \frac{1}{n}\sum_{i=1}^{n} X_i, \qquad \overline{Y} = \frac{1}{n}\sum_{i=1}^{n} Y_i \quad (6.2)$$

$$s_X = \sqrt{\frac{1}{n-1}\sum_{i=1}^{n}(X_i - \overline{X})^2}, \qquad s_Y = \sqrt{\frac{1}{n-1}\sum_{i=1}^{n}(Y_i - \overline{Y})^2}$$

이다.

$-1 \le r \le 1$이며 상관계수 값이 0에 가까울수록 상관성이 없고 1에 가까울수록 강한 양의 상관성, -1에 가까울수록 강한 음의 상관성을 갖는다.

두 변수 간의 상관관계에 대해 피어슨 상관성 검정을 해보자. 귀무가설이 참인 경우라면 상관계수를 0으로 받아들이게 된다. 그러므로 통계적 가설은

$$H_0: \ \rho = 0 \ (\text{두 변수 간의 상관계수가 0이다}) \quad (6.3)$$

에 대해

$$H_1: \ \rho \neq 0 \ (\text{두 변수 간의 상관계수가 0이 아니다}).$$

이변량 데이터 n개 쌍의 상관성에 대한 검정은 피어슨 상관계수 r을 이용하여 다음의 검정통계량

$$T = \frac{r\sqrt{n-2}}{\sqrt{1-r^2}} \quad (6.4)$$

을 이용하여 상관성 검정을 한다. 검정통계량 T는 귀무가설하에서 자유도가 $n-2$인 t 분포를 따른다. 그러므로 유의수준 α 검정법은

$$|T| \geq t_{n-2}(\alpha/2) \text{이면 귀무가설을 기각한다.} \tag{6.5}$$

여기서 기각값 $t_{n-2}(\alpha)$는 $P(T \geq t_{n-2}(\alpha)) = \alpha$를 만족하는 값이다.

가설검정결과 *p*-값(유의확률)을 유의수준 α와 비교하여 결론을 내린다. *p*-값이 유의수준보다 작으면 귀무가설을 기각한다.

이번에는 데이터의 순위를 구한 후 순위 상관계수를 구한다.

$$\begin{aligned} R_i &: \{X_1, \dots, X_n\} \text{ 중 } X_i\text{의 순위} \\ T_i &: \{Y_1, \dots, Y_n\} \text{ 중 } Y_i\text{의 순위} \end{aligned} \tag{6.6}$$

라고 하자.

Spearman 상관계수는

$$r_S = \frac{\sum_{i=1}^{n}(R_i - \overline{R})(T_i - \overline{T})}{\sqrt{\sum_{i=1}^{n}(R_i - \overline{R})^2 (T_i - \overline{T})^2}} = \frac{1}{n-1}\sum_{i=1}^{n}\left(\frac{R_i - \overline{R}}{s_R}\right)\left(\frac{T_i - \overline{T}}{s_T}\right) \tag{6.7}$$

여기서

$$\begin{aligned} \overline{R} &= \frac{1}{n}\sum R_i, & \overline{T} &= \frac{1}{n}\sum T_i \\ s_R &= \sqrt{\frac{1}{n-1}\sum (R_i - \overline{R})^2}, & s_T &= \sqrt{\frac{1}{n-1}\sum (T_i - \overline{T})^2} \end{aligned} \tag{6.8}$$

이다.

$-1 \leq r_S \leq 1$이며 상관계수 값이 0에 가까울수록 상관성이 없고 1에 가까울수록 강한 양의 순위상관성, −1에 가까울수록 강한 음의 순위상관성을 갖는다.

스피어만 상관성에 대한 독립성검정으로 다음의 가설

$$H_0: \ \rho_s = 0 \text{에 대해 } H_1: \ \rho_s \neq 0 \tag{6.9}$$

을 검정한다. 여기서 ρ_s는 모집단 스피어만 상관계수이다.

이변량 확률변수 (X, Y)에 대하여, 서로 독립인 랜덤표본 $(X_1, Y_1), \dots, (X_n, Y_n)$에 대하여 켄달의 타우(Kendall's tau)를 설명하고자 한다.

- $X_i - X_j$와 $Y_i - Y_j$의 부호가 같으면 부합(concordant)
- $X_i - X_j$와 $Y_i - Y_j$의 부호가 다르면 비부합(discordant)이라고 한다.

$$\begin{aligned} \pi_c &= P\{(X_i - X_j)(Y_i - Y_j) > 0\} && \text{부합의 확률} \\ \pi_d &= P\{(X_i - X_j)(Y_i - Y_j) < 0\} && \text{비부합의 확률} \end{aligned} \tag{6.10}$$

켄달의 타우는 부합의 확률에서 비부합의 확률을 뺀 값으로

$$\tau = \pi_{\mathrm{c}} - \pi_{\mathrm{d}} \tag{6.11}$$

로 정의한다. 켄달의 타우는 다음의 성질을 갖는다.

- $\pi_c + \pi_d = 1, \qquad -1 \leqq \tau \leqq 1$ (6.12)
- X, Y가 서로 독립인 경우 $\pi_c = \pi_d = \dfrac{1}{2}$이 되어 $\tau = 0$이 된다.

$$\begin{aligned} &\tau > 0 \quad \text{양의 연관성} \\ &\tau < 0 \quad \text{음의 연관성} \end{aligned} \tag{6.13}$$

켄달의 타우는 두 변수의 피어슨상관성과 스피어만 상관성이 일치할 경우 큰 값을 갖는다.

켄달의 타우에 대한 독립성검정으로 다음의 가설

$$H_0: \ \tau = 0 \text{에 대해 } H_1: \ \tau \neq 0 \tag{6.14}$$

을 고려한다. 검정통계량으로 켄달 통계량(Kendall's statistic)은

$$\begin{aligned} K &= P - Q \\ &= \sum_{i<j}^{k} sgn(X_i - X_j) sgn(Y_i - Y_j) \end{aligned} \tag{6.15}$$

여기서

$$sgn(x) = \begin{cases} 1, & x > 0 \\ 0, & x = 0 \\ -1, & x < 0, \end{cases} \tag{6.16}$$

모든 $i < j$에 대하여

$$
\begin{aligned}
&P = \text{부합인 쌍의 수} \quad \text{즉 } (X_i - X_j)(Y_i - Y_j) > 0 \\
&Q = \text{비부합인 쌍의 수} \quad \text{즉 } (X_i - X_j)(Y_i - Y_j) < 0.
\end{aligned} \tag{6.17}
$$

켄달의 타우 추정량은

$$
\hat{\tau} = \frac{K}{\binom{n}{2}} = \frac{2K}{n(n-1)} \tag{6.18}
$$

이다.

Python에서 상관계수를 계산하기 위해서는 두 변수 x, y에 대해 `np.corrcoef(x, y)` 함수를 사용한다. 또한

- `scipy.stats.pearsonr(x,y)` 함수를 사용하여 피어슨 상관계수
- `scipy.stats.spearmanr(x,y)` 함수를 사용하여 스피어만 상관계수
- `scipy.stats.kendalltau(x,y)` 함수를 사용하여 켄달의 타우 통계량을 얻는다.
- `r, p = scipy.stats.pearsonr(x,y)`을 이용하면 상관계수와 상관성에 대한 유의성검정에 대한 r = 검정통계량과 p = p-값을 얻는다.
- `r, p = scipy.stats.spearmanr(x,y)`로 스피어만 상관계수와 상관성에 대한 유의성검정에 대한 r = 검정통계량과 p = p-값을 얻는다.
- `r, p = scipy.stats.kendalltau(x,y)`로 켄달의 타우값을 이용한 독립성에 대한 유의성검정에 대한 r = 검정통계량과 p = p-값을 얻는다.

예제 6.2(a) 남성 어른의 혈압 측정 데이터

표 6.3은 15명의 남성 어른들에 대해 기계와 간호사가 측정한 혈압이다. 우선 각 행과 열 별로 평균을 구한다. 그리고 두 측정 혈압 간의 Pearson 상관계수와 Spearman 순위상관계수를 구하고자 한다.

IN
```
blood_df = pd.read_csv("C:/데이터파일20/table6.3_blood.csv")
print(blood_df)
blood_df.shape
```

표 6.3 혈압 측정 데이터

id	machine	expert
1	68	72
2	82	84
3	94	89
4	106	100
5	92	97
6	80	88
7	76	84
8	74	70
9	110	103
10	93	84
11	86	86
12	65	63
13	74	69
14	84	87
15	100	93

OUT
```
        id  machine  expert
 0       1       68      72
 1       2       82      84
 2       3       94      89
 ⋮
13      14       84      87
14      15      100      93
(15, 3)
```

열 평균 즉 기계 측정 평균과 간호사 측정 평균을 구하고자 한다.

IN
```
print(sp.mean(blood_df["machine"]))
print(sp.mean(blood_df["expert"]))
```

OUT
```
85.6
84.6
```

기계와 간호사 측정 간 상관계수와 상관성에 대한 유의성검정을 하고자 한다.

IN
```
sp.stats.pearsonr(blood_df['machine'],blood_df['expert'])
```

OUT
```
(0.9068599339014067, 3.122302290883156e-06)
```

피어슨 상관계수 = 0.9068으로 기계와 간호사 측정 혈압 간 상관계수가 매우 높다. 상관성에 대한 유의성검정에 대한 귀무가설과 대립가설은 다음과 같다.

$$H_0 : \text{두 변수 간 Pearson 상관계수가 0이다.}$$

에 대해

$$H_1 : \text{두 변수 간 Pearson 상관계수가 0이 아니다.}$$

상관성에 대한 유의성검정 결과 p-값$= 3.12 \times 10^{-6} < \alpha = 0.05$이므로 유의수준 5%에서 H_0를 기각한다. 즉 기계와 간호사의 혈압 측정값 간 상관관계가 유의하다.

상관계수값만 얻고자 할 경우 [0]으로 첫 번째 값을 선택할 수 있다.

IN
```
sp.stats.pearsonr(blood_df['machine'],blood_df['expert'])[0]
```

OUT
```
0.9068599339014067
```

예제 6.2(b) 두 변수 간 Pearson 상관성과 Spearman 상관성을 구하고 상관성에 대한 유의성검정

IN
```
x = blood_df['machine']
y = blood_df['expert']
r1, p1 = sp.stats.pearsonr(x,y)
print("pearson corr = ", r1)
print("pearson corr test p-value = ", p1)
r2, p2 = sp.stats.spearmanr(x,y)
print("spearman corr = ", r2)
print("spearman corr test p-value = ", p2)
r3, p3 = sp.stats.kendalltau(x,y)
print("spearman corr = ", r3)
print("kendall tau test p-value = ", p3)
```

OUT
```
pearson corr = 0.9068599339014067
pearson corr test p-value = 3.122302290883156e-06
spearman corr = 0.8878955905305865
spearman corr test p-value = 9.935153559653397e-06
spearman corr = 0.7476080509788443
kendall tau test p-value = 0.00012693069801201953
```

두 변수 간 산점도를 그려보고 상관성을 파악하고자 한다.

IN

```
import matplotlib
import matplotlib.pyplot as plt
%matplotlib inline
matplotlib.style.use('ggplot')
plt.scatter(blood_df['machine'],blood_df['expert'])
plt.xlabel('machine')
plt.ylabel('expert')
```

OUT

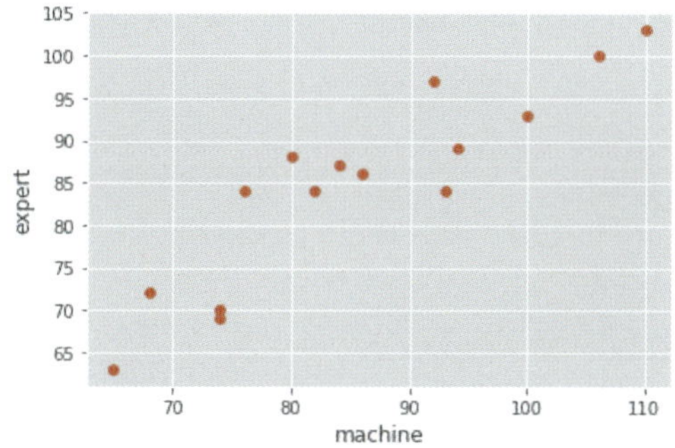

그림 6.3 기계와 간호사 측정 혈압 산점도

예제 6.2(c) 기계와 간호사의 비교를 위해 혈압 측정값에 대해 그룹별 상자그림과 확률밀도함수그림 그리기

결과로 상자그림을 보면 기계의 측정값이 더욱 퍼져있어 보인다.

IN

```
df = pd.DataFrame(data = blood_df, columns = ['machine',
                        'expert'])
df.boxplot()
```

OUT

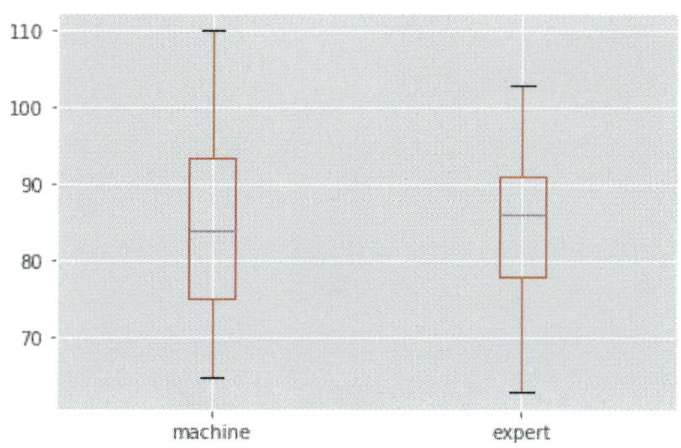

그림 6.4 측정 혈압 상자그림

예제 6.2(d) 히스토그램과 확률밀도함수를 같이 그려 두 변수의 분포 비교

IN
```
sns.distplot(blood_df['machine'], label = "machine")
sns.distplot(blood_df['expert'], label = "expert")
plt.legend(title = "group")
```

OUT

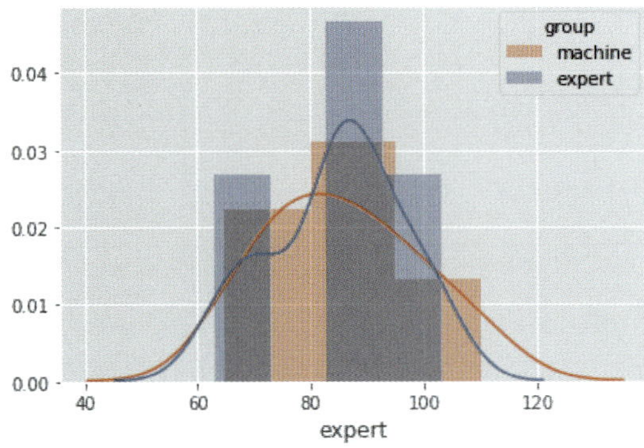

그림 6.5 확률밀도함수 그림

예제 6.2(e) 산점도에 주변분포 히스토그램 같이 그리기

이러한 그래프를 그리기 위해 산점도, 히스토그램과 그래프 조절 변수 등을 통한 프로그램을 다음과 같이 만들 수 있다. 결과로 그림 6.6과 그림 6.7에서는 이변량 산점도와 더불어 주변분포를 동시에 볼 수 있다.

IN
```
sns.jointplot(x = "machine", y = "expert", data = blood_df,
              color = "green" )
```

OUT

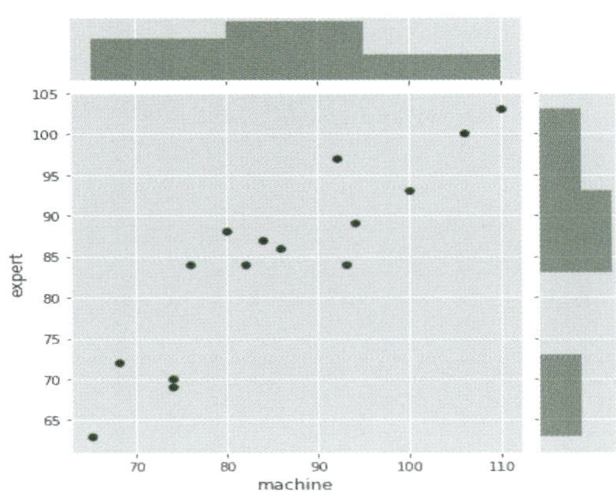

그림 6.6 혈압 데이터에 대한 주변 히스토그램을 포함한 산점도

예제 6.2(f) 산점도에 회귀직선을 그리고 주변분포 히스토그램 포함하도록 그리기

IN
```
g = sns.jointplot(x = "machine", y = "expert", data = lood_df,
                  kind = "reg")
```

OUT

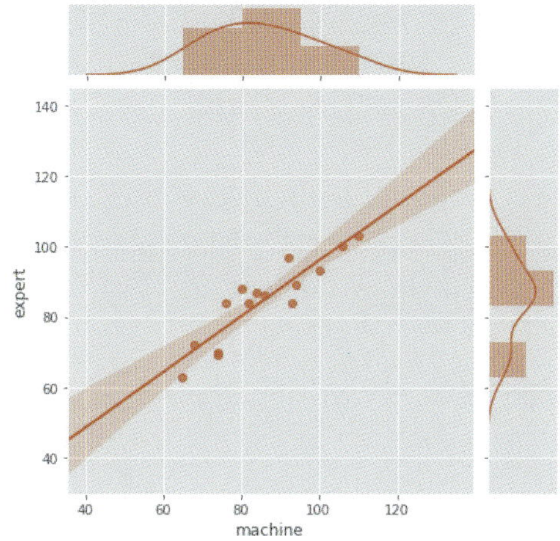

그림 6.7 혈압 데이터에 대한 주변 히스토그램을 포함한 산점도와 회귀직선

예제 6.2(g) 신체 데이터에 대해 Pearson 상관계수 구하기

표 6.4 신체 데이터

id	age	weight	height	gender
1	58	38	38	M
2	103	87	43	M
3	87	50	48	M
4	138	98	61	M
5	82	47	47	F
6	52	30	24	F
7	28	24	29	M
8	79	45	48	F
9	107	144	59	M
10	45	24	24	M
11	58	40	40	F
12	6	15	27	M
13	7	20	26	F
14	3	10	29	F
15	8	19	29	F

IN
```
body_df = pd.read_csv("C:/데이터파일20/table6.4_body.csv")
print(body_df)
body_df.shape
```

OUT
```
       id    age   weight    height   gender
0       1     58       38        38        M
1       2    103       87        43        M
2       3     87       50        48        M
⋮
13     14      3       10        29        F
14     15      8       19        29        F
(15, 5)
```

데이터프레임을 만든 후 변수명을 확인하고자 할 경우 데이터프레임.columns를 이용한다.

또한 'weight' 변수가 데이터프레임 body_df에 있는지는 print('weight' in body_ df.columns)를 수행하여 True가 출력되는지로 확인할 수 있다. csv 파일을 만들 때 변수이름 앞뒤에 space가 포함되는 경우에는 변수의 정확한 이름을 확인할 필요가 있다.

IN
```
print(body_df.columns)
print('weight' in body_df.columns)
```

OUT
```
Index(['id', 'age', 'weight', 'height', 'gender'], dtype =
        'object')
True
```

IN
```
x = body_df["weight"]
y = body_df["height"]
sp.stats.pearsonr(x,y)
```

OUT
```
(0.8448334306814005, 7.374933957998726e-05)
```

Pearson 상관계수 값은 0.845이며 키와 몸무게의 상관관계가 높은 편이다.

예제 6.2(h) 신체 데이터에 대해 키와 몸무게의 산점도

그림 6.8을 보면 키와 몸무게 간 양의 선형관계가 있어 보인다.

IN
```
sns.jointplot(x = x, y = y, data = body_df, color = "skyblue" )
```

OUT

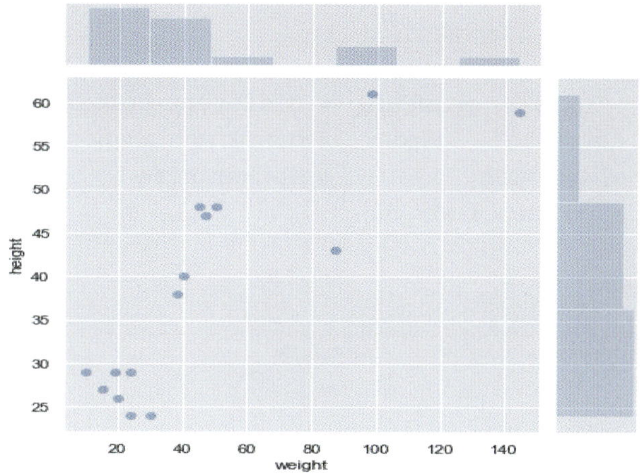

그림 6.8 신체 데이터에 대한 주변 히스토그램을 포함한 산점도

예제 6.2(i) 거품그림(bubble plot) 그리기

marker = 's' 옵션을 사용하면 점모양이 정사각형으로 찍힌다.

IN
```
plt.scatter(x, y, s = body_df["age"], c = body_df["id"],
            marker = 'o')
plt.xlabel("height")
plt.ylabel("weight")
```

OUT

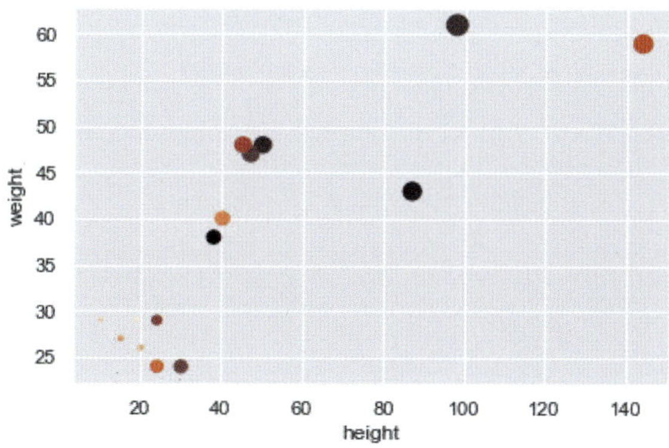

그림 6.9 키와 몸무게에 대한 거품그림 (크기 = 나이, 점색깔 = id)

예제 6.2(j) 성별로 다른 모양으로 표시되며, 범례(legend)를 표기

IN
```
sns.scatterplot(x = 'height',
                y = 'weight',
                hue = 'gender',  # different colors by group
                style = 'gender',# different shapes by group
                s = 100,         # marker size
                data = body_df)
```

OUT

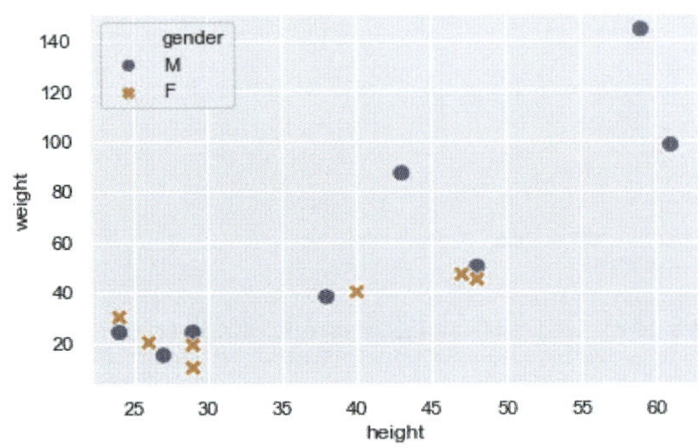

그림 6.10 성별 점모양과 색깔이 다른 키와 몸무게에 대한 산점도

6장 | 연습문제

1 다음은 턱 뼈가 골절된 환자들을 대상으로 골절 종류와 혈액임파구수를 조사한 데이터이다.

gender: 환자 성별 (1 = male, 2 = female)
fracture: 골절 종류 (1 = one compound fracture,
2 = two compound fracture,
3 = one simple fracture)
age: 환자 나이
blood: 혈액 임파구 수

표 6.5 골절 데이터

gender	fracture	age	blood
1	1	42	35
1	1	42	43
1	1	38	35
1	1	35	33
1	1	25	31
1	1	46	36
1	2	37	27
1	2	45	28
1	2	17	30
1	2	24	31
2	2	35	39
2	2	67	34
2	2	49	37
2	2	50	29
2	2	55	35
2	2	34	39
2	2	46	29
2	3	54	43
2	3	45	30
2	3	22	52
2	3	45	51
2	3	37	48

(a) 환자 성별과 골절 종류의 빈도표를 만드시오.

(b) 환자 성별로 blood 평균을 구하시오.

(c) 골절 종류별로 blood 평균을 구하시오.

(d) age와 blood 간 Pearson 상관계수를 구하시오.

(e) age와 blood 간 Spearman 상관계수를 구하시오.

(f) 한 개의 그래프 평면 안에 골절 종류별로 혈액임파구수의 상자그림을 그리시오.

(g) 한 개의 그래프 평면 안에 성별로 혈액임파구수의 상자그림을 그리시오.

(h) age와 blood 간의 산점도에 점이 골절종류를 나타내도록 그리시오.

(i) age와 blood 간의 산점도에 점이 환자 성별을 나타내도록 그리시오.

2 다음의 데이터를 이용하시오.

표 6.6 대통령 선거 관련 여론조사 결과 빈도 데이터

		투표 대상 후보			
		M	H	A	합
이념 성향	진보	426	59	215	700
	중도	543	373	674	1590
	보수	130	625	245	1000
	합	1099	1057	1134	3290

(a) 빈도표를 만드시오.

(b) 비율표를 만드시오.

(c) 주변 빈도표를 만드시오.

(d) 투표 대상 후보별로 이념 성향에 대한 막대 그래프를 그리고 비교하시오.

3 일정 기간 강습 후 부부의 볼링점수 사이에 연관성이 있는지 조사하기 위해 5명의 부부가 시합한 결과, 다음의 점수표를 얻었다. (X, Y)는 이변량 연속분포를 따른다고 할 수 있다.

	1	2	3	4	5
남편 점수 (X)	147	158	131	142	180
아내 점수 (Y)	122	128	125	123	115

(a) 남편과 아내 볼링점수 간의 Pearson 상관계수를 구하고 해석하시오.

(b) 남편과 아내 볼링점수 간의 Spearman 상관계수를 구하고 해석하시오.

(c) 아내와 남편의 볼링점수에 대해 2개의 상자그림을 그리고 비교하시오.

4 다음은 지난 1년 동안 A 학과의 학년별 학과행사 참석 여부를 조사한 데이터이다.

	1	2	3	4
참석	40	30	35	20
불참	20	30	45	40

(a) 학년별로 참석과 불참 비율을 구하고 학년별로 막대 그래프를 그리시오.

(b) 전체 데이터에 대해 참석과 불참 비율을 구하고 막대 그래프를 그리시오.

5 당뇨병(diabetes)환자의 특성 비교를 위해 환자들로부터 관련 변수를 측정하여 다음의 데이터를 얻었다.

Y_1 = 상대 무게(relative weight)

Y_2 = 공복시 혈당(fasting plasma glucose)

X_1 = 글루코오즈 한계량(glucose intolerance)

X_2 = 인슐린 반응성(insulin response to oral glucose)

X_3 = 인슐린 저항성(insulin resistance)

표 6.7 당뇨병 환자의 자료(계속)

환자번호	Y_1	Y_2	X_1	X_2	X_3
1	0.81	80	356	124	55
2	0.95	97	289	117	76
3	0.94	105	319	143	105
4	1.04	90	356	199	108
5	1.00	90	323	240	143
6	0.76	86	381	157	165
7	0.91	100	350	221	119
8	1.10	85	301	186	105
9	0.99	97	379	142	98
10	0.78	97	296	131	94
11	0.90	91	353	221	53
12	0.73	87	306	178	66
13	0.96	78	290	136	142
14	0.84	90	371	200	93

표 6.7 당뇨병 환자의 자료

환자번호	Y_1	Y_2	X_1	X_2	X_3
15	0.74	86	312	208	68
16	0.98	80	393	202	102
17	1.10	90	364	152	76
18	0.85	99	359	185	37
19	0.83	85	296	116	60
20	0.93	90	345	123	50
21	0.95	90	378	136	47
22	0.74	88	304	134	50
23	0.95	95	347	184	91

(a) Y_1과 Y_2의 Pearson 상관계수를 구하고 해석하시오.

(b) X_1과 Y_2의 Pearson 상관계수를 구하고 해석하시오.

(c) 유의수준 5%에서 X_1과 Y_2의 상관성에 대한 검정을 하시오.

(d) Y_2가 90 이상인 빈도수와 90 미만인 빈도수를 구하고 파이그림을 그리시오.

(e) Y_1과 Y_2의 산점도를 그리시오.

(f) X_1과 Y_2의 산점도를 그리시오.

(g) 가능한 2개 변수 간 이변량 상관계수를 모두 구하고 상관계수가 가장 높은 변수쌍과 해당 쌍의 상관계수 값을 구하시오.

6 7쌍의 쌍둥이 형제의 공격성 정도를 측정하는 심리검사를 통해 다음의 데이터를 얻었다. 형과 동생 사이에 유사성이 있는지 피어슨 상관계수, 스피어만 상관계수 그리고 켄달의 타우를 구하고 해석하시오.

	1	2	3	4	5	6	7
형	86	71	77	68	91	72	60
동생	88	77	76	64	96	72	65

7장

유의성검정

통계적 가설검정(statistical hypothese test) 또는 유의성검정(significance test)은 통계적 추론의 대표적인 방법의 하나이다. 관심 있는 가설에 대해 표본에 근거하여 검정통계량과 p-값(p-value, significance probability, 유의확률)을 계산한 후 통계적 결정을 내린다.

7.1 통계적 가설검정

통계적 가설검정(statistical hypotheses testing)은 데이터에 근거하여 실험자가 주장하고 싶은 가설의 옳고 그름을 판정하는 통계적 절차이다. 귀무가설(null hypothesis)과 대립가설(alternative hypothesis)의 두 가설을 세우고 데이터에 포함된 정보를 이용하여 어느 한 가설을 받아들이는 결론을 취한다. 일반적으로 귀무가설은 H_0, 대립가설은 H_1으로 표기하며 실험자가 새롭게 주장하려는 바는 대부분의 경우 대립가설에 놓는다. 검정통계량을 계산하여 귀무가설을 기각(reject)하거나 채택(accept)한다.

표 7.1 제1종 오류와 제2종 오류

통계적 결정	귀무가설 H_0	
	참	거짓
H_0를 기각함	제1종 오류(type I error) α	옳은 결정 $1-\beta$
H_0를 채택함	옳은 결정 $1-\alpha$	제2종 오류(type II error) β

여기서

$$\begin{aligned} \alpha &= \mathrm{P}[\text{제1종 오류}] = \mathrm{P}[H_0\text{가 참일 때 } H_0\text{를 기각}] \\ \beta &= \mathrm{P}[\text{제2종 오류}] = \mathrm{P}[H_0\text{가 거짓일 때 } H_0\text{를 채택}] \\ 1-\beta &= \mathrm{P}[H_0\text{가 거짓일 때 } H_0\text{를 기각}] = \text{검정력(power)} \end{aligned} \tag{7.1}$$

이다.

오류의 두 확률 α, β를 동시에 작게 만들 수 없으므로 α를 0.10, 0.05, 0.01 등으로 고정한 다음 β를 최소화하도록 가설검정법을 만들게 된다. 이때의 α를 유의수준(significance level)이라고 하며 제1종 오류를 범할 확률의 최대 허용값이 된다. 유의수준을 다양하게 선택할 수 있으나 일반적으로 $\alpha = 0.05$이나 $\alpha = 0.01$을 선택한다. 대부분의 통계 소프트웨어에서는 유의확률을 출력하여 실험자가 선택한 유의수준에서 결과를 판정할 수 있도록 한다. 유의확률은 주어진 데이터로 검정통계량을 계산했을 때 귀무가설을 기각할 수 있는 유의수준을 나타낸다. 유의확률이 유의수준보다 작으면 귀무가설을 기각할 수 있다. 그러므로 유의확률(p-값)이 작을수록 귀무가설을 기각할 가능성이 커진다고 할 수 있다.

일반적으로 가설검정 결과 p-값에 대해 표 7.2와 같이 별(*)표로 유의성에 대하여 표시하기도 한다.

표 7.2 p-값 범위와 유의수준 표시와 설명

p-값 범위	일반적인 결과에서 별 표시	일반적 설명
[0, .001]	***	극단적으로 유의함(extremely significant)
[.001, .01]	**	매우 유의함(highly significant)
[.01, .05]	*	통계적으로 유의함(statistically significant)
[.05, .10]	.	유의할 수 있음(could be significant)
[.10, 1.0]		유의하지 않음(not significant)

7.2 일집단 t-검정

7.2.1 소표본 $(n < 30)$이며 모분산 σ^2을 모르는 경우

일변량 확률표본 $X_1, X_2, \cdots, X_n$이 서로 독립이며 평균 μ_0, 분산 σ^2인 정규분포 $N(\mu_0, \sigma^2)$를 따른다고 하자. 확률표본 $X_1, \cdots, X_n$에 대하여 특정한 모평균에 대한 가설검정을 위한 검정통계량

$$t = \frac{\overline{X} - \mu_0}{S/\sqrt{n}} \tag{7.2}$$

은 H_0 하에서 t_{n-1} 분포를 따른다. 여기서 $\overline{X}$는 표본평균, S는 표본표준편차이다. 모평균에 관한 가설들에 대해 검정법은 다음과 같다.

(1) $H_0 \ : \ \mu = \mu_0$에 대해 $H_1 : \mu \neq \mu_0$ (양측검정: two-sided test)

유의수준 α에서 검정법은 $|t| \geq t_{n-1}(\alpha/2)$이면 H_0를 기각한다.

(2) $H_0 : \mu = \mu_0$에 대해 $H_1 : \mu > \mu_0$ (단측검정: one-sided test)

유의수준 α에서 검정법은 $t \geq t_{n-1}(\alpha)$이면 H_0를 기각한다.

(3) $H_0 : \mu = \mu_0$에 대해 $H_1 : \mu < \mu_0$

유의수준 α에서 검정법은 $t \leq -t_{n-1}(\alpha)$이면 H_0를 기각한다.

여기서 $t_{n-1}(\alpha)$는 자유도 $n-1$인 t 분포를 따르는 확률변수 T에 대해 $P(T \geq t_{n-1}(\alpha)) = \alpha$를 만족하는 값이다.

Python에서는 `stats.ttest()` 함수를 이용하여 t-검정을 수행한다.

예제 7.2.1 암컷 원숭이의 몸무게를 조사한 자료(단위: kg)

원숭이 몸무게는 정규분포를 따른다고 한다.

8.30 9.50 9.60 8.75 8.40 9.10 8.15 8.80

(1) 암컷 원숭이의 평균 몸무게가 8.5 kg이라고 할 수 있는지 검정하고자 한다.

1) 통계적 가설

$$H_0 : \mu = 8.5\text{에 대해 } H_1 : \mu \neq 8.5$$

2) `stats.ttest_1samp()`를 이용한 일집단 양측 t-검정(one sample t-test)

IN
```
x = np.array([8.30, 9.50, 9.60, 8.75, 8.40, 9.10, 8.15,
              8.80])
print(np.mean(x))
stats.ttest_1samp(x, 8.5)
```

OUT
```
8.825000000000001
Ttest_1sampResult(statistic = 1.6986364689534246, pvalue =
                  0.13319262723588568)
```

IN
```
mean_x = sp.mean(x)
n = len(x)
s = sp.sqrt(sp.var(x, ddof = 1)/n)
stats.t.interval(alpha = 0.95, df = n-1, loc = mean_x, scale =
                 s) # 95% CI
```

OUT
```
(8.372576602984484, 9.277423397015518)
```

3) 결론

검정통계량 $t = 1.699$, p-값$= 0.1332 > \alpha = 0.05$으로 H_0를 기각하지 못한다. 유의수준 5%에서 암컷 원숭이의 평균 몸무게가 8.5 kg이 아니라고 할 수 있는 통계적 근거가 없다. 모평균 추정값은 8.825이고 모평균에 대한 95% 신뢰구간은 (8.372577, 9.277423)이다.

(2) 암컷 원숭이의 평균 몸무게가 8.5 kg 이하라고 할 수 있는지 검정하고자 한다.

1) 통계적 가설

$$H_0 : \mu \le 8.5 \text{에 대해 } H_1 : \mu > 8.5$$

2) stats.ttest_1samp()를 이용한 일집단 단측 t-검정:

양측 t-검정에서 구한 t-통계량값이며 대립가설이 $H_1 : \mu > \mu_0$ 형태이면

$$\frac{\text{양측 } t\text{-검정에서 구한 } p\text{-값}}{2}$$

으로 한다.

IN
```
x = np.array([8.30, 9.50, 9.60, 8.75, 8.40, 9.10, 8.15,
              8.80])
stats.ttest_1samp(x, 8.5)
```

OUT
```
Ttest_1sampResult(statistic = 1.6986364689534246, pvalue =
                  0.13319262723588568)
```

3) 결론

검정통계량 $t = 1.699$, p-값$= 0.1332/2 = 0.0666 > \alpha = 0.05$이므로 H_0를 기각하지 못한다. 유의수준 5%에서 암컷 원숭이의 평균 몸무게가 8.5 kg보다 크다고 할 수 있는 통계적 근거가 없다.

(3) 암컷 원숭이의 평균 몸무게가 8.5 kg 이상이라고 할 수 있는지 검정하고자 한다.

1) 통계적 가설

$$H_0 : \mu \ge 8.5 \text{에 대해 } H_1 : \mu < 8.5$$

2) `t.test()`를 이용한 일집단 단측 t-검정(one sample t-test)

양측 t-검정에서 구한 t-통계량값이며 대립가설이 $H_1 : \mu < \mu_0$ 형태이면

$$\left(1-\frac{\text{양측 } t\text{-검정에서 구한 } p\text{-값}}{2}\right)$$

으로 구한다.

3) 결론

검정통계량 $t=1.699$, p-값$=0.9334>\alpha=0.05$이므로 H_0를 기각하지 못한다. 유의수준 5%에서 암컷 원숭이의 평균 몸무게가 8.5 kg보다 작다고 할 수 있는 통계적 근거가 없다.

7.2.2 모분산 σ^2을 아는 경우

일변량 확률표본 $X_1, X_2, \cdots, X_n$이 서로 독립이며 평균 μ_0, 분산 σ^2인 정규분포 $N(\mu_0, \sigma^2)$를 따를 때, 확률표본 $X_1, \cdots, X_n$에 대해 특정한 모평균에 대한 가설검정을 하기 위한 검정통계량

$$Z=\frac{\overline{X}-\mu_0}{\sigma/\sqrt{n}} \tag{7.3}$$

은 H_0 하에서 표준정규분포를 따르며 모평균에 관한 가설들에 대해 검정법은 다음과 같다.

(1) $H_0: \mu=\mu_0$에 대해 $H_1: \mu \neq \mu_0$

유의수준 α에서 검정법은 $|Z| \geq z(\alpha/2)$이면 H_0를 기각한다.

(2) $H_0: \mu=\mu_0$에 대해 $H_1: \mu > \mu_0$

유의수준 α에서 검정법은 $Z \geq z(\alpha)$이면 H_0를 기각한다.

(3) $H_0: \mu=\mu_0$에 대해 $H: \mu < \mu_0$

유의수준 α에서 검정법은 $Z \leq -z(\alpha)$이면 H_0를 기각한다.

여기서 $z(\alpha)$는 표준정규분포 $N(0,1)$를 따르는 확률변수 Z에 대해 $P(Z \geq z(\alpha)) = \alpha$를 만족하는 값이다.

예제 7.2.2 암컷 원숭이의 몸무게를 조사한 자료(단위: kg, 모분산을 아는 경우)

원숭이 몸무게는 분산이 1.0인 정규분포를 따른다고 한다. 암컷 원숭이의 평균 몸무게가 8.5 kg이라고 할 수 있는지 검정하고자 한다.

8.30 9.50 9.60 8.75 8.40 9.10 8.15 8.80

(1) 통계적 가설

$$H_0 : \mu = 8.5 \text{에 대해 } H_1 : \mu \neq 8.5$$

(2) z-검정

z 통계량 구한 후 다음과 같이 p-값을 구한다.

$z > 0$일 경우, 양측검정에 대한 p-value= $2 \times P(Z \geq z) = 2[1 - P(Z > z)]$

$z \leq 0$일 경우, 양측검정에 대한 p-value= $2 \times P(Z \leq z)$

IN
```
x = np.array([8.30, 9.50, 9.60, 8.75, 8.40, 9.10, 8.15,
              8.80])
mean_x = sp.mean(x)
z = (mean_x-8.5 )/(1/sp.sqrt(n))
print(z)
p = stats.norm.cdf(loc = 0,scale = 1, x = z)
p_value = (1-p)*2          # p>0.5이므로
print(p_value)
```

OUT
```
0.9192388155425149
0.3579706726443266
```

(3) 결론

검정통계량 $z = 0.919$, p-값$= 0.3579 > \alpha = 0.05$이므로 H_0를 기각하지 못한다. 유의수준 5%에서 암컷 원숭이의 평균 몸무게가 8.5 kg이 아니라고 할 수 있는 통계적 근거가 없다.

7.3 이집단 t–검정

7.3.1 일변량 표본으로 소표본$(n<30)$에서 모분산 $\sigma_1^2=\sigma_2^2=\sigma^2$ 이며 σ^2을 모르는 경우

두 개의 모집단으로부터 서로 독립인 확률표본을 얻은 경우 모평균의 비교문제를 고려하고자 한다. 관련 모수와 추정통계량을 표 7.3과 같이 정리할 수 있다.

두 집단의 분산이 같으므로 합동분산추정량(pooled variance estimator)

$$S_p^2=\frac{(n_1-1)S_1^2+(n_2-1)S_2^2}{n_1+n_2-2} \tag{7.4}$$

을 사용한다. 검정통계량

$$t=\frac{(\overline{X_1}-\overline{X_2})-\delta_0}{s_p\sqrt{\frac{1}{n_1}+\frac{1}{n_2}}} \tag{7.5}$$

은 H_0 하에서 $t_{n_1+n_2-2}$ 분포를 따르며 두 집단 모평균에 관한 다음의 가설들에 대해 검정법은 다음과 같다.

표 7.3 두 개의 집단으로부터 얻어진 일변량의 표본 정보

	모집단 1	모집단 2
모평균	μ_1	μ_2
모분산	σ_1^2	σ_2^2
확률표본	$X_{11}, X_{12}, \ldots, X_{1n_1}$	$X_{21}, X_{22}, \ldots, X_{2n_2}$
표본평균	$\overline{X_1}=\frac{\sum_{i=1}^{n_1}X_{1i}}{n_1}$	$\overline{X_2}=\frac{\sum_{i=1}^{n_2}X_{2i}}{n_2}$
표본분산	$S_1^2=\frac{\sum_{i=1}^{n_1}(X_{1i}-\overline{X_1})^2}{n_1-1}$	$S_2^2=\frac{\sum_{i=1}^{n_2}(X_{2i}-\overline{X_2})^2}{n_2-1}$

(1) $H_0: \mu_1-\mu_2=\delta_0$에 대해 $H_1: \mu_1-\mu_2\neq\delta_0$

유의수준 α에서 검정법은 $|t| \geq t_{n_1+n_2-2}(\alpha/2)$이면 H_0를 기각한다.

(2) $H_0 : \mu_1 - \mu_2 \leqq \delta_0$에 대해 $H_1 : \mu_1 - \mu_2 > \delta_0$

유의수준 α에서 검정법은 $t \geqq t_{n_1+n_2-2}(\alpha)$이면 H_0를 기각한다.

(3) $H_0 : \mu_1 - \mu_2 \geqq \delta_0$에 대해 $H_1 : \mu_1 - \mu_2 < \delta_0$

유의수준 α에서 검정법은 $t \leqq -t_{n_1+n_2-2}(\alpha)$이면 H_0를 기각한다.

$\mu_1 - \mu_2 = \delta$에 대한 $100(1-\alpha)\%$ 신뢰구간은

$$\left[\overline{X_1} - \overline{X_2} \pm t_{n_1+n_2-2}(\alpha/2) \times S_p \sqrt{\frac{1}{n_1} + \frac{1}{n_2}} \right] \tag{7.6}$$

이다.

7.3.2 일변량 표본으로 소표본($n < 30$)에서 모분산을 모르며 $\sigma_1^2 \neq \sigma_2^2$인 경우

검정통계량

$$t = \frac{\overline{X_1} - \overline{X_2} - \delta_0}{\sqrt{\dfrac{s_1^2}{n_1} + \dfrac{s_2^2}{n_2}}} \tag{7.7}$$

은 H_0 하에서 Satterthwaite 근사에 의해 자유도

$$df = \frac{\left[\dfrac{S_1^2}{n_1} + \dfrac{S_2^2}{n_2} \right]^2}{\dfrac{\{S_1^2/n_1\}^2}{n_1 - 1} + \dfrac{\{S_2^2/n_2\}^2}{n_2 - 1}}. \tag{7.8}$$

인 t_{df} 분포를 따르며 두 집단 모평균에 관한 다음의 가설들에 대해 검정법은 다음과 같다.

(1) $H_0 : \mu_1 - \mu_2 = \delta_0$에 대해 $H_1 : \mu_1 - \mu_2 \neq \delta_0$

유의수준 α에서 검정법은 $|t| \geqq t_{df}(\alpha/2)$이면 H_0를 기각한다.

(2) $H_0 : \mu_1 - \mu_2 \leqq \delta_0$에 대해 $H_1 : \mu_1 - \mu_2 > \delta_0$

유의수준 α에서 검정법은 $t \geqq t_{df}(\alpha)$이면 H_0를 기각한다.

(3) $H_0 : \mu_1 - \mu_2 \geqq \delta_0$에 대해 $H_1 : \mu_1 - \mu_2 < \delta_0$

유의수준 α에서 검정법은 $t \leqq -t_{df}(\alpha)$이면 H_0를 기각한다.

$\mu_1 - \mu_2$에 대한 $100(1-\alpha)\%$ 신뢰구간은

$$\left[\overline{X_1} - \overline{X_2} \pm t_{df}(\alpha/2) \times \sqrt{\frac{S_1^2}{n_1} + \frac{S_2^2}{n_2}} \right] \tag{7.9}$$

이다.

예제 7.3.2(a) 지혈제 A와 B의 효과를 측정한 데이터

실험 참여자에게 같은 상처를 낸 후 지혈될 때까지의 시간을 측정하였으며, 모집단은 정규분포를 따른다고 한다. 지혈제 A와 B의 효과가 차이가 있는지 검정하고자 한다.

	지혈시간				
지혈제 A	1.1	2.3	4.3	2.2	5.3
지혈제 B	2.3	4.3	3.5		

(1) 두 집단의 분산이 같다고 가정할 경우 양측검정

1) $H_0 : \mu_1 - \mu_2 = 0$에 대해 $H_1 : \mu_1 - \mu_2 \neq 0$

2) 두 집단의 분산이 같을 경우 이집단 t-검정(two sample t-test)

IN
```
a = np.array([1.1, 2.3, 4.3, 2.2, 5.3])
b = np.array([2.3, 4.3, 3.5])
stats.ttest_ind(a, b, equal_var = True)
```

OUT
```
Ttest_indResult(statistic = -0.29560296705282707, pvalue =
                0.7774965102669648)
```

IN
```
mean_a = sp.mean(a)
mean_b = sp.mean(b)
s2_a = sp.var(a, ddof = 1)
s2_b = sp.var(b, ddof = 1)
na = len(a)
nb = len(b)
df2 = (na+nb-2)
s2_pool =((na-1)*s2_a + (nb-1)*s2_b )/df2
se_pool = sp.sqrt(s2_pool*(1/na + 1/nb))
# 95% CI
stats.t.interval(alpha = 0.95, df = df2, loc = mean_a -
                mean_b, scale = se_pool)
```

OUT
```
(-3.030714414364348, 2.3773810810310145)
```

3) 결론

검정통계량 $t=-0.295$, p-값$=0.7775>\alpha=0.05$이므로 H_0를 기각하지 못한다. 유의수준 5%에서 지혈제 A와 B의 효과가 차이가 난다고 할 수 있는 통계적 근거가 없다. 모평균 차 $\mu_A-\mu_B$에 대한 95% 신뢰구간은 (−3.030714 2.377381)이다.

(2) 두 집단의 분산이 다르다고 가정할 경우 양측검정

1) $H_0: \mu_1-\mu_2=0$에 대해 $H_1: \mu_1-\mu_2 \neq 0$

2) 두 집단의 분산이 다를 경우 이집단 t-검정

IN
```
result = stats.ttest_ind(a, b, equal_var = False)  # var
     unequal
      print(result)
s = sp.sqrt(s2_a/na + s2_b/nb)
stats.t.interval(alpha = 0.95, df = df2, loc = mean_a -
mean_b, scale = s) # 95% CI
```

OUT
```
Ttest_indResult(statistic = -0.3399500518250425, pvalue =
                    0.7455323834085559)
(-2.6779666090573992, 2.024633275724066)
```

3) 결론

검정통계량 $t=-0.340$, p-값$=0.7455>\alpha=0.05$이므로 H_0를 기각하지 못한다. 유의수준 5%에서 지혈제 A와 B의 효과가 차이가 난다고 할 수 있는 통계적 근거가 없다. 모평균 차 $\mu_A-\mu_B$에 대한 95% 신뢰구간은 (−2.678, 2.025)이다.

(3) 두 집단의 분산이 같다고 가정할 경우 단측검정 1

$$H_0: \mu_1 \leq \mu_2\text{에 대해 } H_1: \mu_1 > \mu_2$$

검정통계량 $t=-0.340<0$ 단측검정에 대한 p-value는 양측검정에 대한 (1- p-value)로 구한다. p-값$=0.255>\alpha=0.05$이므로 유의수준 5%에서 지혈제 A와 B의 효과가 차이가 난다고 할 수 있는 통계적 근거가 없다.

(4) 두 집단의 분산이 같다고 가정할 경우 단측검정 2

$$H_0: \mu_1 \geq \mu_2\text{에 대해 } H_1: \mu_1 < \mu_2$$

검정통계량 $t = -0.340 < 0$이므로 단측검정에 대한 p-value는 양측검정에 대한 (p-value/2)로 구한다. p-값$= 0.745/2 = 0.3725 > \alpha = 0.05$이므로 유의수준 5%에서 지혈제 A와 B의 효과가 차이가 난다고 할 수 있는 통계적 근거가 없다.

예제 7.3.2(b) 두 가지 배양법에 따라 호박잎의 질소 성분 함량을 측정한 데이터

데이터가 정규분포를 따른다고 가정하였을 때, 두 배양법 간에 질소성분함량평균 차이가 있는지 검정하고자 한다. 데이터는 method.csv 파일에 저장되어있다.

표 7.4 method.csv

method	x
1	19.1
1	32.8
1	27.6
1	25.9
1	28.5
2	17.0
2	16.4
2	16.8
2	15.3

(1) 통계적 가설

$H_0 : \mu_1 = \mu_2$에 대해 $H_1 : \mu_1 \neq \mu_2$

(2) 이집단 t-검정

IN
```
method_df = pd.read_csv("C:/데이터파일20/table7.4_method.csv")
print(method_df)
method_df.shape
```

OUT
```
   method     x
0       1  19.1
1       1  32.8
2       1  27.6
3       1  25.9
4       1  28.5
5       2  17.0
6       2  16.4
7       2  16.8
8       2  15.3
(9, 2)
```

그룹별 기초통계량을 구해보고자 한다.

IN
```
method_df.groupby(['method']).describe()
```

OUT

	x							
	count	mean	std	min	25%	50%	75%	max
method								
1	5.0	26.780	4.990691	19.1	25.900	27.6	28.50	32.8
2	4.0	16.375	0.758837	15.3	16.125	16.6	16.85	17.0

데이터프레임.loc() 함수를 이용하여 조건에 해당하는 행을 선택한다.

IN
```
x1 = method_df.loc[method_df['method'] == 1]["x"]
x2 = method_df.loc[method_df['method'] == 2]["x"]
print("x1:","\n", x1)
print("x2:","\n", x2)
```

OUT
```
x1:
0    19.1
1    32.8
2    27.6
3    25.9
4    28.5
Name: x, dtype: float64
x2:
5    17.0
6    16.4
7    16.8
8    15.3
Name: x, dtype: float64
```

두 집단의 분산이 같다고 할 경우에는 equal_var = True 옵션을 이용한다.
두 집단의 분산이 다르다고 할 경우에는 equal_var = False 옵션을 이용한다.

IN
```
stats.ttest_ind(x1, x2, equal_var = True)
```

OUT
```
Ttest_indResult(statistic = 4.076253525765535, pvalue =
                0.004711895738553825)
```

(3) 결론

검정통계량 $t = 4.076$, p-값$= 0.004712 < \alpha = 0.05$으로 H_0를 기각한다. 유의수준 5%에서 배양법1과 배양법2는 질소성분함유량에 유의한 차이가 있다.

7.4 이집단 분산비 F-검정

두 개 표본에서 모분산비(population variance ratio)에 대한 통계적 검정에 대해 알아보자. 모분산비 검정에 관심 있을 경우도 존재하며 예를 들어, 이 집단 t-검정을 할 경우, 두 집단의 분산 동일성 여부에 대한 검정을 한 후 t-검정통계량을 구하게 된다.

모집단1의 표본분산 S_1^2, 모집단2의 표본분산 S_2^2일 때, 모분산비 검정을 위한 검정통계량

$$F = \frac{S_1^2}{S_2^2} \tag{7.10}$$

는 H_0 하에서 $F(n_1 - 1, n_2 - 1)$ 분포를 따른다($S_1^2 > S_2^2$일 때).

모분산비에 관한 다음의 가설들에 대해 유의수준 α에서의 검정법은 다음과 같다.

(1) $H_0 : \sigma_1^2 = \sigma_2^2$에 대해 $H_1 : \sigma_1^2 \neq \sigma_2^2$

만일 $F \geqq F_{\alpha/2}(n_1 - 1, n_2 - 1)$ 또는 $F \leqq F_{1-\alpha/2}(n_1 - 1, n_2 - 1)$이면 H_0를 기각한다.

(2) $H_0 : \sigma_1^2 \leqq \sigma_2^2$에 대해 $H_1 : \sigma_1^2 > \sigma_2^2$

만일 $F \geqq F_\alpha(n_1 - 1, n_2 - 1)$이면 H_0를 기각한다.

예제 7.4 [예제 7.3.2] 데이터에 대해 지혈제 A와 B의 분산이 동일한지 검정

(1) 통계적 가설

$H_0 : \sigma_A^2 = \sigma_B^2$에 대해 $H_1 : \sigma_A^2 \neq \sigma_B^2$

분산비로 바꾸어 사용하면

$$H_0 : \frac{\sigma_A^2}{\sigma_B^2} = 1\text{에 대해 } H_1 : \frac{\sigma_A^2}{\sigma_B^2} \neq 1$$

(2) 이집단 분산 동일성검정

IN
```
a = np.array([1.1, 2.3, 4.3, 2.2, 5.3])
b = np.array([2.3, 4.3, 3.5])

F = sp.var(a, ddof = 1)/sp.var(b, ddof = 1)
df1 = len(a)-1
df2 = len(b)-1
alpha = 0.05 #Or whatever you want your alpha to be.
p_value = 2*(1-sp.stats.f.cdf(F, df1, df2) )  # for two-sided
print('F =' , F,'p-value = ', p_value)

if (p_value<0.05):
    print('Reject H0', p_value)
else:
    print('Cant Reject H0', p_value)
```

OUT
```
F = 2.8894736842105258 p-value = 0.5465404498283244
Cant Reject H0 0.5465404498283244
```

(3) 결론

검정통계량 $F = 2.8895$, p-값$= 0.5465 > \alpha = 0.05$이므로 H_0를 기각하지 못한다. 유의수준 5%에서 지혈제 A와 지혈제 B의 분산은 같다고 할 수 있다. 모분산비 σ_A^2/σ_B^2의 추정값은 2.8895이다.

7.5 짝지어진 표본에 대한 t−검정

각 개체에 대해 정규분포를 따르는 모집단으로부터 쌍(pair)으로 측정하여 확률표본 $(Y_{11}, Y_{21}), \ldots, (Y_{1n}, Y_{2n})$을 얻은 경우, 두 집단(처리)의 모평균이 같은지 검정하고자 한다. 관심 있는 가설은

$$H_0 : \mu_\delta = 0\text{에 대해 } H_1 : \mu_\delta \neq 0$$

로 표현할 수 있다. 표 7.5는 짝지어진 표본의 자료구조를 보여주며, 각 개체에 따른 효과를 제거하기 위하여 각 개체에 대해 관측값의 차이를 구하여 이용한다.

표 7.5 짝지어진 표본의 자료구조

쌍	처리 1	처리 2	차이
1	Y_{11}	Y_{21}	$d_1 = Y_{11} - Y_{21}$
2	Y_{12}	Y_{22}	$d_2 = Y_{12} - Y_{22}$
.	.	.	.
.	.	.	.
.	.	.	.
n	Y_{1n}	Y_{2n}	$d_n = Y_{1n} - Y_{2n}$

여기서 $d_1, d_2, \cdots, d_n \sim iid \;\; N(\delta, \sigma_\delta^2)$이 되며 차이에 대한 평균과 분산의 추정량은 각각

$$\bar{d} = \frac{\sum_{i=1}^{n} d_i}{n}, \quad S_d^2 = \frac{\sum_{i=1}^{n} (d_i - \bar{d})^2}{n-1} \tag{7.11}$$

검정통계량

$$t = \frac{\bar{d} - \delta_0}{S_d / \sqrt{n}} \tag{7.12}$$

은 H_0 하에서 t_{n-1} 분포를 따른다.

모평균 차이에 관한 다음의 가설들에 대해 유의수준 α에서의 검정법은 다음과 같다.

(1) $H_0 : \delta = \delta_0$에 대해 $H_1 : \delta \neq \delta_0$

유의수준 α에서 검정법은 $|t| \geqq t_{n-1}(\alpha/2)$이면 H_0를 기각한다.

(2) $H_0 : \delta \leqq \delta_0$에 대해 $H_1 : \delta > \delta_0$

유의수준 α에서 검정법은 $t \geqq t_{n-1}(\alpha)$이면 H_0를 기각한다.

(3) $H_0 : \delta \geqq \delta_0$에 대해 $H_1 : \delta < \delta_0$

유의수준 α에서 검정법은 $t \leqq -t_{n-1}(\alpha)$이면 H_0를 기각한다.

예제 7.5 A 대학의 학생 10명을 대상으로 학습법 강좌 수강 전후의 B 과목 시험 점수를 기록한 데이터

$$H_0 :$$ 강좌 수강 전후 점수 차이가 없다.

에 대해

$$H_1 :$$ 강좌 수강 전후 점수 차이가 있다.

표 7.6 강좌 수강 전후의 시험 점수

시험	점수									
pre test	77	56	64	60	58	72	67	78	67	79
post test	99	80	78	65	59	67	65	85	74	80

(1) $H_0 : \mu_\delta = 0$에 대해 $H_1 : \mu_\delta \neq 0$

(2) 짝지어진 집단에 대한 t-검정(paired t-test)

IN
```
pre = np.array([77, 56, 64, 60, 58, 72, 67, 78, 67, 79])
post = np.array([99, 80, 78, 65, 59, 67, 65, 85, 74, 80])
diff = post-pre
stats.ttest_1samp(diff, 0)
```

OUT
```
Ttest_1sampResult(statistic = 2.3905542320094115, pvalue =
                  0.040520555728096784)
```

(3) 결론

검정통계량 $t = 2.390$, p-값$= 0.04052 < 0.05$이므로 유의수준 $\alpha = 0.05$에서 H_0를 기각한다. 즉 강좌 수강 전후 점수 차이가 유의하므로 강좌 효과가 유의하다.

7.6 일집단 모비율에 대한 검정

한 집단에 대해 어떤 사건에 대해 특정한 모비율 p_0를 갖는다고 할 수 있는지에 대한 검정을 하고자 한다. n개에 대해 조사결과 x개가 특정성향을 갖는다고 하자. 표본비율은 $\hat{p} = x/n$으로 추정한다.

검정통계량

$$Z = \frac{\hat{p} - p_0}{\sqrt{p_0(1-p_0)/n}} \tag{7.13}$$

은 귀무가설하에서 근사적으로 표준정규분포를 따른다. 모비율 값 p_0에 관한 다음의 가설들에 대해 유의수준 α에서 검정법은 다음과 같다.

(1) $H_0 : p = p_0$에 대해 $H_1 : p \neq p_0$

유의수준 α에서 검정법은 $|Z| \geq z(\alpha/2)$이면 H_0를 기각한다.

(2) $H_0 : p \leqq p_0$에 대해 $H_1 : p > p_0$

유의수준 α에서 검정법은 $Z \geq z(\alpha)$이면 H_0를 기각한다.

(3) $H_0 : p \geqq p_0$에 대해 $H_1 : p < p_0$

유의수준 α에서 검정법은 $Z \leq -z(\alpha)$이면 H_0를 기각한다.

여기서 $z(\alpha)$는 표준정규분포 $N(0,1)$를 따르는 확률변수 Z에 대해 $P(Z \geq z(\alpha)) = \alpha$를 만족하는 값이다.

또한 Z^2은 근사적으로 χ_1^2 분포를 따른다. 그러므로 Z^2 통계량을 이용하여 모비율에 대한 카이제곱검정을 할 수 있다.

예제 7.6 살충제 광고의 신뢰성에 대한 유의성검정

A 살충제는 한 번 살포에 85% 살충 효과가 있다고 광고한다. 150마리 모기에게 A 살충제를 살포하였더니 110마리가 죽었다. A 살충제의 광고가 믿을만한지 유의성 검정을 하고자 한다.

(1) 양측 대립가설인 경우

1) 통계적 가설

$$H_0 : p = 0.85\text{에 대해 } H_1 : p \neq 0.85$$

2) 일집단 모비율검정

IN
```
from statsmodels.stats.proportion import proportions_ztest
count = 110
nobs = 150
```

```
value = 0.85  # under null
prop = count/nobs
stat, pval = proportions_ztest(count, nobs, value)
print(prop)
print('z-stat =' , stat, 'p-value =', pval)

print('{0:0.5f}'.format(stat))   # float
print('{0:0.3f}'.format(pval))
```

OUT
```
0.7333333333333333
z-stat = -3.2311516382074847 p-value = 0.0012329251183447925

-3.23115
0.001
```

3) 결론

검정통계량 $z=-3.231$, p-값$=0.00123<0.05$이므로 유의수준 $\alpha=0.05$에서 H_0를 기각한다. 즉 살충 효과가 85%가 아니라는 통계적 근거가 있다. 표본 비율은 0.733으로 모비율을 추정한다.

(2) 단측 대립가설인 경우

1) 통계적 가설

$$H_0 \;:\; p \geqq 0.85 \text{에 대해 } H_1 \;: p<0.85$$

2) 일집단 모비율검정

양측검정에 대한 p-값$=P(|Z|>3.231)=2\times P(Z<-3.231)=2\times(0.00123/2)=0.00123$이다. 단측검정에 대한 p-값$=P(Z<-3.231)=(0.00123/2)=0.000615$으로 구한다. 검정통계량 $z=-3.231$으로 부호는 $(-)$이므로 (양측검정에 대한 p-value/2)로 구한다.

3) 결론

검정통계량 $z=-3.231$, p-값$=0.00123/2=0.000615<0.05$이므로 유의수준 $\alpha=0.05$에서 H_0를 기각한다. 즉 살충 효과가 85%보다 작다는 통계적 근거가 있다.

(3) 단측 대립가설인 경우

1) 통계적 가설

$$H_0 \ : \ p \leqq 0.85 \text{에 대해 } H_1 \ : p > 0.85$$

2) 일집단 모비율검정

양측검정에 대한 p-값$= P(|Z| > 3.231) = 2 \times P(Z < -3.231) = 2 \times (0.00123/2) = 00.00123$이다. 단측검정에 대한 p-값$=p$-값$= P(Z > -3.231) = 1 - 0.000615 = 0.999385$으로 구한다. 검정통계량의 부호는 $(-)$이므로(1-양측검정에 대한 p-value/2)로 구한다.

3) 결론

검정통계량 $z = -3.231$, p-값$= 0.99 > 0.05$이므로 유의수준 $\alpha = 0.05$에서 H_0를 기각하지 못한다. 즉 살충 효과가 85%보다 작다는 통계적 근거가 있다.

7.7 이집단 모비율에 대한 검정

두 집단에서 어떤 사건에 대한 비율이 같다고 할 수 있는지에 대한 검정을 하고자 한다. 집단1에서 n_1명 중 x_1명이 '성공'이고, 집단2에서는 n_2명 중 x_2명이 '성공'이라고 한다. 두 집단에서 성공비율이 같다고 할 수 있는지 검정하고자 한다. 여기서 '성공'은 관심 사건이 발생한 경우를 의미한다.

검정통계량

$$Z = \frac{\hat{p_1} - \hat{p_2}}{\sqrt{\hat{p}(1-\hat{p})\left(\frac{1}{n_1} + \frac{1}{n_2}\right)}} \tag{7.14}$$

여기서 $\hat{p_1} = \frac{x_1}{n_1}$, $\hat{p_2} = \frac{x_2}{n_2}$ 그리고 $\hat{p} = \frac{x_1 + x_2}{n_1 + n_2}$은 H_0 하에서 모비율 추정량이다.

검정통계량 Z는 귀무가설하에서 근사적으로 표준정규분포를 따른다. 모비율 차에 관한 다음의 가설들에 대해 유의수준 α에서 검정법은 다음과 같다.

(1) $H_0 \ : \ p_1 = p_2$에 대해 $H_1 : p_1 \neq p_2$ (양측검정: two-sided test)

유의수준 α에서 검정법은 $|Z| \geq z(\alpha/2)$이면 H_0를 기각한다.

(2) $H_0 \ : \ p_1 \leqq p_2$에 대해 $H_1 : p_1 > p_2$ (단측검정: one-sided test)

유의수준 α에서 검정법은 $Z \geq z(\alpha)$이면 H_0를 기각한다.

(3) $H_0 \ : \ p_1 \geqq p_2$에 대해 $H_1 : p_1 < p_2$

유의수준 α에서 검정법은 $Z \leq -z(\alpha)$이면 H_0를 기각한다.

여기서 $z(\alpha)$는 표준정규분포 $N(0,1)$를 따르는 확률변수 Z에 대해 $P(Z \geq z(\alpha)) = \alpha$를 만족하는 값이다.

또한 $Z^2 \sim \chi_1^2$이므로 근사적인 카이제곱검정을 할 수 있으며 Python에서는 `proportions_ztest()` 함수를 이용하여 모비율에 대한 정규성검정을 할 수 있다.

예제 7.7 A 도시와 B 도시의 D 후보 지지 비율이 같다고 할 수 있는지 통계적 검정 실시

A 도시에서는 300명 중 100명이, B 도시에서는 400명 중 170명이 D 후보를 지지한다고 조사되었다.

(1) 통계적 가설

$$H_0 \ : \ p_1 = p_2 \text{에 대해 } H_1 \ : p_1 \neq p_2$$

(2) 이집단 모비율검정

IN
```
from statsmodels.stats.proportion import proportions_ztest

count = np.array([100, 170])
nobs = np.array([300, 400])
prop = count/nobs

stat, pval = proportions_ztest(count, nobs)
print(prop)
print('z-stat =' , stat, 'p-value =', pval)

print(f"stat  : {stat: .5f}, p_value: {pval: .5f}")   # float
number
```

OUT
```
[0.333 0.425]
z-stat = -2.4656701201792273 p-value = 0.013675721698622408
stat  : -2.46567, p_value:  0.01368
```

(3) 결론

검정통계량 $z = -2.465$, p-값$= 0.01698 < 0.05$으로 유의수준 $\alpha = 0.05$에서 H_0를 기각한다. 즉 A와 B 도시 간에 D 후보 지지율에 유의한 차이가 있다.

7장 | 연습문제

1 다음과 같이 10개의 전기기구의 수리시간에 대한 데이터를 얻었다. 전기기구를 고치는 데까지 걸리는 시간은 정규분포를 따른다고 할 수 있다(단위: 시간).

159 280 101 121 224 222 379 179 250 170

(a) 평균 수리시간이 225시간이라고 할 수 있는지 알고자 한다.
적절한 통계적 가설을 세우시오.
(b) 평균, 중앙값, 분산, 표준편차를 구하시오.
(c) 평균 수리시간에 대한 95% 신뢰구간을 구하시오.
(d) (a)에서 세운 가설에 대해 유의수준 $\alpha = 0.05$로 검정하고 결론을 쓰시오.
(e) 평균 수리시간에 대한 90% 신뢰구간을 구하시오.
(f) 수리시간 값에 log를 취한 변수 Y를 생성하시오.
(g) Y의 평균과 분산을 구하시오.

2 다음의 전구 수명 자료를 이용하시오.

25 16 44 62 36 58 38

(a) 평균 전구 수명을 구하시오.
(b) 전구 수명 분산을 구하시오.
(c) 전구 수명 표준편차를 구하시오.
(d) 상자그림을 그리시오.
(e) 몇 개의 옵션을 추가하여 상자그림을 그리시오.

3 두 종류 기계로 플라스틱 병에 주스를 500 ml 채우는 작업을 하고자 한다. 주스 양은 정규분포를 따른다고 가정할 수 있다고 한다.

기계 A : 501, 502, 495, 498, 499, 506
기계 B : 508, 510, 503, 504, 500, 504, 505

(a) 두 기계의 분산이 다르다고(대립가설) 할 수 있는지 유의수준 5%에서 F-검정하시오.

(b) (a) 결과를 참고하여 두 기계의 평균이 같다고(귀무가설) 할 수 있는지 검정하기 위한 적절한 통계적 가설을 세우고 유의수준 5%에서 검정하시오.

(c) 기계별로 평균, 중앙값, 분산, 표준편차를 구하시오.

4 G 제약회사에서 다이어트약의 효과가 있는지(대립가설) 알아보고자 랜덤 추출한 10명의 사람을 대상으로 약 투여 전후의 체중을 조사하였다. 몸무게는 정규분포를 따른다고 할 수 있다. 여기서 다이어트의 효과는 체중 감량을 의미한다.

표 7.7 다이어트 약의 효과 데이터

표본 번호	약 투여 전	약 투여 후	차이
1	55	54	
2	60	55	
3	70	64	
4	75	73	
5	66	61	
6	78	70	
7	80	76	
8	83	65	
9	88	78	
10	73	72	
표본평균			
표본분산			
표본표준편차			

(a) 표 7.7의 빈 칸을 채우시오.

(b) 약의 효과가 있다고(약 투여 후 체중 감소) 할 수 있는지 검정통계량, p-값을 구하여 유의수준 5%에서 가설검정하시오.

5 12명의 학생이 각각 두 군데에 위치한 단어를 찾는 데 걸리는 시간을 조사하여 표 7.8을 얻었다. 각 변수는 정규분포를 따른다고 할 수 있다.

(a) X_1, X_2 각 변수에 대해 평균, 분산, 표준편차를 구하시오.

(b) $H_0 : \mu_{X_1} = 30$에 대해 $H_1 : \mu_{X_1} \neq 30$ 유의수준 5%에서 검정하시오.

(c) $H_0 : \mu_{X_2} = 25$에 대해 $H_1 : \mu_{X_2} \neq 25$ 유의수준 5%에서 검정하시오.

표 7.8 학생들이 두 군데 단어를 찾는 데 걸린 시간

학생번호	X_1	X_2	학생번호	X_1	X_2
1	51	36	7	41	22
2	27	20	8	38	21
3	37	22	9	36	23
4	42	36	10	26	31
5	27	18	11	29	20
6	43	32	12	35	30

6 지난 달 B 정당의 지지도는 50%이었다. 이번 달에 여론 조사 결과 300명 중 120명이 B 정당을 지지한다고 하였다.

(a) B 정당의 지지도가 지난달의 수준을 유지하고 있다고 할 수 있는지 유의수준 5%에서 유의성검정을 하시오.

(b) B 정당의 지지도가 지난달의 수준보다 떨어졌다고 할 수 있는지 유의수준 5%에서 유의성검정을 하시오.

7 P 보험회사에서 지난 2년간 A, B 두 생명보험에 대해 계약 해지 비율을 조사하였다. A, B 두 생명보험에 대해 계약 해지 비율이 같다고(귀무가설) 할 수 있는지 유의수준 5%에서 통계적 검정을 하시오.

	총 계약자 수	계약 해지자 수
A	3500	500
B	2800	200

8 K 음료의 선호도는 20%로 알려져 있다. 칼슘을 보충하여 출시된 K 음료의 선호도를 조사하였더니 200명 중 50명이 선호한다고 답하였다. K 음료 선호도에 변화가 있다고 할 수 있는지 유의수준 5%에서 통계적 검정을 하시오.

9 지난 한 달간 A, B 두 도시에서 지하철 이용비율을 조사하였다. B 도시에서 지하철 이용 비율이 높다고 할 수 있는지 유의수준 5%에서 통계적 검정을 하시오.

	출근자 수	지하철 이용 출근자 수
A	5500	2000
B	3000	

10 정상인 여자 어른 10명과 빈혈이 있는 여자 어른 12명의 plasma hemoglobin 수치(단위: g/dl)를 조사하여 얻은 데이터이다. 데이터는 정규분포를 따른다고 한다.

	hemoglobin 수치											
정상군	14	15	16	13	12	17	15	13	16	13		
빈혈군	8	11	9	8	10	11	7	9	6	8	7	10

(a) 정상군의 평균과 표준편차를 구하시오.

(b) 빈혈군의 평균과 표준편차를 구하시오.

(c) 정상군과 빈혈군 간 헤모글로빈 평균에 대한 차이가 있다고 할 수 있는지 유의수준 5%에서 검정하시오.

11 심장질환으로 고생하는 환자 중에서 두 그룹으로 나누어 서로 다른 치료방법을 사용하였다. 그룹1에는 방사선치료를, 그룹2는 외과수술을 실시한 후 일정기간의 치료 후에 심장박동수를 측정하고 정상인과 비교한 심장박동비율을 조사하여 다음의 결과를 얻었다. 두 그룹 간의 심장박동비율에 차이가 있는지 유의수준 5%에서 t-검정하시오.

그룹	심장박동비율					
그룹1	67	79	57	66	71	78
그룹2	42	61	64	76	45	58

12 9명의 백혈병 환자들을 대상으로 새로운 혈청이 생존연수를 얼마나 증가시키는가를 조사한 데이터이다. 혈청주입 여부에 따라 생존연수 간에 차이가 있는지 유의수준 5%에서 t-검정하시오.

혈청주입한 경우	혈청주입하지 않은 경우
2.1	1.9
5.0	0.5
1.4	2.8
4.6	3.1
3.0	2.7
4.3	1.8
3.2	

13 두 음료 A, B에 대하여 시음하게 한 후 맛을 점수화 한 데이터이다. 두 음료의 맛에 차이가 있다고 할 수 있는지 유의수준 5%에서 검정하시오. 데이터는 정규분포를 따른다고 가정할 수 있다.

시음자	1	2	3	4	5	6	7	8
A	90	88	78	65	78	60	89	73
B	80	78	75	69	73	62	79	70

14 다음은 기존 자외선 차단 로션과 새로 개발한 자외선 차단 로션 E, F에 대하여 효과 차이가 있는지 알아보고자 한다. 8명의 여성에게 왼쪽 팔에는 E 로션을, 오른쪽 팔에는 F 로션을 바르고 일정 시간 지난 후 피부가 그을린 정도를 측정하여 데이터를 얻었다. 두 로션 간의 차이가 있다고 할 수 있는지 유의수준 5%에서 검정하시오. 데이터는 정규분포를 따른다고 가정할 수 있다.

	1	2	3	4	5	6	7	8
E (왼쪽 팔)	80	88	78	65	78	60	89	73
F (오른쪽 팔)	70	78	75	69	73	62	79	70

8장

카이제곱검정

PYTHON

8.1 카이제곱 독립성검정

이산형 또는 범주형 데이터에 대해서는 표의 형태로 자료를 정리함으로써 분포에 대한 정보를 얻을 수 있다. 두 개의 변수에 대해 다항반응인 경우 이원 교차표(two-way contingency table)로 정리해보고 또한 두 개의 범주형 변수 간에 관련성에 대해 알아보고자 한다. 이런 통계표로부터 독립성검정에는 행범주 간 열범주의 비율을 비교하는 문제가 된다. 이러한 범주형 변수가 세 개 이상일 경우에는 로그선형 또는 로지스틱 회귀모형 등을 통해 관련성을 파악해야 한다.

두 변수 간의 독립성 여부에 대한 검정을 하고자 할 때 카이제곱검정(chi-square test)을 한다. 카이제곱 독립성검정에 대한 통계적 가설은 다음과 같다.

$$H_0 \ : \text{2개 범주형 변수 간 독립이다.}$$

에 대해

$$H_1 \ : \text{2개 범주형 변수 간 독립이 아니다.}$$

다음과 같이 행의 범주가 r개 있는 행변수와 열범주가 c개 있는 열변수의 두 개 범주형 변수에 대해 관측도수 O_{ij}가 관측되었다고 하자.

		열변수 Y					
		1	$\cdots$	j	$\cdots$	c	합
행변수 X	1	O_{11}	$\cdots$	O_{1j}	$\cdots$	O_{1c}	O_{1+}
	$\vdots$	$\vdots$		$\vdots$		$\vdots$	
	i	O_{i1}	$\cdots$	O_{ij}	$\cdots$	O_{ic}	O_{i+}
	$\vdots$	$\vdots$		$\vdots$		$\vdots$	
	r	O_{r1}	$\cdots$	O_{rj}	$\cdots$	O_{rc}	O_{r+}
	합	O_{+1}	$\cdots$	O_{+j}	$\cdots$	O_{+c}	N

여기서 $O_{i+} = \sum_{j=1}^{c} O_{ij}$, $O_{+j} = \sum_{i=1}^{r} O_{ij}$이다.

(X, Y)가 (i,j)번째 범주에 속할 확률을 p_{ij}, X가 i번째 범주에 속할 확률을 p_{i+}, Y가 j번째 범주에 속할 확률을 p_{+j}라 하자. 카이제곱 독립성검정을 위한 통계적 가설을 확률로 표현하면 다음과 같이 나타낼 수 있다.

$$H_0 : p_{ij} = p_{i+} \cdot p_{+j} \text{에 대해 } H_1 : \text{not } H_0$$

즉 귀무가설은 X와 Y가 독립임을 나타낸다.

각 범주에서 귀무가설이 참일 때 기대빈도수 E_{ij}를 구해보자. 귀무가설이 참이면, 즉 두 변수가 서로 독립이면 각 범주에 대해

$$p_{ij} = p_{i+} \cdot p_{+j} \tag{8.1}$$

이 성립한다. 그러므로 (i,j)번째 범주에서 기대도수는

$$Np_{ij} = Np_{i+} \cdot p_{+j} \tag{8.2}$$

(i,j)번째 범주에서 관측도수 O_{ij}로부터 (i,j)번째 범주에 대한 기대빈도수는

$$E_{ij} = N \cdot \frac{O_{i+}}{N} \cdot \frac{O_{+j}}{N} = \frac{O_{i+}O_{+j}}{N} \tag{8.3}$$

으로 구한다.

행변수는 r개 범주, 열변수는 c개 범주를 가질 때 카이제곱검정통계량은

$$X^2 = \sum_{i=1}^{r}\sum_{j=1}^{c}\frac{(O_{ij}-E_{ij})^2}{E_{ij}}$$
$$\text{자유도 } df = (r-1)(c-1) \tag{8.4}$$

여기서

O_{ij}는 행변수 i번째, 열변수 j번째 범주에서 관측도수,
E_{ij}는 귀무가설이 사실일 때 행변수 i번째, 열변수 j번째 범주에서 기대도수.

귀무가설하에서 X^2은 근사적으로 자유도가 df인 카이제곱분포를 따른다.

유의수준 α에서 기각값(critical value)이 주어진 경우 검정법은 $X^2 \geq \chi^2_{df}(\alpha)$이면 H_0를 기각한다. 여기서 $\chi^2_{df}(\alpha)$는 자유도 df인 카이제곱분포를 따르는 확률변수 X^2에 대해$P(X^2 \geq \chi^2_{df}(\alpha)) = \alpha$을 만족하는 값이다.

참고로 카이제곱검정에서 소표본 기대도수를 가질 경우 검정통계량의 근사 분포의 유효성 문제가 다음과 같이 제기된다.

- $k=2$, $df=1$일 때 각 칸의 기대도수가 5 이상이어야 카이제곱검정이 유효하다.
- $k>2$, $df>1$일 때 전체 칸의 20% 이상이 기대도수 5 이하를 갖는다면 카이제곱검정이 유효하지 않다.

8.1.1 데이터가 빈도표로 주어진 경우

예제 8.1.1 이원분할표로 주어진 경우 두 변수 간 독립성검정

표 8.1과 같이 이원분할표로 주어진 경우 두 변수 간 독립성에 대해 알아보고자 한다. 표 8.1 데이터에 대해 고등학교 졸업 여부와 수입 관련이 있는지 카이제곱검정하고자 한다. stats.chi2_contingency()를 이용한다.

표 8.1 고등학교 졸업 여부와 수입

	고등학교 졸업 여부	
	Yes	No
고수입(high income)	54	45
저수입(low income)	63	65

H_0 : 고등학교 졸업 여부와 수입은 서로 독립이다(관련 없다).

에 대해

H_1 : 고등학교 졸업 여부와 수입은 서로 독립이 아니다(관련 있다).

IN
```
obs = np.array([[54,45], [63,65]])
sp.stats.chi2_contingency(obs)
```

OUT
```
(0.4388354133678475, 0.5076850879394676, 1,
   array([[51.026, 47.974],
          [65.974, 62.026]]))
```

귀무가설하에서 기대도수를 결과 array에서 보여준다. 카이제곱검정 결과 통계량 값은 0.4388이고 p-값$=0.5077>\alpha=0.05$이므로 유의수준 5%하에서는 귀무가설을 기각하지 못한다. 그러므로 고등학교 졸업 여부와 수입은 서로 독립이라고 할 수 있다.

카이제곱검정에 대한 검정통계량, p-값, 자유도, 귀무가설하에서 기대도수를 각 객체로 저장하고자 할 때 다음과 같다. 연속성 보정 여부를 옵션으로 선택할 수 있는데 디폴트는 correction = True이다.

```
g, p, dof, expctd = sp.stats.chi2_contingency(obs,
correction = False)
print(g,p, dof,expctd)

g, p, dof, expctd = sp.stats.chi2_contingency(obs,
correction = True)
print(g,p, dof,expctd)
```

```
0.6341758383661797 0.42582771346019044 1
[[51.026 47.974]
 [65.974 62.026]]

0.4388354133678475 0.5076850879394676 1
[[51.026 47.974]
 [65.974 62.026]]
```

또한 로그우도함수를 이용한 카이제곱검정을 하고자 할 경우 옵션 lambda_= "log-likelihood"을 쓴다. 이에 대한 검정통계량, p-값, 자유도, 귀무가설하에서 기대도수를 각 객체로 저장하고자 할 때 다음과 같다.

```
g, p, dof, expctd = sp.stats.chi2_contingency(obs, lambda_ =
                    "log-likelihood")
print(g,p, dof,expctd)
```

```
0.4390893786184531 0.5075623012649697 1
[[51.026 47.974]
 [65.974 62.026]]
```

8.1.2 데이터가 개체에 대한 정보로 주어진 경우

이번에는 각 개체에 대한 조사 데이터에 대해 카이제곱검정을 하고자 한다.

예제 8.1.2(a) A 학과 지원생에 대한 성별과 입학 여부 데이터

성별과 입학 여부 간에 관계가 있다고 할 수 있는지 유의수준 $\alpha = 0.05$에서 카이제곱검정을 하고자 한다.

표 8.2 성별과 입학 여부 데이터

학생번호	성별	입학 여부
1	M	Y
2	M	Y
3	M	Y
4	M	Y
5	M	N
6	M	Y
7	F	Y
8	F	Y
9	F	N
10	F	N
11	F	Y
12	M	Y

IN
```
df = pd.read_csv("C:/데이터파일20/table8.2_admit.csv")
print(df)
df.shape
```

OUT
```
      id  gender    admit
0      1       M        Y
1      2       M        Y
2      3       M        Y
3      4       M        Y
4      5       M        N
5      6       M        Y
6      7       F        Y
7      8       F        Y
8      9       F        N
9     10       F        N
10    11       F        Y
11    12       M        Y
(12, 3)
```

IN
```
df_tab = pd.crosstab(index = df["admit"],     # Make a crosstab
                     columns = df["gender"]) # Name the count
                     column
df_tab
```

OUT

gender	F	M
admit		
N	2	1
Y	3	6

IN
```
sp.stats.chi2_contingency(df_tab)
```

OUT
```
(0.11428571428571428, 0.7353166906373405, 1, array([[1.25,
1.75], [3.75, 5.25]]))
```

검정통계량 $\chi^2 = 0.1143$, 자유도 $= 1$, p-값 $= 0.7353 > \alpha = 0.05$이므로 유의수준 5%에서 귀무가설을 기각하지 못한다. 즉 입학 여부와 성별은 관련성이 유의하지 않다.

예제 8.1.2(b) A 회사 직장인을 대상으로 음주와 흡연에 대해 조사한 데이터

음주 빈도와 흡연 빈도가 서로 관련 있다고 할 수 있는지 검정하고자 한다. 빈도 수준 변수로 1은 매일 또는 매우 자주, 5는 전혀 이용하지 않음을 나타낸다.

표 8.3 음주와 흡연 빈도 데이터

	흡연 빈도 수준				
음주 빈도 수준	1	2	3	4	5
1	20	30	20	25	30
2	20	20	35	37	31
3	16	29	40	45	30
4	9	10	35	37	31
5	10	10	26	39	40

(1) 통계적 가설

H_0 : 흡연 빈도와 음주 빈도가 서로 독립이다.

에 대해 H_1 : 흡연 빈도와 음주 빈도가 서로 독립이 아니다.

IN
```
smoke = np.array([[20, 30, 20, 25, 30],
                  [20, 20, 35, 37, 31],
                  [16, 29, 40, 45, 30],
                  [ 9, 10, 35, 37, 31],
                  [10, 10, 26, 39, 40]])
sp.stats.chi2_contingency(smoke)
```

OUT
```
(36.92493522962568,
 0.0021486902756143325,
 16,
 array([[13.889, 18.333, 28.889, 33.889, 30.   ],
        [15.889, 20.973, 33.049, 38.769, 34.32],
        [17.778, 23.467, 36.978, 43.378, 38.4 ],
        [13.556, 17.893, 28.196, 33.076, 29.28],
        [13.889, 18.333, 28.889, 33.889, 30.   ]]))
```

(2) 결론

카이제곱검정통계량 $\chi^2 = 36.9249$, 자유도=16, p-값= $0.002149 < \alpha = 0.05$이므로 유의수준 5%에서 귀무가설을 기각한다. 즉 흡연 빈도와 음주 빈도는 관련성이 유의하다.

8.2 카이제곱 적합도검정

k개 범주가 있고 범주 번호를 $1,2,...,k$ 로 놓고 각 범주에 대한 확률을 $p_1,p_2,...,p_k$라고 할 때 $\sum_{i=1}^{k} p_i = 1$이다. 이때 범주를 선택하는 사건은 확률변수로 표현되고 n번 반복 사건에 대해 표로 정리할 수 있다. 각 범주에 속한 도수 $Y_1, Y_2, ..., Y_k$는 다항분포(multinomial distribution)를 따른다. 여기서 $\sum_{i=1}^{k} Y_i = n$이다.

$Y_1, Y_2, ..., Y_k$는 범주에 속하는 도수를 나타내는, 다항분포를 따르는 확률변수일 때 어떤 특정 확률분포를 따르는지에 대한 카이제곱 적합도검정(goodness-of-fit test)을 할 수 있다. 귀무가설하에서의 특정한 확률값을 π_i라고 놓는다. 관심가설은 다음과 같다.

$$H_0 : p_1 = \pi_1,\ p_2 = \pi_2,\ \cdots,\ p_k = \pi_k$$

에 대해

$$H_1 : \text{적어도 한 개의 } p_i \neq \pi_i,\ i = 1,...,k$$

카이제곱검정통계량은

$$X^2 = \sum_{i=1}^{k} \frac{(Y_i - n\pi_i)^2}{n\pi_i} = \sum_{i=1}^{k} \frac{(O_i - E_i)^2}{E_i} \tag{8.5}$$

$$자유도\ df = k-1$$

여기서

O_i는 i번째 범주에서 관측도수,

E_i는 귀무가설이 사실일 때 i번째 범주에서 기대도수.

귀무가설하에서 X^2은 근사적으로 자유도가 $k-1$인 카이제곱분포를 따른다.
유의수준 α에서 검정법은 $X^2 \ \geq \ \chi^2_{k-1}(\alpha)$이면 H_0를 기각한다.

이와 같은 카이제곱검정은 sp.stats.chisquare() 함수를 이용하여 수행한다.

예제 8.2(a) 알사탕 한 봉지의 사탕 개수

알사탕 100개가 들어있는 한 봉지에서 빨강(1), 노랑(2), 파랑(3), 초록색(4) 각각의 사탕 개수를 세어보니 30, 20, 27, 23이었다.

$$H_0 : p_1 = 0.25,\ p_2 = 0.25,\ p_3 = 0.25,\ p_4 = 0.25$$

에 대해

$$H_1 : 적어도\ 한\ 개의\ p_i \neq 0.25,\ i = 1, \ldots, 4$$

가설에 대한 카이제곱검정을 하고자 한다.

IN
```
p0 = np.array([0.25,0.25, 0.25, 0.25]) # under H0
n = 100
observed = [30,20,27,23]
expected = n*p0
sp.stats.chisquare(f_obs = observed,   # Array of observed counts
                   f_exp = expected)   # Array of expected counts
```

OUT
```
Power_divergenceResult(statistic = 2.3200, pvalue =
                       0.5087002695252654)
```

카이제곱검정통계량 $\chi^2 = 2.32$, 자유도 -3, p-값 $= 0.5087 > \alpha = 0.05$이므로 H_0를 기각하지 못하므로 유의하지 않다. 즉 네 가지 색깔의 분포는 균일분포를 따른다고 할 수 있다.

예제 8.2(b) 완두콩 교배에 대한 유전의 이론적 모형

유전학자 멘델은 완두콩 교배에 대한 유전의 이론적 모형으로서 잡종 비율을 A: B: C = 2: 3: 5라고 주장하였다. 실험으로 알아보고자 두 콩 종자의 교배로 나타난 100개의 콩을 조사하였더니 A형 20개, B형 38개, C형 42개였다. 이러한 관찰값을 얻었을 때 유전학자 멘델의 이론이 맞는다고 할 수 있는지 유의수준 $\alpha = 0.05$에서 검정하고자 한다. 즉 귀무가설과 대립가설은 다음과 같다.

$$H_0 : p_1 = 0.2,\ p_2 = 0.3,\ p_3 = 0.4\text{에 대해 } H_1 : not\ H_0$$

이와 같은 가설에 대한 카이제곱검정을 하고자 한다.

IN
```
p0 = np.array([0.2, 0.3, 0.5]) # under H0
observed = [20, 38, 42]
n = sp.sum(observed)
expected = n*p0
sp.stats.chisquare(f_obs = observed, f_exp = expected)
```

OUT
```
Power_divergenceResult(statistic = 3.4133, pvalue =
0.18146968451985804)
```

카이제곱검정통계량 $\chi^2 = 3.413$, 자유도 $= 3$, p-값 $= 0.1815 > \alpha = 0.05$이므로 H_0를 기각하지 못한다. 즉 멘델의 이론이 맞다고 할 수 있다.

예제 8.2(c) 성별에 따른 캐릭터 선호도

초등학생 1학년 남학생 100명과 여학생 200명을 무작위 추출하여 좋아하는 캐릭터를 조사하였다. 성별에 따른 캐릭터 선호도가 동일한지 유의수준 $\alpha = 0.05$에서 검정하고자 한다. 즉

H_0: 남학생과 여학생의 캐릭터 선호도가 동일하다.

에 대해

H_1 : 남학생과 여학생의 캐릭터 선호도가 동일하지 않다.

가설에 대한 카이제곱검정을 하고자 한다.

	뽀로로	둘리	펭수
남학생	30	20	50
여학생	80	50	70

IN

```python
from pandas import DataFrame

xm, xf = [30, 20, 50], [80, 50, 70]

xc = DataFrame([xm, xf], columns = ['bbororo', 'duli',
     'pengsu'], index = ['male', 'female'])
xc
```

OUT

	bbororo	duli	pengsu
male	30	20	50
female	80	50	70

IN

```python
from scipy.stats import chisquare

result = chisquare(xm, f_exp=xf)
result
```

OUT

```
Power_divergenceResult(statistic = 54.964285714285715,
pvalue = 1.1605316960707353e-12)
```

카이제곱검정통계량 $\chi^2 = 54.96$, 자유도 $= 3$, p-값 $= 0.000 > \alpha = 0.05$이므로 H_0를 기각한다. 즉 남학생과 여학생의 캐릭터 선호도가 동일하다고 할 수 없다.

IN

```python
import matplotlib.pyplot as plt
%matplotlib inline

ax = xc.plot(kind = 'bar', title = 'Number of Items',
             figsize =(8, 6))
ax.set_ylabel('value')
plt.grid(color = 'darkgray')
plt.show()
```

OUT

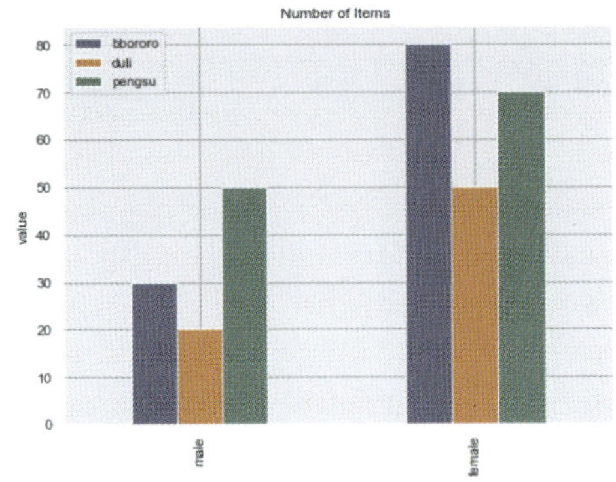

그림 8.1 초등학생 1학년 남학생과 여학생의 캐릭터 선호 막대 그래프

8장 | 연습문제

1 다음은 B 공대에 지원한 남녀 학생 수를 나타낸다.

Y	성별 (X)	
	남성	여성
승인	30	10
거절	30	10

(a) 입학 여부와 성별 간에 관계가 있다고 할 수 있는지 예측하시오.

(b) 입학 여부와 성별 간에 관계가 있다고 할 수 있는지 유의수준 0.05에서 검정하시오.

2 다음은 C 공대에 지원한 남녀 학생 수를 나타낸다.

Y	성별 (X)	
	남성	여성
승인	30	20
거절	30	10

(a) 입학 여부와 성별 간에 관계가 있다고 할 수 있는지 예측하시오.

(b) 입학 여부와 성별 간에 관계가 있다고 할 수 있는지 유의수준 0.05에서 검정하시오.

3 지난 1년 동안 A 학과의 학년별 학과행사 참석 여부를 조사한 데이터이다. 학년과 참석 여부가 서로 독립인지 유의수준 5%에서 검정하시오.

	1	2	3	4
참석	40	30	35	20
불참	20	30	45	40

4 주사위를 200번 던진 결과 1의 눈이 30번, 2가 20번, 3이 40번, 4는 10번, 5는 40번, 6이 60번 나왔다. 각 수가 나올 확률이 각각 1/6이라고 할 수 있는

지 유의수준 5%에서 카이제곱 적합도검정을 하시오.

5 2003년 미국 미시간 주에서 일어난 살인 사건 수를 요일별로 정리한 결과이다. 요일별 살인 사건 발생 확률이 같다고 할 수 있는지 유의수준 5%에서 검정하시오.

일요일	월요일	화요일	수요일	목요일	금요일	토요일
53	42	51	45	36	37	65

6 부모와 자녀의 안전벨트 착용 여부에 관해 조사한 데이터이다.

부모	자녀	
	안전벨트 착용	착용하지 않음
안전벨트 착용	6	10
착용하지 않음	5	20

(a) 부모의 안전벨트 착용 여부와 자녀의 안전벨트 착용 여부가 독립이라고 할 수 있는지 유의수준 0.05에서 검정하시오.

(b) 각 칸의 기대도수를 구하시오.

7 A과목 수강결과(Pass/Fail)로 주어졌다. 수강결과성적과 성별(Male/Female) 간에 관계가 있다고 할 수 있는지 유의수준 5%에서 카이제곱검정을 하시오.

학생번호	성별	수강결과
1	M	P
2	M	P
3	M	F
4	M	F
5	M	F
6	M	F
7	F	P
8	F	P
9	F	P
10	F	F
11	F	P
12	M	P
13	F	P
14	F	F

8 임의의 한국인 105명에서 대립유전형질 M과 N을 가지는 혈액형을 조사한 후 데이터를 얻었다. 유전자형 분포가 동일하다고 할 수 있는지 유의수준 5%에서 검정하시오.

유전자형	MM	MN	NN
관찰도수	20	55	30

9 성별과 양손을 사용하는 빈도 간의 관계가 있는지 알아보기 위해 조사하여 다음의 분할표를 얻었다.

	남	여
오른손 사용	27 (A)	18 (B)
왼손 사용	7 (C)	10 (D)

(a) (A), (B), (C), (D)에 전체 도수 중 차지하는 퍼센트를 계산하시오.

(b) (A), (B), (C), (D)에 카이제곱검정을 위한 기대도수를 계산하시오.

(c) 성별과 양손을 사용하는 빈도 간의 관계에 대한 유의수준 0.05에서 독립성검정을 하고 결론을 쓰시오.

10 대통령 선거 관련 여론조사 결과 빈도 데이터를 이용하여 대통령 후보와 이념성향이 독립인지 유의수준 5%에서 검정하시오.

		후보자	
		A	B
이념 성향	진보	115	395
	중도	169	221
	보수	225	125

11 여성 화장품 신제품 출시 후 일정량을 바르게 한 후 구매 여부에 대한 의견을 조사하여 정리한 데이터이다. 유의수준 5%에서 여성 나이대와 구매 여부에 대한 독립성검정을 하시오.

구매여부	여성 나이대		
	20대	30대	40대
안하겠다	24	20	50
고려하겠다	32	30	20
하겠다	54	60	15

9장

회귀분석

회귀분석(regression analysis)이란 관찰된 연속형 변수에 대해 독립변수와 종속변수 사이의 관계식을 구하고, 그 식을 이용하여 독립변수가 주어졌을 때 종속변수를 예측하는 분석방법이다. 한 개의 종속변수와 한 개의 독립변수 사이의 관계를 분석할 경우를 단순회귀분석(simple regression analysis), 한 개의 종속변수와 여러 개 독립변수 사이의 관계를 규명하고자 할 경우를 다중회귀분석(multiple regression analysis)이라고 한다.

일반적인 회귀분석의 가정은 다음과 같다.

(1) 등분산성(homoscedasticity): 오차항은 동일한 분산을 갖는다.
(2) 독립성(independence of error): 오차항 간에는 상관관계가 없다.
(3) 정규성(normality): 오차항의 평균은 0이며 분산은 σ^2인 정규분포를 따른다.
(4) 비다중공선성(nomulticolinearity): 독립변수(설명변수)가 여러 개 있을 경우, 독립변수 상호 간에는 상관관계가 없다.

9.1 단순 선형회귀모형

한 개의 설명변수(독립변수) X와 한 개의 반응변수(종속변수) Y 간의 선형관계식을 구하고자 하며 1차 선형모형을 적합하고자 한다.

이변량 관측벡터 $(X_1, Y_1), (X_2, Y_2), \cdots, (X_n, Y_n)$에 대해 단순 선형회귀모형은

$$Y_i = \beta_0 + \beta_1 X_i + \epsilon_i \tag{9.1}$$

로 표현할 수 있으며, 여기서 회귀모수(regression parameter)로 β_0는 절편(intercept), β_1은 기울기(slope), 오차항 $\epsilon_i \sim iid\ N(0, \sigma^2)$을 가정한다.

오차제곱합을 최소로 하는 최소제곱법(least squares method)

$$\text{minimizing} \quad \sum \epsilon_i^2 = \sum (Y_i - \beta_0 - \beta_1 X_i)^2 \tag{9.2}$$

을 이용하여 회귀모수를 추정할 수 있으며, 추정식은

$$\widehat{Y} = \widehat{\beta}_0 + \widehat{\beta}_1 X \tag{9.3}$$

회귀계수 추정량은

$$\widehat{\beta}_1 = \frac{\sum_{i=1}^{n}(X_i - \overline{X})(Y_i - \overline{Y})}{\sum_{i=1}^{n}(X_i - \overline{X})^2}, \quad \widehat{\beta}_0 = \overline{Y} - \widehat{\beta}_1 \overline{X} \tag{9.4}$$

이다. 여기서

$$\overline{X} = \frac{1}{n}\sum_{i=1}^{n} X_i, \ \ \overline{Y} = \frac{1}{n}\sum_{i=1}^{n} Y_i. \tag{9.5}$$

반응 추정값은

$$\widehat{Y}_1 = \widehat{\beta}_0 + \widehat{\beta}_1 X_1, \ \ \widehat{Y}_2 = \widehat{\beta}_0 + \widehat{\beta}_1 X_2, \ \ \ldots, \ \ \widehat{Y}_n = \widehat{\beta}_0 + \widehat{\beta}_1 X_n. \tag{9.6}$$

오차의 추정값인 잔차(residual)는

$$e_1 = Y_1 - \widehat{Y}_1, \ e_2 = Y_2 - \widehat{Y}_2, \ \ldots, \ e_n = Y_n - \widehat{Y}_n \tag{9.7}$$

이다.

총 변동(TSS)을 회귀식에 의한 변동(SSR)과 오차 변동(SSE)으로 분해하면

$$\sum_{i=1}^{n}(Y_i - \overline{Y})^2 = \sum_{i=1}^{n}(\widehat{Y}_i - \overline{Y})^2 + \sum_{i=1}^{n}(Y_i - \widehat{Y}_i)^2 \tag{9.8}$$

$$TSS \quad = \quad SSR \quad + \quad SSE$$

이 된다.

추정된 회귀식의 설명력에 대한 측도로 결정계수(determination coefficient) R^2를 사용한다. R^2는 전체 변동에 대해 추정된 회귀식에 의해 설명되는 양으로

$$R^2 = \frac{SSR}{TSS} = \frac{\sum_{i=1}^{n}(\widehat{Y}_i - \overline{Y})^2}{\sum_{i=1}^{n}(Y_i - \overline{Y})^2} \tag{9.9}$$

으로 정의되며 $0 \le R^2 \le 1$이고 R^2 값이 높을수록 추정된 회귀식의 설명력이 높다고 할 수 있다. 설명변수 개수가 증가할수록 R^2는 무조건 증가한다. 이런 점을 수정한 수정된 결정계수(adjusted R^2)는

$$R_{adj}^2 = 1-(1-R^2)\left(\frac{n-1}{n-k-1}\right) = 1-\frac{SSE/(n-k-1)}{TSS/(n-1)} \tag{9.10}$$

으로 정의된다. 여기서 n은 관측 개체수이고 k는 설명변수의 개수이다.

총 변동을 회귀모형과 오차 요인으로 분해하여 분산분석표로 정리하면 다음과 같다.

표 9.1 단순회귀모형 분산분석표

요인(source)	자유도(df)	제곱합 (SS)	평균제곱합 (MS)	F-통계량	기각값
model(모형)	1	SSR	$MSR=\frac{SSR}{1}$	$F_{\text{model}}=\frac{MSR}{MSE}$	$F_\alpha(1,n-2)$
error(오차)	$n-2$	SSE	$MSE=\frac{SSE}{n-2}$		
Total(총합)	$n-1$	TSS			

여기서 $F_\alpha(1,n-2)$는 분자자유도가 1이고 분모자유도가 $n-2$인 F 분포를 따르는 확률변수 F에 대해 $P(F \geq F_\alpha(1,n-2)) = \alpha$를 만족하는 값이다.

회귀계수(regression coefficient)에 대한 유의성검정으로 특정하게 주어진 β_{10}에 대해 다음의 가설

$$H_0 : \beta_1 = \beta_{10} \text{에 대해 } H_1 : \beta_1 \neq \beta_{10}$$

에 대한 검정을 하고자 한다. 검정통계량

$$t = \frac{\hat{\beta}_1 - \beta_{10}}{[\widehat{Var}(\hat{\beta}_1)]^{1/2}} = \frac{\hat{\beta}_1 - \beta_{10}}{\left[\frac{MSE}{\sum_{i=1}^{n}(X_i-\overline{X})^2}\right]^{1/2}} \tag{9.11}$$

은 H_0 하에서 t_{n-2} 분포를 따르며 회귀계수에 관한 가설들에 대해 유의수준 α에서 검정법은 다음과 같다.

(1) $H_0 : \beta_1 = \beta_{10}$에 대해 $H_1 : \beta_1 \neq \beta_{10}$

만일 $|t| \geq t_{n-2}(\alpha/2)$이면 H_0를 기각한다.

(2) $H_0 : \beta_1 = \beta_{10}$에 대해 $H_1 : \beta_1 > \beta_{10}$

만일 $t \geq t_{n-2}(\alpha)$이면 H_0를 기각한다.

(3) $H_0 : \beta_1 = \beta_{10}$에 대해 $H_1 : \beta_1 < \beta_{10}$

만일 $t \le -t_{n-2}(\alpha)$이면 H_0를 기각한다.

여기서 $t_{n-2}(\alpha)$는 자유도가 $n-2$인 t 분포를 따르는 확률변수 T에 대해 $P(T \ge t_{n-2}(\alpha)) = \alpha$를 만족하는 값이다.

일반적으로 회귀분석의 진행 단계는 다음과 같다.

(1) 산점도(scatterplot)를 그려 변수 간의 관계를 살펴보고 관계식을 찾는다.
(2) 모수 추정: 최소제곱법 등을 이용하여 모형에 포함된 모수를 추정한다.
(3) 회귀계수에 대한 유의성검정
(4) 모형 적합도: R^2(결정계수), R^2_{adj}(수정된 결정계수) 등 여러 가지 통계량들을 이용하여 모형의 적합성에 대해 판단한다.
(5) 모형 진단(model diagnostics): 추정한 모형의 적합도를 진단하여 적절한 모형 여부를 판단하게 된다. 잔차 그래프를 통해 독립성, 등분산성을 검토하고 Q-Q 그림 등을 통해 정규성에 대하여 알아본다.

설명변수 x, 반응변수 y가 주어졌을 때 model = smf.ols("y~x", data=데이터프레임) 적합하고자 하는 회귀모형을 쓴다. `model.fit()`으로 적합 결과를 출력하고 `model. summary()`로 모형과 관련한 여러 가지 통계량으로 추정된 회귀계수, 회귀계수에 대한 유의성검정, 결정계수, 수정된 결정계수 등 회귀분석 관련 통계량들이 출력된다. `model.predict()`를 사용하여 원하는 설명변수값에서 반응변수의 추정값을 얻을 수 있다.

`ols()` 함수에 통계적 모형을 쓸 때의 규칙은 다음과 같다. 반응변수와 설명변수 관계는 사이에 ~ 를 넣어 반응변수 ~ 설명변수 즉 `ols(y~x)`와 같이 쓴다. 모형 내 포함되는 항에 대한 표현과 의미는 다음과 같다.

표 9.2 모형에 포함되는 항에 대한 표현

모형 표현	모형에 포함된 효과
A+B	A와 B의 주효과
A:B	A와 B의 상호작용 효과

예제 9.1(a) 이변량 데이터 (x,y)에 대한 회귀분석

x	1.9	0.8	1.1	0.1	-0.1	4.4	4.6	1.6	5.5	3.4
y	0.7	-1.0	-0.2	-1.2	-0.1	3.4	4.0	0.8	3.7	2.0

통계적 모형

$$Y = \beta_0 + \beta_1 X + \epsilon, \quad \epsilon \sim iid \quad N(0, \sigma^2)$$

을 적합하고자 한다. 우선 산점도를 그려보고자 한다.

IN
```
x = np.array([1.9, 0.8, 1.1, 0.1, -0.1, 4.4, 4.6, 1.6, 5.5,
          3.4])
y = np.array([0.7,-1.0, -0.2, -1.2, -0.1, 3.4, 4.0, 0.8, 3.7,
          2.0])
plt.scatter(x, y, label = "stars", color = "green", marker =
          "*", s = 30)
```

OUT

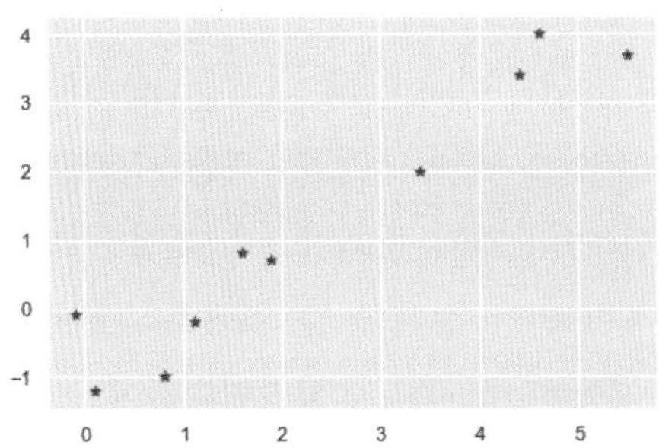

그림 9.1 이변량 산점도

최소제곱법 기반 추정으로 ordinary least squares fit (OLS 적합)을 다음과 같이 한다.

IN
```
import statsmodels.formula.api as smf
df = pd.DataFrame()
df['x'] = x
df['y'] = y
lm_ex = smf.ols("y~x", df).fit()
lm_ex.params
```

OUT
```
Intercept      -0.972506
x               0.936698
dtype: float64
```

추정 결과 $\hat{\beta}_0 = -0.972$, $\widehat{\beta_1} = 0.937$를 얻었다. 추정된 회귀식은

$$Y = -0.972 + 0.937x$$

이다. 각 회귀계수에 대한 유의성검정 결과는 다음과 같다.

IN
```
lm_ex.summary().tables[1]
```

OUT

	coef	std err	t	P>|t|	[0.025	0.975]
Intercept	-0.9725	0.284	-3.428	0.009	-1.627	-0.318
x	0.9367	0.094	9.924	0.000	0.719	1.154

IN
```
import statsmodels.api as sm
sm.stats.anova_lm(lm_ex).round(3)
```

OUT

	df	sum_sq	mean_sq	F	PR(>F)
x	1.0	31.658	31.658	98.491	0.0
Residual	8.0	2.571	0.321	NaN	NaN

IN
```
sns.lmplot(x = 'x',y = 'y', data = df,
           scatter_kws = {'color': 'black'},
           line_kws = {'color': 'red'})
```

OUT

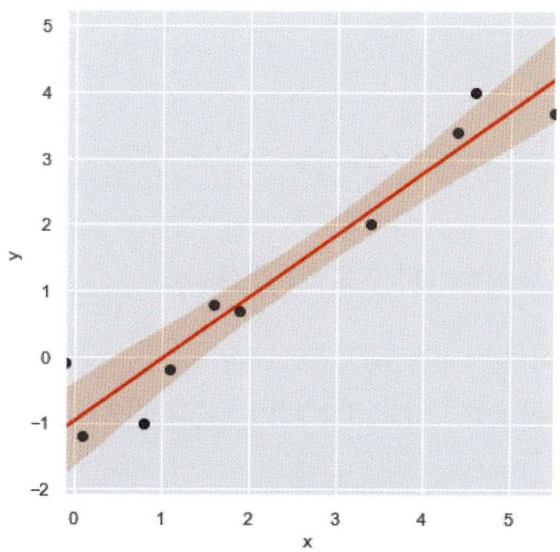

그림 9.2 적합된 회귀모형 그래프

예제 9.1(b) sklearn 패키지에서의 함수를 이용하여 [예제 9.1](a) 데이터에 대해 회귀분석

IN
```
from sklearn.linear_model import LinearRegression

X = np.array([1.9, 0.8, 1.1, 0.1, -0.1, 4.4, 4.6, 1.6, 5.5, 3.4])
y = np.array([0.7,-1.0, -0.2, -1.2, -0.1, 3.4, 4.0, 0.8, 3.7, 2.0])
df = pd.DataFrame({
        'X': X,
        'y': y})
df.head()
X = df["X"]
y = df["y"]
plt.plot(X, y, 'o')
plt.show()

line_fitter = LinearRegression()
line_fitter.fit(X.values.reshape(-1,1), y)
y_predicted = line_fitter.predict(X.values.reshape(-1,1))
y_predicted
```

OUT

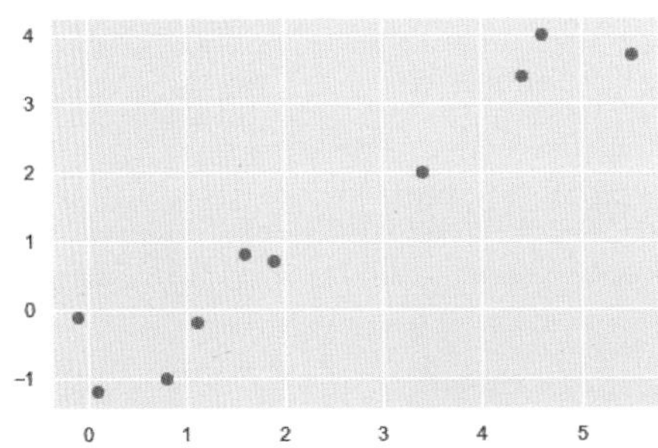

```
arry([ 0.807, -0.223, 0.058, -0.879, -1.066, 3.149, 3.336, 0.526,
       4.179, 2.212]
```

그림 9.3 sklearn 패키지를 사용한 산점도

여기서 주의해야 할 점은 X 데이터를 넣을 때 `.values.reshape(-1,1)`를 해주는 것이다. 왜냐하면 X는 2차원 array 형태여야 하기 때문이다. 이는 다중회귀모형 적합 시에 필요하다.

IN
```
plt.plot(X, y, 'o')
plt.plot(X, line_fitter.predict(X.values.reshape(-1,1)))
plt.show()
```

OUT

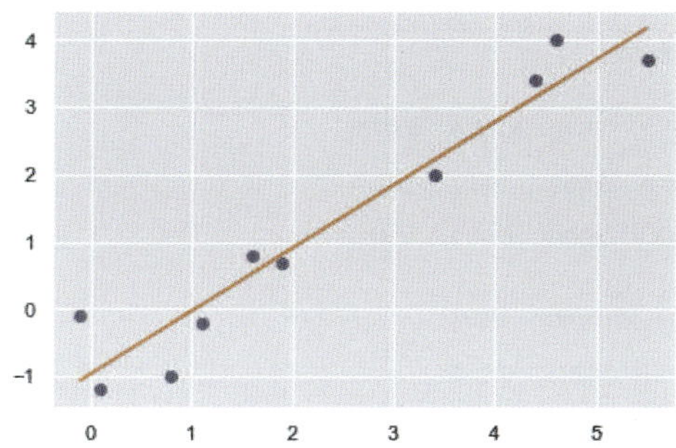

그림 9.4 sklearn 패키지를 사용한 회귀분석 결과 그래프

IN
```
print(line_fitter.coef_ )
print(line_fitter.intercept_ )
y_predicted = line_fitter.predict(X.values.reshape(-1,1))
print(y_predicted)
line_fitter.predict([[3.0]])
```

OUT
```
[0.937]
-0.9725063052576135

[ 0.807 -0.223  0.058 -0.879 -1.066  3.149  3.336  0.526  4.179
2.212]
array([1.838])
```

예제 9.1(c) ols() 함수를 이용하여 [예제 9.1](a)의 데이터에 대해 최소제곱 적합

IN
```
model = smf.ols('y~x',data = df)
result = model.fit()
result.summary()
```

OUT

OLS Regression Results

Dep. Variable:	y	**R-squared:**	0.925
Model:	OLS	**Adj. R-squared:**	0.915
Method:	Least Squares	**F-statistic:**	98.49
Date:	Sun, 05 Apr 2020	**Prob (F-statistic):**	8.98e-06
Time:	00:59:34	**Log-Likelihood:**	-7.3987
No. Observations:	10	**AIC:**	18.80
Df Residuals:	8	**BIC:**	19.40

OUT

Df Model:	1
Covariance Type:	nonrobust

	coef	std err	t	P>|t|	[0.025	0.975]
Intercept	-0.9725	0.284	-3.428	0.009	-1.627	-0.318
x	0.9367	0.094	9.924	0.000	0.719	1.154

Omnibus:	0.650	Durbin-Watson:	1.498
Prob(Omnibus):	0.722	Jarque-Bera (JB):	0.556
Skew:	0.453	Prob(JB):	0.757
Kurtosis:	2.283	Cond. No.	5.09

예제 9.1(d) OLS() 함수를 이용하여 [예제 9.1](a) 데이터에 대해 최소제곱 적합을 하고 회귀모형 관련 여러 가지 통계량 구하기

IN

```
dfX = sm.add_constant(x)   # add constant to intercept
model_ex = sm.OLS(y, dfX)
result_ex = model_ex.fit()
print(result_ex.summary()); print(result_ex.predict(dfX))
```

OUT

```
                            OLS Regression Results
==============================================================================
Dep. Variable:                      y   R-squared:                       0.925
Model:                            OLS   Adj. R-squared:                  0.915
Method:                 Least Squares   F-statistic:                     98.49
Date:                Tue, 07 Apr 2020   Prob (F-statistic):           8.98e-06
Time:                        14:25:10   Log-Likelihood:                -7.3987
No. Observations:                  10   AIC:                             18.80
Df Residuals:                       8   BIC:                             19.40
Df Model:                           1
Covariance Type:            nonrobust
==============================================================================
                 coef    std err          t      P>|t|      [0.025      0.975]
------------------------------------------------------------------------------
const         -0.9725      0.284     -3.428      0.009      -1.627      -0.318
x1             0.9367      0.094      9.924      0.000       0.719       1.154
==============================================================================
Omnibus:                        0.650   Durbin-Watson:                   1.498
Prob(Omnibus):                  0.722   Jarque-Bera (JB):                0.556
Skew:                           0.453   Prob(JB):                        0.757
Kurtosis:                       2.283   Cond. No.                         5.09
==============================================================================
Warnings:
[1] Standard Errors assume that the covariance matrix of the errors is
correctly specified.
[ 0.807 -0.223  0.058 -0.879 -1.066  3.149  3.336  0.526  4.179  2.212]
```

```
plt.scatter(x,y, alpha = 0.4)
plt.xlabel("x")
plt.ylabel("y")
plt.title("LINEAR REGRESSION")
y_pred = result_ex.predict(dfX)  # make predictions
plt.plot(x,y_pred, color = 'red')
plt.show()
```

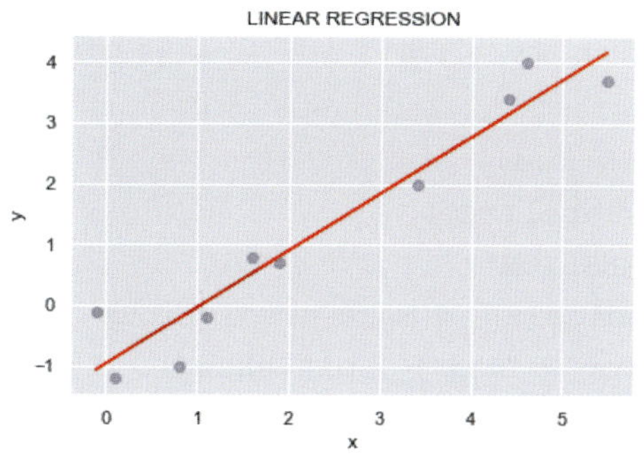

그림 9.5 OLS() 함수를 사용한 회귀분석 결과 그래프

예제 9.1(e) 원점을 지나는 회귀직선 구하기

절편이 0인 단순 선형회귀모형 $Y = \beta X + \epsilon,\ \epsilon \sim iid\ N(0, \sigma^2)$을 적합하고자 한다.

```
model_ex = sm.OLS(y, x)   # no intercept
result_ex = model_ex.fit()
print(result_ex.summary())
x_new = 3
print(x_new)
print(result_ex.predict(x))
```

```
                          OLS Regression Results
======================================================================
Dep. Variable:                  y   R-squared (uncentered):      0.870
Model:                        OLS   Adj. R-squared (uncentered): 0.856
Method:             Least Squares   F-statistic:                 60.29
Date:            Tue, 07 Apr 2020   Prob (F-statistic):       2.81e-05
Time:                    13:20:11   Log-Likelihood:            -11.917
No. Observations:              10   AIC:                         25.83
Df Residuals:                   9   BIC:                         26.14
Df Model:                       1
Covariance Type:        nonrobust
======================================================================
              coef    std err        t      P>|t|     [0.025     0.975]
----------------------------------------------------------------------
```

```
x1          0.6860      0.088      7.765      0.000      0.486      0.886
==============================================================================
Omnibus:                 0.022        Durbin-Watson:                   0.738
Prob(Omnibus):           0.989        Jarque-Bera (JB):                0.252
Skew:                   -0.008        Prob(JB):                        0.882
Kurtosis:                2.223        Cond. No.                         1.00
==============================================================================
Warnings:
[1] Standard Errors assume that the covariance matrix of the errors is
correctly specified.
3
[2.058]
[ 1.303  0.549  0.755  0.069 -0.069  3.018  3.155  1.098  3.773  2.332]
```

IN
```
plt.scatter(x,y, alpha = 0.4)
plt.xlabel("x"); plt.ylabel("y")
plt.title("LINEAR REGRESSION")
y_pred = result_ex.predict(x)  # make predictions
plt.plot(x,y_pred, color = 'red') ; plt.show()
```

OUT

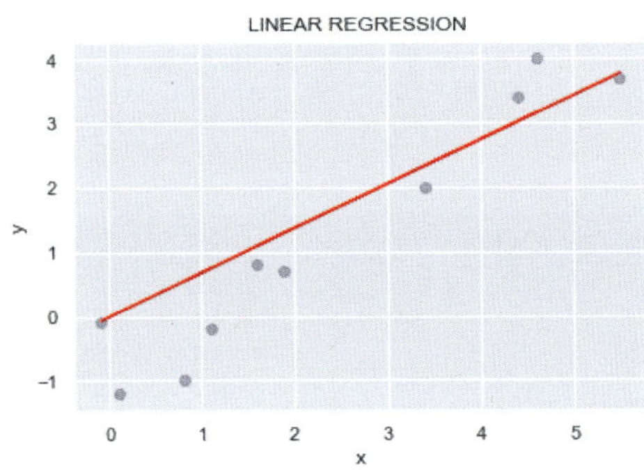

그림 9.6 원점을 지나는 회귀분석 결과 그래프($\overline{Y}=0.6860X$)

예제 9.1(f) 책의 부피(설명변수, X)에 대한 무게(반응변수, Y)에 대해 회귀분석

단순 선형회귀모형

$$Y=\beta_0+\beta_1 X+\epsilon, \quad \epsilon \sim iid \quad N(0,\sigma^2)$$

을 적합시키고자 한다.

표 9.3 책의 부피와 무게 데이터

volume	weight
412	250
953	700
929	650
1492	975
419	350
1010	950
595	425
1034	725

IN

```
volumn = np.array([412, 953, 929, 1492, 419, 1010, 595, 1034])
weight = np.array([250, 700, 650, 975, 350, 950, 425, 725])
df = pd.DataFrame(volumn, weight)
lm_book = smf.ols('weight~volumn', data = df)
result = lm_book.fit()
result.summary()
```

OUT

OLS Regression Results

Dep. Variable:	weight	**R-squared:**	0.875
Model:	OLS	**Adj. R-squared:**	0.854
Method:	Least Squares	**F-statistic:**	41.92
Date:	Sun, 05 Apr 2020	**Prob (F-statistic):**	0.000644
Time:	15:34:15	**Log-Likelihood:**	-47.216
No. Observations:	8	**AIC:**	98.43
Df Residuals:	6	**BIC:**	98.59
Df Model:	1		
Covariance Type:	nonrobust		

	coef	**std err**	**t**	**P>|t|**	**[0.025**	**0.975]**
Intercept	41.3725	97.559	0.424	0.686	-197.345	280.090
volumn	0.6859	0.106	6.475	0.001	0.427	0.945

Omnibus:	12.450	**Durbin-Watson:**	1.900
Prob(Omnibus):	0.002	**Jarque-Bera (JB):**	4.307
Skew:	1.604	**Prob(JB):**	0.116
Kurtosis:	4.623	**Cond. No.**	2.49e+03

IN
```
plt.scatter(volumn,weight, alpha = 0.4)
plt.xlabel("volumn")
plt.ylabel("weight")
plt.title("LINEAR REGRESSION")
weight_pred = result.predict(df)  # make predictions
plt.plot(volumn, weight_pred, color = 'red')
plt.show()
```

OUT

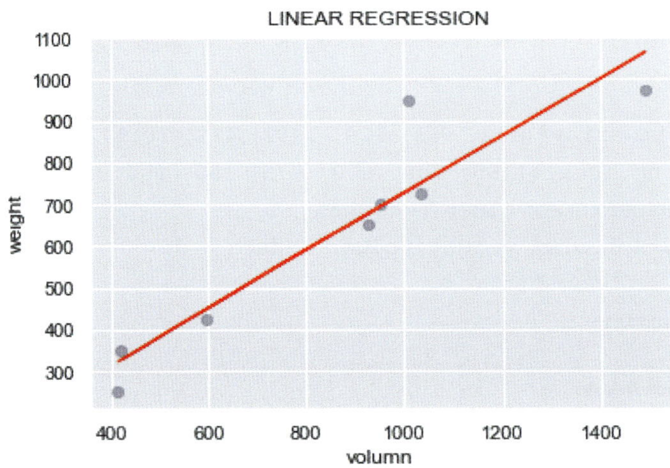

그림 9.7 책의 부피와 무게 데이터에 대한 회귀분석 결과 그래프

추정 결과, 추정식 $\hat{Y} = 41.3725 + 0.6859X$ 즉 $\widehat{weight} = 41.3725 + 0.6859 \times volumn$ 을 얻으며 $R^2 = 0.875$로 추정된 회귀직선의 설명력이 높은 편이다.

회귀계수의 유의성검정으로

$$H_0 : \beta_1 = 0 \text{에 대해 } H_1 : \beta_1 \neq 0$$

에 대한 t-검정통계량 $= 6.475$이며 p-값 $= 0.001 < 0.05$으로 유의수준 5%에서 H_0를 기각하게 되므로 추정된 회귀계수는 유의하다.

예제 9.1(g) 이차항이 포함된 선형회귀모형 적합

표 9.3 데이터에 대해 다음의 이차항이 포함된 선형회귀모형

$$Y = \beta_0 + \beta_1 X + \gamma X^2 + \epsilon, \quad \epsilon_i \sim iid\ N(0, \sigma^2)$$

을 적합하고자 한다.

IN

```
volumn = np.array([412, 953, 929, 1492, 419, 1010, 595, 1034])
weight = np.array([250, 700, 650, 975, 350, 950, 425, 725])

# 1행으로 정렬된 volumn을 1열로 정렬되게 변환한다.
# (1열로 정렬되어야 제곱할 수 있다.)
volumn2 = volumn.reshape(-1, 1)   # 1열로 정렬
print('volumn은 1행으로 정렬 =>',volumn)
volumn2
```

OUT

```
volum은 1행으로 정렬 => [ 412 953 929 1492 419 1010 595 1034]

array([[ 412],
       [ 953],
       [ 929],
       [1492],
       [ 419],
       [1010],
       [ 595],
       [1034]])
```

IN

```
from sklearn.preprocessing import PolynomialFeatures

# 다항회귀를 위해 2차항 추가
quadratic = PolynomialFeatures(degree = 2, include_bias = False)
volumn_quad = quadratic.fit_transform(volumn2)
volumn_quad
# 원래 특성과 제곱한 특성이 같이 나온다. (왼: 원래특성, 오: 제곱한 특성)
```

OUT

```
array)[[4.120000e+02, 1.697440e+05],
       [9.530000e+02, 9.082090e+05],
       [9.290000e+02, 8.630410e+05],
       [1.492000e+03, 2.226064e+06],
       [4.190000e+02, 1.755610e+05],
       [1.010000e+03, 1.020100e+06],
       [5.950000e+02, 3.540250e+05],
       [1.034000e+03, 1.069156e+06]])
```

IN

```
import statsmodels.api as sm
import statsmodels.formula.api as smf

# 다항회귀분석
lm_book2 = smf.ols(formula = 'weight~volumn_quad',
                   data = df).fit()
lm_book2.summary()
```

OUT OLS Regression Results

Dep. Variable:	weight	R-squared:	0.905
Model:	OLS	Adj. R-squared:	0.867
Method:	Least Squares	F-statistic:	23.78
Date:	Tue, 14 Jul 2020	Prob (F-statistic):	0.00279
Time:	17:29:07	Log-Likelihood:	-46.118
No. Observations:	8	AIC:	98.24
Df Residuals:	5	BIC:	98.47
Df Model:	2		
Covariance Type:	nonrobust		

	coef	std err	t	P>|t|	[0.025	0.975]
Intercept	-193.0424	208.490	-0.926	0.397	-728.983	342.898
volumn_quad[0]	1.2970	0.497	2.611	0.048	0.020	2.574
volumn_quad[1]	-0.0003	0.000	-1.257	0.264	-0.001	0.000

Omnibus:	9.133	Durbin-Watson:	1.472
Prob(Omnibus):	0.010	Jarque-Bera (JB):	3.120
Skew:	1.466	Prob(JB):	0.210
Kurtosis:	3.875	Cond. No.	6.37e+06

IN
```
# 아래와 같은 방법으로 3,4,..항을 추가할 수 있다.
df['volumn_squared'] = df['volumn']**2
print("volumn변수의 1행 제곱 = ",412*412)
df.head()
```

OUT
```
volumn변수의 1행 제곱 = 169744
```

	volumn	weight	volumn_squared
0	412	250	169744
1	953	700	908209
2	929	650	863041
3	1492	975	2226064
4	419	350	175561

IN
```
# 다항회귀분석
lm_book2 = smf.ols(formula = 'weight~volumn+volumn_squared',
                   data = df).fit()
lm_book2.summary()
```

OUT

OLS Regression Results

Dep. Variable:	weight	**R-squared:**	0.905
Model:	OLS	**Adj. R-squared:**	0.867
Method:	Least Squares	**F-statistic:**	23.78
Date:	Wed, 15 Jul 2020	**Prob (F-statistic):**	0.00279
Time:	17:21:34	**Log-Likelihood:**	-46.118
No. Observations:	8	**AIC:**	98.24
Df Residuals:	5	**BIC:**	98.47
Df Model:	2		
Covariance Type:	nonrobust		

	coef	std err	t	P>|t|	[0.025	0.975]
Intercept	-193.0424	208.490	-0.926	0.397	-728.983	342.898
volumn	1.2970	0.497	2.611	0.048	0.020	2.574
volumn_squared	-0.0003	0.000	-1.257	0.264	-0.001	0.000

Omnibus:	9.133	**Durbin-Watson:**	1.472
Prob(Omnibus):	0.010	**Jarque-Bera (JB):**	3.120
Skew:	1.466	**Prob(JB):**	0.210
Kurtosis:	3.875	**Cond. No.**	6.37e+06

회귀분석 결과, 추정회귀식

$$\hat{Y} = -193 + 1.297X - 0.0003X^2$$

을 구했으며 $R^2 = 0.905$로 추정된 회귀직선의 설명력이 매우 높은 편이다.

일차 회귀계수의 유의성검정으로

$$H_0 : \beta_1 = 0 \text{에 대해 } H_1 : \beta_1 \neq 0$$

에 대한 t-검정통계량은 2.611이며 p-값$= 0.048 < 0.05$으로 유의수준 5%에서 H_0를 기각하게 된다. 즉 추정된 회귀계수는 유의하다.

이차 회귀계수의 유의성검정으로

$$H_0 : \gamma = 0 \text{에 대해 } H_1 : \gamma \neq 0$$

에 대한 t-검정통계량은 -1.257이며 p-값$= 0.264 > 0.05$으로 유의수준 5%에서 H_0를 기각하지 못한다. 즉 추정된 회귀계수값이 유의하지 않다.

예제 9.1(h) [표 9.3] 데이터에 대해 원점을 지나는 회귀직선 구하기

절편 0인 단순 선형회귀모형 $Y=\beta X+\epsilon,\ \epsilon \sim iid\ N(0,\sigma^2)$을 적합하고자 한다.

IN
```
# 원점회귀분석
# 회귀모형의 절편이 0인 경우 우변에 0을 더해준다.
lm_book0 = smf.ols(formula = 'weight~volumn+0',
                    data = df).fit()
lm_book0.summary()
```

OUT OLS Regression Results

Dep. Variable:	weight	**R-squared (uncentered):**	0.982
Model:	OLS	**Adj. R-squared (uncentered):**	0.980
Method:	Least Squares	**F-statistic:**	389.6
Date:	Tue, 14 Jul 2020	**Prob (F-statistic):**	2.14e-07
Time:	17:48:50	**Log-Likelihood:**	-47.334
No. Observations:	8	**AIC:**	96.67
Df Residuals:	7	**BIC:**	96.75
Df Model:	1		
Covariance Type:	nonrobust		

	coef	std err	t	P>|t|	[0.025	0.975]
volumn	0.7276	0.037	19.738	0.000	0.640	0.815

Omnibus:	8.595	**Durbin-Watson:**	1.777
Prob(Omnibus):	0.014	**Jarque-Bera (JB):**	2.631
Skew:	1.291	**Prob(JB):**	0.268
Kurtosis:	4.107	**Cond. No.**	1.00

추정 결과, 추정회귀식 $\hat{Y}=0.7276\ X$를 구했으며 $R^2=0.982$로 추정된 회귀직선의 설명력이 높은 편이다. 일차 회귀계수의 유의성검정에 대한 t-검정통계량은 19.74이며 p-값 $=0.000<0.05$으로 유의수준 5%에서 H_0를 기각하게 된다. 그러므로 추정된 회귀계수는 유의하다.

예제 9.1(i) 회귀모형을 구하고 잔차분석하기

IN

```
import pylab
volumn_pred = lm_book0.predict(df)
weight_pred = result.predict(df)  # 예측값
residual = weight-weight_pred  # 잔차
residual_sd = stats.zscore(residual)  # 표준화 잔차

plt.figure(figsize = (9, 8))  # 그래프 크기 조정
plt.subplot(221) # 모형의 선형성
sns.residplot(weight_pred, residual, lowess = True, color = "g")

plt.plot([weight_pred .min(), volumn_pred.max()],
              [0, 0], '--', color = 'grey')
plt.title("Linearity")  # 그래프 제목 지정
plt.ylabel("residual")  # y축 소제목 지정

plt.subplot(222) # 잔차의 정규성
sr = sp.stats.zscore(residual)
(x, y), _ = sp.stats.probplot(sr)
sns.scatterplot(x, y)
plt.plot([-3, 3], [-3, 3], '--', color = 'grey')
plt.title("Normality"); plt.ylabel("residual")
print('모형의 정규성: (검정통계량,p-value)', sp.stats.shapiro(residual))

plt.subplot(223) # 잔차의 등분산성
sns.regplot(weight_pred, np.sqrt(np.abs(sr)),
          lowess = True, line_kws = {'color': 'red'})
plt.title("homoskedasticity")
plt.ylabel("residual")

plt.subplot(224) # Normal Q-Q plot
stats.probplot(residual_sd, dist = "norm", plot = pylab)
pylab.title("Normal QQ-Plot")
pylab.ylabel("standard residual")

plt.tight_layout()  # 그래프 간 자동 간격 조정
pylab.show(); plt.show()
```

OUT 모형의 정규성:(검정통계량, p-value) (0.7789540886878967,
0.01696972921 4906693)

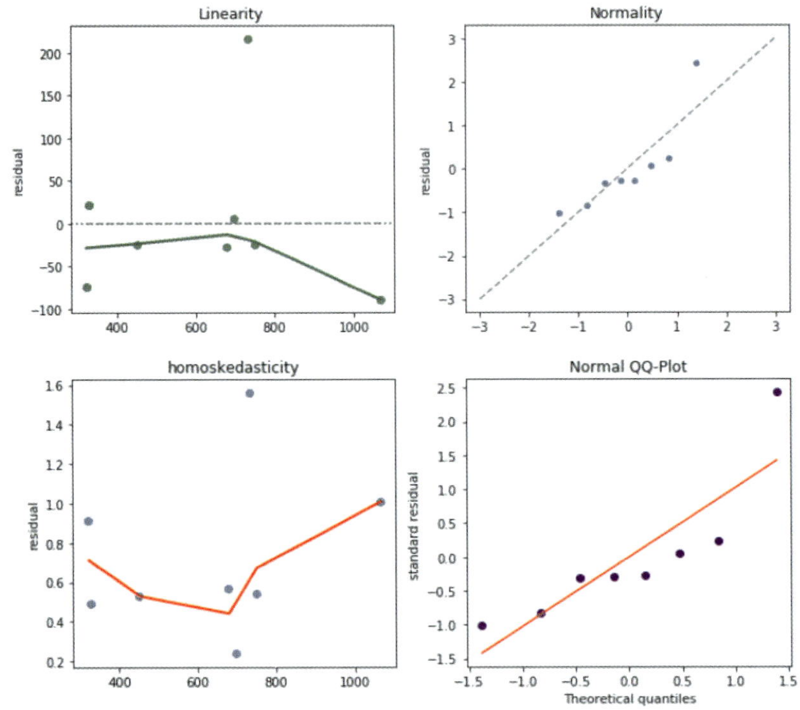

그림 9.8 책의 부피와 무게 데이터에 대한 회귀분석 결과 잔차에 대한 그래프

9.2 다중 선형회귀모형

p개 설명변수 $X_1, X_2, ..., X_p$와 한 개 반응변수 간의 선형관계식을 구하려 하며 다음과 같은 일차 선형모형을 적합시키고자 한다.

$$Y = \beta_0 + \beta_1 X_1 + \beta_2 X_2 + \cdots + \beta_p X_p + \epsilon. \tag{9.12}$$

각 개체에 대해 다변량 벡터$(Y, X_1, X_2, ..., X_p)$가 얻어진 경우이며 다음의 선형모형을 사용한다.

$$Y_i = \beta_0 + \beta_1 X_{1i} + \beta_2 X_{2i} + \cdots + \beta_p X_{pi} + \epsilon_i \tag{9.13}$$

여기서 $\epsilon \sim iid\ N(0,\sigma^2)$이다.

오차제곱합을 최소로 하는 최소제곱법(least squares method)

$$\text{minimizing} \quad \sum \epsilon_i^2 = \sum (Y_i - \beta_0 - \beta_1 X_{1i} - \beta_2 X_{2i} - \cdots - \beta_p X_{pi})^2 \tag{9.14}$$

을 이용하여 $\widehat{\beta_0}, \widehat{\beta_1}, \ldots, \widehat{\beta_p}$를 구한다. 적합한 모형은

$$\widehat{Y_i} = \widehat{\beta_0} + \widehat{\beta_1} X_{1i} + \widehat{\beta_2} X_{2i} + \cdots + \widehat{\beta_p} X_{pi}, \quad i = 1, 2, \ldots, n \tag{9.15}$$

과 같이 구한다. 잔차는

$$e_1 = Y_1 - \widehat{Y_1},\ e_2 = Y_2 - \widehat{Y_2},\ \ldots,\ e_n = Y_n - \widehat{Y_n} \tag{9.16}$$

으로 구하며 잔차를 이용하여 모형의 적합성에 대한 검정을 할 수 있다.

회귀계수에 대한 유의성검정으로 $j = 1, \ldots, p$인 경우 다음의 통계적 가설

$$H_0 : \beta_j = 0 \text{에 대해 } H_1 : \beta_j \neq 0$$

에 대한 t-검정을 한다.

예제 9.2(a) 온도와 압력에 따른 제품 강도를 나타내는 회귀식

표 9.4 온도와 압력에 따른 제품 강도 데이터

temperature	pressure	intensity
195	57	81.4
179	61	122.2
205	60	170.7
204	62	175.6
167	61	150.3
184	59	96.8
187	62	169.8

설명변수 2개인 다중 회귀모형 $Y = \beta_0 + \beta_1 X_1 + \beta_2 X_2 + \epsilon,\ \epsilon \sim iid\ N(0,\sigma^2)$을 적합하고자 한다.

IN
```
# 데이터프레임 생성
all = pd.DataFrame({'temp':[195, 179, 205, 204, 167, 184, 187],
                    'pressure':[57, 61, 60, 62, 61, 59, 62],
                    'intensity':[81.4, 122.2, 170.7, 175.6,
                    150.3, 96.8, 169.8]})
all.head()
```

OUT

	temp	pressure	intensity
0	195	57	81.4
1	179	61	122.2
2	205	60	170.7
3	204	62	175.6
4	167	61	150.3

IN
```
import scipy.stats as ss; import seaborn as sns
scatter = sns.PairGrid(all)
scatter.map(sns.scatterplot)
```

OUT

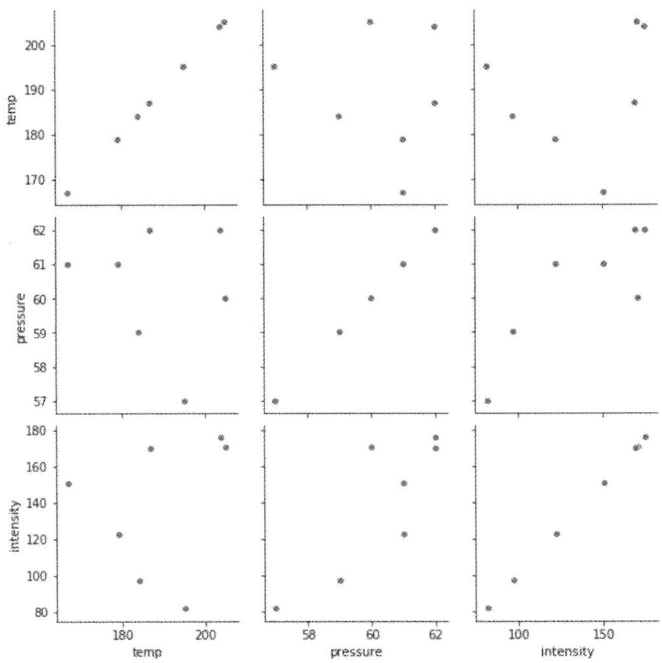

그림 9.9 제품강도 데이터의 3×3 산점도행렬

```
IN  # 다중회귀
prod = smf.ols(formula = 'intensity~temp+pressure', data =
             all). fit()
prod.summary()
print(prod.summary() )
```

```
OUT OLS Regression Results
==========================================================================
Dep. Variable:      I ntensity       R-squared:                   0.826
Model:              OLS              Adj. R-squared:              0.739
Method:             Least Squares    F-statistic:                 9.484
Date:               Wed, 15 Jul 2020 Prob (F-statistic):         0.0303
Time:               15:39:18         Log-Likelihood:            -28.792
No. Observations:   7                AIC:                         63.58
Df Residuals:       4                BIC:                         63.42
Df Model:           2
Covariance Type:    nonrobust
==========================================================================
                coef    std err        t     P>|t|     [0.025     0.975]
--------------------------------------------------------------------------
Intercept  -1180.2817   304.169   -3.880    0.018  -2024.790   -335.773
temp           0.9945     0.587    1.695    0.165     -0.635      2.624
pressure      18.7559     4.475    4.192    0.014      6.333     31.179
==========================================================================
===
Omnibus:                  nan        Durbin-Watson:                3.417
Prob(Omnibus):            nan        Jarque-Bera (JB):             0.626
Skew:                   0.364        Prob(JB):                     0.731
Kurtosis:               1.728        Cond. No.      intensity 8.16e+03
==========================================================================
```

추정 결과, 추정회귀식

$$intensity = -1180.2817 + 0.9945 \times temp + 18.7559 \times pressure$$

을 얻었으며 $R^2 = 0.826$로 추정된 회귀직선의 설명력이 어느 정도 있는 편이다.

temp 변수에 대한 회귀계수의 유의성검정으로

$$H_0 : \beta_1 = 0 \text{에 대해 } H_1 : \beta_1 \neq 0$$

에 대한 t-검정통계량은 1.695이며 p-값$= 0.165 > \alpha = 0.05$으로 유의수준 5%에서 H_0를 기각하지 못하므로 temp에 대한 회귀계수는 유의하지 않다.

pressure 변수에 대한 회귀계수의 유의성검정으로

$$H_0 : \beta_2 = 0 \text{에 대해 } H_1 : \beta_2 \neq 0$$

에 대한 t-검정통계량은 4.192이며 p-값$= 0.014 < \alpha = 0.05$이므로 유의수준 5%에서 H_0를 기각한다. 그러므로 pressure에 대한 회귀계수는 유의하다.

IN
```python
import matplotlib.pyplot as plt; import pylab
import scipy.stats as stats; import scipy.stats
import scipy.stats as ss; import seaborn as sns

y_pred = prod.predict(all)  # 예측값
y_resid = prod.resid.all    # 잔차
residual = all["intensity"] - y_pred  # 잔차 = 실제값-예측값
residual_sd = ss.zscore(residual)  # 표준화 잔차

plt.figure(figsize = (9, 8)) # 그래프 크기 조정
plt.subplot(221) # 모형의 선형성
sns.residplot(y_pred, residual, lowess = True, color = "g")
plt.plot([y_pred .min(), y_pred.max()],
         [0, 0], '--', color = 'grey')
plt.title("Linearity")  # 그래프 제목 지정
plt.ylabel("residual")  # y축 소제목 지정

plt.subplot(222) # 잔차의 정규성
sr = scipy.stats.zscore(residual)
(x, y), _ = scipy.stats.probplot(sr)
sns.scatterplot(x, y)
plt.plot([-3, 3], [-3, 3], '--', color = 'grey')
plt.title("Normality")
plt.ylabel("residual")
print('모형의 정규성=>(검정통계량, p-value)', scipy.stats.shapiro
      (residual))

plt.subplot(223) # 잔차의 등분산성
sns.regplot(y_pred, np.sqrt(np.abs(sr)),
            lowess = True, line_kws = {'color': 'red'})
plt.title("homoskedasticity")
plt.ylabel("residual")

plt.subplot(224) # Normal Q-Q plot
stats.probplot(residual_sd, dist = "norm", plot = pylab)
pylab.title("Normal QQ-Plot")
pylab.ylabel("standard residual ")

plt.tight_layout()  # 그래프 간 자동 간격 조정
pylab.show(); plt.show()
```

```
OUT 모형의 정규성=>(검정통계량, p-value)(0.9097250699996948,
                0.3939734399318695)
```

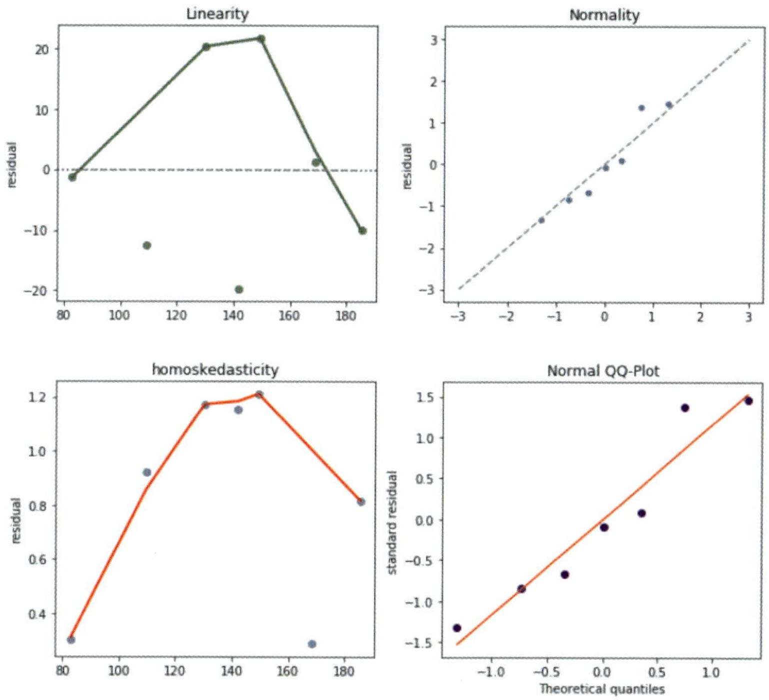

그림 9.10 제품 강도 데이터의 회귀분석 결과 잔차에 대한 그래프

temp = 200, pressure = 63일 경우의 예측값을 구하고자 하면 predict()를 다음과 같이 이용한다.

```
IN  prod.predict(pd.DataFrame({'temp':[200],
                               'pressure':[63]}))
```

```
OUT 0    200.247244
    dtype: float64
```

예제 9.2(b) [표 9.4] 데이터에 대해 설명변수 2개와 두 변수의 상호작용(interaction)이 포함된 다중회귀식

$$Y=\beta_0+\beta_1X_1+\beta_2X_2+\beta_{12}X_1X_2+\epsilon,\ \epsilon\sim iid\ N(0,\sigma^2)$$

을 추정하고자 한다.

두 변수 사이에 " : "를 넣어 상호작용항을 만들어 모형에 포함시킨다.

IN
```
from statsmodels.formula.api import ols

prod2 = ols('intensity~ temp+pressure+temp:pressure',
data=all).fit()
prod2.summary()
```

OUT

OLS Regression Results

Dep. Variable:	intensity	**R-squared:**	0.886
Model:	OLS	**Adj. R-squared:**	0.772
Method:	Least Squares	**F-statistic:**	7.788
Date:	Tue, 14 Jul 2020	**Prob (F-statistic):**	0.0629
Time:	21:53:11	**Log-Likelihood:**	-27.302
No. Observations:	7	**AIC:**	62.60
Df Residuals:	3	**BIC:**	62.39
Df Model:	3		
Covariance Type:	nonrobust		

	coef	**std err**	**t**	**P>|t|**	**[0.025**	**0.975]**
Intercept	-1.176e+04	8394.194	-1.401	0.256	-3.85e+04	1.5e+04
temp	55.6436	43.324	1.284	0.289	-82.234	193.521
pressure	192.6079	137.878	1.397	0.257	-246.180	631.396
temp:pressure	-0.8977	0.712	-1.261	0.296	-3.162	1.367

Omnibus:	nan	**Durbin-Watson:**	2.102
Prob(Omnibus):	nan	**Jarque-Bera (JB):**	0.232
Skew:	-0.279	**Prob(JB):**	0.890
Kurtosis:	2.304	**Cond. No.**	1.39e+07

temp와 pressure의 상호작용에 대한 회귀계수의 유의성검정으로

$$H_0 : \beta_{12} = 0 \text{에 대해 } H_1 : \beta_{12} \neq 0$$

에 대한 t-검정통계량은 -1.261이며 p-값$= 0.296 > \alpha = 0.05$으로 유의수준 5%에서 H_0를 기각하지 못한다. 그러므로 상호작용에 대한 회귀계수는 유의하지 않다.

예제 9.2(c) [표 9.4] 데이터에 대해 각 변수에 로그를 취한 값으로 다중회귀식

$$\log Y = \beta_0 + \beta_1 \log X_1 + \beta_2 \log X_2 + \epsilon, \quad \epsilon \sim iid\ N(0, \sigma^2)$$

을 추정하고자 한다.

IN
```
# 기존의 데이터에 로그를 취한 변수만을 가지는 로그 데이터 생성
all_log = pd.DataFrame()
all_log['inten_log'] = np.log(all.intensity)
all_log['temp_log'] = np.log(all.temp)
all_log['press_log'] = np.log(all.pressure)
all_log.head()
```

OUT

	inten_log	temp_log	press_log
0	4.399375	5.273000	4.043051
1	4.805659	5.187386	4.110874
2	5.139908	5.323010	4.094345
3	5.168209	5.318120	4.127134
4	5.012633	5.117994	4.110874

IN
```
# 각 변수에 로그를 취한 다중회귀
log_lm = smf.ols(formula = 'inten_log~temp_log+press_log',
                 data = all_log).fit()
log_lm.summary()
```

OUT

OLS Regression Results

Dep. Variable:	inten_log	**R-squared:**	0.834
Model:	OLS	**Adj. R-squared:**	0.751
Method:	Least Squares	**F-statistic:**	10.05
Date:	Wed, 15 Jul 2020	**Prob (F-statistic):**	0.0275
Time:	18:08:10	**Log-Likelihood:**	5.1735
No. Observations:	7	**AIC:**	-4.347
Df Residuals:	4	**BIC:**	-4.509
Df Model:	2		
Covariance Type:	nonrobust		

	coef	std err	t	P>|t|	[0.025	0.975]
Intercept	-39.0390	10.184	-3.833	0.019	-67.314	-10.763
temp_log	1.1831	0.857	1.380	0.240	-1.197	3.563
press_log	9.2060	2.085	4.415	0.012	3.417	14.995

Omnibus:	nan	**Durbin-Watson:**	3.357
Prob(Omnibus):	nan	**Jarque-Bera (JB):**	0.798
Skew:	0.585	**Prob(JB):**	0.671
Kurtosis:	1.831	**Cond. No.**	1.21e+03

추정회귀식 $\widehat{\log}(intensity) = -39.04 + 1.18 \times \log(temp) + 9.21 \times \log(pressure)$을 구하였으며 $R^2 = 0.8341$로 추정된 회귀직선의 설명력이 높은 편이다.

`log(temp)`에 대한 회귀계수의 유의성검정에 대한 t-검정통계량은 1.380이며 p-값$= 0.2396 > \alpha = 0.05$으로 유의수준 5%에서 H_0를 기각하지 못한다. 그러므로 `log(temp)`에 대한 회귀계수는 유의하지 않다.

`log(pressure)`에 대한 회귀계수의 유의성검정에 대한 t-검정통계량은 4.415이며 p-값$= 0.0116 < \alpha = 0.05$이므로 유의수준 5%에서 H_0를 기각한다. 그러므로 `log(pressure)`에 대한 회귀계수는 유의하다.

예제 9.2(d) scikit-learn의 LinearRegression 클래스를 이용하여 보스턴 집값 데이터에 대해 회귀분석

내장된 데이터셋 `boston.data`를 이용한다.

IN

```
from sklearn.linear_model import LinearRegression
from sklearn.datasets import load_boston
boston = load_boston()
model_boston = LinearRegression().fit(boston.data,
boston.target)
dfX0 = pd.DataFrame(boston.data, columns =
boston.feature_names)
dfX = sm.add_constant(dfX0)
dfy = pd.DataFrame(boston.target, columns = ["MEDV"])

model_boston2 = sm.OLS(dfy, dfX)
result_boston2 = model_boston2.fit()
print(result_boston2.summary())
x_new = dfX0.mean().values
print(x_new)
print( result_boston2.predict(dfX) )
```

OUT

```
                        OLS Regression Results
==========================================================================
Dep. Variable:                 MEDV   R-squared:                    0.741
Model:                          OLS   Adj. R-squared:               0.734
Method:               Least Squared   F-statistic:                  108.1
Date:              Sun. 05 Apr 2020   Prob (F-statistic):       6.72e-135
Time:                      18:54:59   Log-Likeihood:              -1498.8
No. Observations:               506   AIC:                          3026.
```

OUT
```
Df Residuals:                 492   BIC:                          3085.
Df Model:                      13
Covariance Type:        nonrobust
=======================================================================
              coef    std err          t     P>|t|      [0.025    0.975]
=======================================================================
const      36.4595      5.103      7.144     0.000      26.432    46.487
CRIM       -0.1080      0.033     -3.287     0.001      -0.173    -0.043
ZN          0.0464      0.014      3.382     0.001       0.019     0.073
INDUS       0.0206      0.061      0.334     0.738      -0.100     0.141
CHAS        2.6867      0.862      3.118     0.002       0.994     4.380
NOX       -17.7666      3.820     -4.651     0.000     -25.272   -10.262
FM          3.8099      0.418      9.116     0.000       2.989     4.631
AGE         0.0007      0.013      0.052     0.958      -0.025     0.027
DIS        -1.4756      0.199     -7.398     0.000      -1.867    -1.084
RAD         0.3060      0.066      4.613     0.000       0.176     0.436
TAX        -0.0123      0.004     -3.280     0.001      -0.020    -0.005
PTRATIO    -0.9527      0.131     -7.283     0.000      -1.210    -0.696
B           0.0093      0.003      3.467     0.001       0.004     0.015
LSTAT      -0.5248      0.051    -10.347     0.000      -0.624    -0.425
=======================================================================
Omnibus:                  178.041   Durbin-Watson:                 1.078
Prob(Omnibus):              0.000   Jarque-Bera (JB):            783.126
Shew:                       1.521   Prob(JB):                  8.84e-171
Kur tosis:                  8.281   Cond. No.                   1.51e+04
```

예제 9.2(e) 보스턴 집값 데이터에 대해 추정된 회귀식을 이용하여 x 설명변수들의 평균값에서 y(집값) 추정값 구하기

IN
```
x_new = dfX0.mean().values
print(x_new)
print( result_boston2.predict(dfX))
```

OUT
```
[3.614e+00 1.136e+01 1.114e+01 6.917e-02 5.547e-01 6.285e+00
6.857e+01
 3.795e+00   9.549e+00   4.082e+02   1.846e+01   3.567e+02
1.265e+01]
0     30.003843
1     25.025562
2     30.567597
3     28.607036
4     27.943524
        ...
```

```
501    23.533341
502    22.375719
503    27.627426
504    26.127967
505    22.344212
Length: 506, dtype: float64
```

IN
```
result_boston2.resid.plot()
plt.title("residual plot")
plt.xlabel("id")
plt.show()
result_boston2.resid.sum()
```

OUT

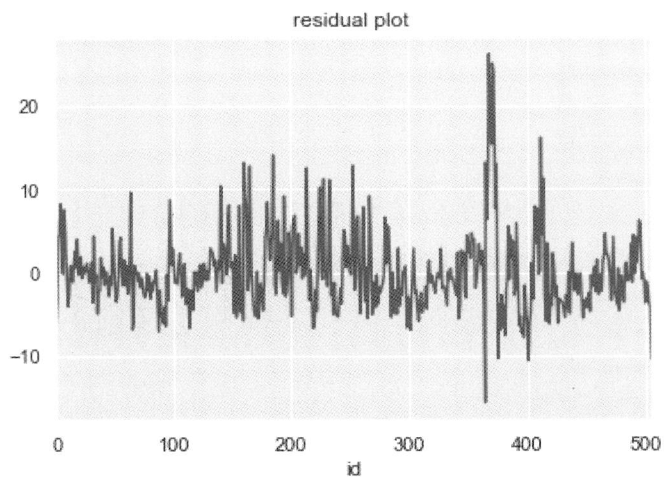

그림 9.11 보스턴 데이터의 회귀분석 결과 잔차 그래프

9장 | 연습문제

1 다음의 주어진 데이터를 이용하시오.

X	10	5	7	19	11	8
Y	15	9	3	25	7	13

(a) 선형회귀모형 $Y_j = \beta_0 + \beta_1 X_j + \epsilon_j,\ j = 1, 2, ..., 6$에 대하여 회귀식을 구하시오.

(b) 적합된 회귀식을 이용하여 각 X 점에서 추정값 $\hat{Y}$을 구하시오.

(c) 관측값 Y 와 추정값 $\hat{Y}$을 이용하여 잔차 $\hat{\epsilon}$을 구하시오.

(d) 잔차제곱합을 구하시오.

(e) 회귀제곱합을 구하시오.

(f) 결정계수를 구하고 해석하시오.

(g) $(Y, \hat{\epsilon})$ 그림을 그리고 오차의 독립성에 대해 설명하시오.

2 표 9.5 데이터를 이용하여 관개에 따른 수확량에 대한 회귀분석을 하시오.

표 9.5 목화수확량 데이터

관개	수확량
1.8	260
1.9	370
2.5	450
1.4	160
1.3	90
2.1	440
2.3	380
1.5	280
1.5	230
1.2	180
1.3	220
1.8	180
3.5	400
3.5	650

3 다음의 주어진 데이터로

X_1	10	5	7	19	11	18
X_2	2	3	3	6	7	9
Y	15	9	3	25	7	13

(a) 선형회귀모형 $Y_j = \beta_1 X_{1j} + \beta_2 X_{2j} + \epsilon_j, \quad j = 1, 2, ..., 6$에 대하여 회귀식을 구하시오.

(b) 적합된 회귀식을 이용하여 각 (X_1, X_2)점에서 추정값 $\hat{Y}$을 구하시오.

(c) 관측값 Y와 추정값 $\hat{Y}$을 이용하여 잔차 $\hat{\epsilon}$들을 구하시오.

(d) 잔차제곱합과 회귀제곱합을 구하시오.

(e) 결정계수를 구하고 해석하시오.

4 어떤 특수한 종류의 상품을 팔고 있는 회사가 있다. 그 회사의 대리점 판매액이 각 대리점의 광고료와 어떤 관계인가를 조사하기 위해서, 10개의 대리점을 랜덤추출하여 연간 광고료 X(100만 원)와 총판매액 Y(1000만 원)를 알아보니 다음 자료가 얻어졌다.

X	4	6	6	8	8	8	9	9	10	12
Y	9	10	18	20	15	17	20	22	25	30

(a) 산점도를 그리고 추정회귀직선을 구하여 산점도에 함께 나타내시오.

(b) 잔차의 산점도를 그리고 선형성을 점검하여 단순 선형회귀모형의 적용 가능성을 검토하시오. 또한 결정계수의 값을 구하고 그 의미를 설명하시오.

(c) 기울기 회귀계수에 대하여 다음 가설을 유의수준 1%에서 검정하시오.

$$H_0 : \beta_1 = 1.5 \text{에 대해 } H_1 : \beta_1 > 1.5$$

5 표 9.6은 수용액에서의 농도(X)와 색채측정기로 측정한 채도값(Y)이다.

표 9.6 수용액의 농도와 채도(계속)

X	Y
40	69
50	175
60	272
70	335

표 9.6 수용액의 농도와 채도

X	Y
80	490
90	415
40	72
60	265
80	492
50	180

(a) (X, Y) 산점도를 그리고 설명하시오.

(b) 통계적 모형 $Y = \beta_0 + \beta_1 X + \epsilon$에 적합하시오.

(c) $H_0 : \beta_1 = 0$에 대해 $H_1 : \beta_1 \neq 0$, 유의수준 5%에서 검정하시오.

(d) 결정계수를 구하고 해석하시오.

(e) (b)번의 모형을 이용하여 각 X에 대응하는 $\hat{Y}$을 추정하시오.

(f) 각 Y에 대응하는 $\hat{\epsilon}$을 추정하시오.

(g) $(\hat{Y}, \hat{\epsilon})$ 그림을 그리고 독립성과 등분산성에 대해 설명하시오.

(h) 잔차가 정규분포를 따른다고 할 수 있는지 Q-Q plot을 그리고 설명하시오.

(i) X의 평균값에서 Y를 추정하시오.

6 표 9.7 데이터에 대해

(a) (X, Y) 산점도를 그리시오.

(b) 통계적 모형 $Y = \beta_1 X + \epsilon$에 적합하시오.

(c) $H_0 : \beta_1 = 0$에 대해 $H_1 : \beta_1 \neq 0$, 유의수준 5%에서 t-검정하시오.

(d) 결정계수를 구하고 해석하시오.

(e) (b)번의 모형을 이용하여 각 X에 대응하는 $\hat{Y}$을 추정하시오.

(f) 각 Y에 대응하는 $\hat{\epsilon}$을 추정하시오.

(g) $(\hat{Y}, \hat{\epsilon})$ 그림을 그리고 독립성과 등분산성에 대해 설명하시오.

(h) 잔차가 정규분포를 따른다고 할 수 있는지 Q-Q plot을 그리고 설명하시오.

(i) $X = 5.3$에서 $\hat{Y}$을 구하시오.

표 9.7 비누 중량과 거품 높이 데이터

비누의 중량(grams) X	비누거품의 높이 Y
3.5	24.4
4.0	32.1
4.5	37.1
5.0	40.4
5.5	43.3
6.0	51.4
6.5	61.9
7.0	66.1
7.5	77.2
8.0	79.2

7 섬유 만들 때의 온도(X)와 물이 닿았을 때의 섬유수축량(Y)에 대한 실험결과 데이터가 표 9.8에 주어졌다.

(a) (X, Y) 산점도를 그리시오.

(b) 통계적 모형 $Y = \beta_0 + \beta_1 X + \epsilon$에 적합하시오.

(c) $H_0 : \beta_1 = 0$에 대해 $H_1 : \beta_1 \neq 0$ 검정을 위한 t-통계량과 p-값을 쓰고 유의수준 5%에서 검정하시오.

(d) 결정계수를 구하고 해석하시오.

(e) (b)번의 모형을 이용하여 각 X에 대응하는 $\hat{Y}$을 추정하시오.

(f) 각 Y에 대응하는 $\hat{\epsilon}$을 추정하시오.

(g) $(\hat{Y}, \hat{\epsilon})$ 그림을 그리고 독립성과 등분산성에 대해 설명하시오.

(h) 잔차가 정규분포를 따른다고 할 수 있는지 Q-Q 그림을 그리고 설명하시오.

(i) $X = 400$에서 섬유수축량을 추정하시오.

표 9.8 섬유수축량 데이터(계속)

batch no.	온도 X	수축량 Y
1	280	2.1
2	250	3.0
3	300	3.2
4	320	1.4
5	310	2.6

표 9.8 섬유수축량 데이터

batch no.	온도 X	수축량 Y
6	280	3.9
7	320	1.3
8	300	3.4
9	320	2.8

8 연습문제 4번의 광고료 데이터를 이용하시오.

(a) $Y = \beta_0 + \beta_1 X + \varepsilon$ 회귀모형을 적합하고 분석하시오.

(b) $Y = \beta_0 + \beta_1 X + \beta_2 X^2 + \varepsilon$ 회귀모형을 적합하고 분석하시오.

(c) $Y = \beta_1 X + \varepsilon$ 회귀모형을 적합하고 분석하시오.

9 표 9.9는 A 대학 재학생과 관련한 데이터이다. 각 학생에 대해 측정된 4개 변수는 다음과 같다.

Y : College GPA

X_1 : High school GPA

X_2 : SAT Total

X_3 : Quality of letters of recommendation

(a) (X_1, Y) , (X_2, Y) , (X_3, Y)에 대한 각각의 산점도를 그리시오.

(b) 통계적 모형 $Y = \beta_0 + \beta_1 X_1 + \beta_2 X_2 + \beta_3 X_3 + \varepsilon$에 적합하시오.

(c) $H_0 : \beta_1 = 0,\ H_1 : \beta_1 \neq 0$에 대해 유의수준 0.05로 검정하시오.

(d) $H_0 : \beta_2 = 0,\ H_1 : \beta_2 \neq 0$에 대해 t-통계량과 p-값을 구하고 유의수준 0.05로 검정하시오.

(e) $H_0 : \beta_3 = 0,\ H_1 : \beta_3 \neq 0$에 대해 유의수준 0.05로 검정하시오.

(f) 결정계수를 구하고 해석하시오.

10 표 9.10 데이터를 이용하여

(a) 기초통계량을 구하시오.

(b) 100 m와 200 m 기록 간의 상관관계를 구하시오.

(c) 100 m와 마라톤 기록 간의 상관관계를 구하시오.

(d) 3000 m와 마라톤 기록 간의 상관관계를 구하시오.

표 9.9 대학교 입학성적 자료와 입학 후 학점

Y	X_1	X_2	X_3	Y	X_1	X_2	X_3
2.04	2.01	1070	5	2.03	1.64	886	4
2.56	3.40	1254	6	1.99	2.83	1126	7
3.75	3.68	1466	6	2.24	1.76	1158	4
1.10	1.54	706	4	0.45	1.81	676	6
3.00	3.32	1160	5	2.31	2.68	1214	7
0.05	0.33	756	3	2.41	2.55	1136	6
1.38	0.36	1058	2	2.56	2.70	1264	6
1.50	1.97	1008	7	2.50	1.66	1116	3
1.38	2.03	1104	4	2.92	2.23	1292	4
4.01	2.05	1200	7	2.35	2.01	604	5
1.50	2.13	896	7	2.82	1.24	854	6
1.29	1.34	848	3	1.80	1.95	814	6
1.90	1.51	958	5	1.29	1.73	778	3
3.11	3.12	1246	6	1.68	1.08	800	2
1.92	2.14	1106	4	3.44	3.46	1424	7
0.81	2.60	790	5	1.90	3.01	950	6
1.01	1.90	954	4	2.06	0.54	1056	3
3.66	3.06	1500	6	3.30	3.20	956	8
2.00	1.60	1046	5	1.80	1.50	1352	5
2.05	1.96	1054	4	2.00	1.71	852	5
2.60	1.96	1198	6	1.68	1.99	1168	5
2.55	1.56	940	3	1.94	2.76	970	6
0.38	1.60	456	6	0.97	1.56	776	4
2.48	1.92	1150	7	1.12	1.78	854	6
2.74	3.09	636	6	1.31	1.32	1232	5
1.77	0.78	744	5	1.68	0.87	1140	6
1.61	2.12	644	5	3.09	1.75	1084	4
0.99	1.85	842	3	1.87	1.41	954	2
1.62	1.78	852	5	2.00	2.77	1000	4
2.03	1.03	1170	3	2.39	1.78	1084	4
3.50	3.44	1034	10	1.50	1.34	1058	4
3.18	2.42	1202	5	1.82	1.52	816	5
2.39	1.74	1018	5	1.80	2.97	1146	7
1.48	1.89	1180	5	2.01	1.75	1000	6
1.54	1.43	952	3	1.88	1.64	856	4
1.57	1.64	1038	4	1.64	1.80	798	4
2.46	2.69	1090	6	2.42	3.37	1324	6
2.42	1.79	694	5	0.22	1.15	704	6
2.11	2.72	1096	6	2.31	1.72	1222	5
2.04	2.15	1114	5	0.95	2.27	948	6

표 9.10 LA 올림픽 달리기 경기 자료 (단위: 초)

국가명	100 m	200 m	400 m	800 m	1500 m	3000 m	마라톤
Austria	11.43	23.09	50.62	1.99	4.22	9.34	159.37
Belgium	11.41	23.04	52.00	2.00	4.14	8.88	157.85
Brazil	11.31	23.17	52.80	2.10	4.49	9.77	168.75
Canada	11.00	22.25	50.06	2.00	4.06	8.81	149.45
China	11.95	24.41	54.97	2.08	4.33	9.31	168.48
Denmark	11.42	23.52	53.60	2.03	4.18	8.71	151.75
France	11.15	22.59	51.73	2.00	4.14	8.98	155.27
Greece	11.79	24.08	54.93	2.07	4.35	9.87	182.20
Hungary	11.45	23.06	51.50	2.01	4.14	8.98	156.37
India	11.95	24.28	53.60	2.10	4.32	9.98	188.03
Italy	11.29	23.00	52.01	1.96	3.98	8.63	151.82
Japan	11.73	24.00	53.73	2.09	4.35	9.20	150.50
Kenya	11.73	23.88	52.70	2.00	4.15	9.20	181.05
Korea	11.96	24.49	55.70	2.15	4.42	9.62	164.65
Malays	12.23	24.21	55.09	2.19	4.69	10.46	182.17
Mexico	11.89	23.62	53.76	2.04	4.25	9.59	158.53
Philippines	11.76	23.54	54.60	2.19	4.60	10.16	200.37
Poland	11.13	22.21	49.29	1.95	3.99	8.97	160.82
Portugal	11.81	24.22	54.30	2.09	4.16	8.84	151.20
Rumania	11.44	23.46	51.20	1.92	3.96	8.53	165.45
Singapore	12.30	25.00	55.08	2.12	4.52	9.94	182.77
Spain	11.80	23.98	53.59	2.05	4.14	9.02	162.60
Sweden	11.16	22.82	51.79	2.02	4.12	8.84	154.48
Usa	10.79	21.83	50.62	1.96	3.95	8.50	142.72

11 표 9.11의 데이터를 이용하여 회귀분석을 하시오. 변수의 이름과 의미는 다음과 같다.

salary = 1999 salary + bonuses

tenure = number of years as CEO (=0 if less than 6 months)

age = age of CEO

sales = total 1998 sales revenue of firm i

profits = 1998 profits for firm i

assets = total assets of firm i in 1998

(a) profit에 따른 CEO의 salary에 대한 단순 선형회귀식을 구하고 분석하시오.

(b) profit과 age에 따른 CEO의 salary의 회귀식을 구하고 분석하시오.

(c) profit, age, sales에 따른 CEO의 salary의 회귀식을 구하고 분석하시오.

(d) profit, age, sales, tenure, assests에 따른 CEO의 salary의 회귀식을 구하고 분석하시오. CEO의 salary에 가장 큰 영향을 미치는 설명변수는 무엇인가?

표 9.11 1999년 미국 회사의 CEO와 성과 데이터

firm	salary	tenure	age	sales	profits	assets
1	3030	7	61	161315.0	2956.0	257389.0
2	6050	0	51	144416.0	22071.0	237545.0
3	3571	11	63	139208.0	4430.0	49271.0
4	3300	6	60	100697.0	6370.0	92630.0
5	0000	18	63	100469.0	9296.0	355935.0
6	9375	6	57	81667.0	6328.0	86100.0
7	9525	15	60	76431.0	5807.0	668641.0
8	5000	5	61	57813.0	5372.0	59920.0
9	999	3	57	56154.0	1120.0	36672.0
10	3300	2	60	53588.0	6398.0	59550.0
11	3500	16	63	50777.0	5165.0	617679.0
12	2493	5	61	47678.0	1704.0	42754.0

12 다음은 피자 배달주문 이후 배달 거리와 배달 시간을 기록한 데이터이다. 적절한 회귀모형을 구하시오.

표 9.12 배달데이터

배달주문	배달거리 X	배달시간(분) Y
1	100	21
2	150	30
3	300	32
4	400	47
5	130	26
6	280	29
7	320	33
8	120	25
9	255	28
10	270	38

10장

분산분석

여러 모집단의 평균을 동시에 비교 검토해야 할 경우가 있다. 모집단이 정규분포를 따를 때, 단일 표본과 이표본에서 평균에 대한 검정은 주로 t-검정을 이용한다. 셋 이상의 표본에서 평균 간의 비교 및 검정 문제에 대해서는 분산분석법을 이용한다. 예를 들어 '서로 다른 광고매체에 따라 각각의 광고 효과는 차이가 있는지, 여러 작업환경에 따라 작업능률에 차이가 나는지, 여러 온도에 따라 강도에 차이가 있는지, 여러 조합의 온도와 압력에 따라 강도에 차이가 나는지, 세 가지 교육 방법에 따라 성적에 차이가 있는지, 네 종류의 자동차 회사에 따라 연비에 차이가 있는지' 등에 대한 문제를 통계적으로 해결해야 할 필요가 있다.

셋 이상 집단의 표본정보를 이용하여 이들이 추출된 셋 이상의 모집단들이 갖는 평균들이 서로 같은가를 확인할 필요가 발생하는데, 이러한 문제해결에 사용되는 통계적 추론방법이 분산분석(ANOVA: ANalysis Of VAriance)이다.

10.1 일원배치 분산분석

k개 모집단에서 각각 독립적으로 크기 n_i인 랜덤표본을 얻는다. 각 처리를 실험단위에 배치할 때 확률화 원리를 충실하게 따라야 한다.

처리요인이 한 개인 경우, 처리마다 반복수가 n_i인 경우의 자료구조를 알아보자.

(1) 자료구조(data structure)와 가정(assumption)

처리(treatment)	1	2	$\cdots$	k
	Y_{11}	Y_{21}	$\cdots$	Y_{k1}
	Y_{12}	Y_{22}	$\cdots$	Y_{k2}
	$\vdots$	$\vdots$		$\vdots$
	Y_{1n_1}	Y_{2n_2}	$\cdots$	Y_{kn_k}
처리합(treatment total)	$Y_{1}.$	$Y_{2}.$	$\cdots$	$Y_{k}.$
처리평균(treatment mean)	$\overline{Y}_{1}.$	$\overline{Y}_{2}.$	$\cdots$	$\overline{Y}_{k}.$

여기서 $Y_{i}. = \sum_{j=1}^{n_i} Y_{ij}$, $\quad Y.. = \sum_{i=1}^{k}\sum_{j=1}^{n_i} Y_{ij}$, $\quad \overline{Y_{i}.} = \frac{1}{n_i}\sum_{j=1}^{n_i} Y_{ij}$

통계적 가정은 다음과 같다.

$$Y_{11}, Y_{12}, \ldots, Y_{1n_1} \sim iid\ N(\mu_1, \sigma^2) \tag{10.1}$$
$$\vdots$$
$$Y_{k1}, Y_{k2}, \ldots, Y_{kn_k} \sim iid\ N(\mu_k, \sigma^2)$$

k개 그룹에서 나온 표본들은 서로 독립이다.

(2) 통계적 모형(고정 효과 모형)

반응값은 다음과 같은 선형모형으로 표현할 수 있다.

$$Y_{ij} = \mu + \tau_i + \epsilon_{ij}, \quad i = 1, 2, \cdots, k, \quad j = 1, 2, \cdots, n_{i,} \tag{10.2}$$

여기서

$N = \sum_{i=1}^{k} n_i$는 데이터 총 수

μ는 모집단의 전체평균(overall mean)

τ_i는 i번째 처리 효과(treatment effect), 고정 효과, $\sum_{i=1}^{k} n_i \tau_i = 0$

ϵ_{ij}는 i번째 처리의 j번째 측정값에 따르는 오차항(random error)

$\epsilon_{ij} \sim iid \quad N(0,\ \sigma^2)$.

(3) 분산분석

총 변동을 요인에 의한 변동으로 분해하여 제곱합을 구하면 총제곱합은 요인에 의한 제곱합으로 분해된다.

$$\begin{aligned} \sum_i \sum_j (Y_{ij} - \overline{Y}..)^2 &= \sum_i \sum_j [(Y_{ij} - \overline{Y}_i.) + (\overline{Y}_i. - \overline{Y}..)]^2 \\ &= \sum_i n_i (\overline{Y}_i. - \overline{Y}..)^2 + \sum_i \sum_j (Y_{ij} - \overline{Y}_i.)^2 \end{aligned} \tag{10.3}$$

즉

$$TSS = SSt + SSe \tag{10.4}$$

전체제곱합 = 처리변동에 의한 제곱합 + 오차제곱합

(4) 분산분석표(one-way ANOVA table)

요인(source)	자유도 (df)	제곱합 (SS)	평균제곱합 (MS)	F-통계량	기각값
treatment(처리)	$k-1$	SSt	$MSt=\dfrac{SSt}{k-1}$	$F_t=\dfrac{MSt}{MSe}$	$F_{k-1,N-k}(\alpha)$
error(오차)	$N-k$	SSe	$MSe=\dfrac{SSe}{N-k}$		
Total(총합)	$N-1$	TSS			

(5) 제곱합 계산

보정항: $CF = Y_{..}^2/N$ (correction factor)

전체제곱합: $TSS=\sum_i\sum_j(Y_{ij}-\overline{Y_{..}})^2=\sum_i\sum_j Y_{ij}^2-CF$ (total sum of squares)

처리제곱합: $SSt=\sum_i\sum_j(\overline{Y_{i.}}-\overline{Y_{..}})^2=\sum_i Y_{i.}^2/n_i-CF$

(sum of squares due to treatment)

오차제곱합: $SSe=\sum_i\sum_j(Y_{ij}-\overline{Y_{i.}})^2=TSS-SSt$ (sum of squares due to error)

평균처리제곱합: $MSt=\dfrac{SSt}{k-1}$ (Mean Squares of treatment)

평균오차제곱합: $MSe=\dfrac{SSe}{N-k}$ (Mean Squares of error) (10.5)

(6) 처리 효과에 대한 가설검정

$$H_0:\ \tau_1=\tau_2=\cdots\tau_k=0 \text{ (처리 효과 없다).}$$

에 대해 H_1 : 적어도 한 개는 τ_i는 0이 아니다(처리 효과 있다. 즉 처리 간 차이 있다).

검정통계량

$$F_t=\frac{MSt}{MSe} \tag{10.6}$$

는 귀무가설하에서 $F_{k-1,N-k}$ 분포를 따른다. 유의수준 α에서 검정법은 $F_t \geq F_{k-1,N-k}(\alpha)$이면 귀무가설 H_0를 기각한다.

처리 간의 차이가 유의할 경우, 어떻게 세분화되는지 알고자 하며 다중비교(multiple comparison) 방법으로 처리들에 대한 그룹을 구할 수 있다. LSD(least significant difference), Tukey의 HSD(honestrly significant difference) 등의 방법을 통해 처리 간의 그룹을 찾을 수 있다. 하지만 이 책에서는 다루지 않기로 한다.

예제 10.1 세 종류의 건전지 수명에 차이가 있는지 알아보기

각 회사에서 5개씩 건전지를 선택해서 수명실험으로 다음의 데이터를 얻었고 이들은 정규분포를 따른다고 할 수 있다.

제품 A	제품 B	제품 C
100	76	108
96	80	100
98	84	101
96	84	98
92	78	96

IN

```
a = np.array([100, 96, 98, 96, 92])
b = np.array([76, 80, 84, 84, 78])
c = np.array([108, 100, 101, 98, 96])

blife = pd.DataFrame({
 'group': np.hstack([np.tile("a",5), np.tile("b",5),
                      np.tile("c", 5)]),
  'y'   : np.hstack([a, b, c])})
blife
```

OUT

```
 group y
0 a 100
1 a 96
2 a 98
3 a 96
4 a 92
5 b 76
6 b 80
7 b 84
8 b 84
9 b 78
10 c 108
11 c 100
12 c 101
13 c 98
14 c 96
```

IN
```
import statsmodels.formula.api as smf
aov_model = smf.ols("y~group", data=blife).fit()
print(sm.stats.anova_lm(aov_model, typ = 2))
print(aov_model.params)
```

OUT
```
              sum_sq    df          F    PR(>F)
group    1136.133333   2.0  40.193396  0.000005
Residual  169.600000  12.0        NaN       NaN

Intercept     96.4
group[T.b]   -16.0
group[T.c]     4.2
dtype: float64
```

분산분석 결과 F-통계량은 40.1934이고 p-값$= 0.000005 < 0.05$이므로 H_0를 기각한다. 유의수준 5%에서 제품 간의 건전지 수명 차이가 유의하다. .fittedvalues로 반응추정값을, .resid로 잔차를 얻는다.

IN
```
print(np.vstack([aov_model.fittedvalues, aov_model.resid]) )
```

OUT
```
[[ 96.4  96.4  96.4  96.4  96.4  80.4  80.4  80.4  80.4  80.4
   100.6 100.6 100.6 100.6 100.6]
 [3.6  -0.4  1.6  -0.4  -4.4  -4.4  -0.4  3.6  3.6  -2.4  7.4
  -0.6 0.4  -2.6  -4.6]]
```

IN
```
sns.boxplot(x = "group", y = "y", data = blife)
```

OUT

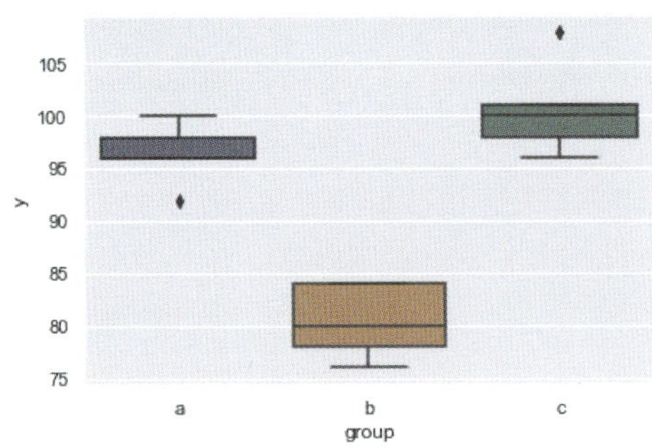

그림 10.1 그룹별 상자그림

10.2 이요인 분산분석

처리요인이 두 개인 경우, 처리마다 반복수가 n인 경우의 자료구조는 다음과 같다.

(1) 이원 배치 자료구조

요인 A \ 요인 B	1	2	$\cdots$	j	$\cdots$	b
1	Y_{111} Y_{112} $\vdots$ Y_{11n}	Y_{121} Y_{122} $\vdots$ Y_{12n}	$\cdots$	$\cdots$	$\cdots$	Y_{1b1} Y_{1b2} $\vdots$ Y_{1bn}
$\vdots$	$\vdots$	$\vdots$				$\vdots$
i	$\vdots$	$\vdots$	$\cdots$	Y_{ij1} Y_{ij2} $\vdots$ Y_{ijn}	$\cdots$	$\vdots$
$\vdots$	$\vdots$	$\vdots$				$\vdots$
a	Y_{a11} Y_{a12} $\vdots$ Y_{a1n}	Y_{a21} Y_{a22} $\vdots$ Y_{a2n}	$\cdots$	$\cdots$	$\cdots$	Y_{ab1} Y_{ab2} $\vdots$ Y_{abn}

(2) 통계적 모형(고정 효과 모형)

$$\begin{aligned} Y_{ijk} &= \mu + \alpha_i + \beta_j + \alpha\beta_{ij} + \epsilon_{ijk} \\ & \quad i = 1, \cdots, a \\ & \quad j = 1, \cdots, b \\ & \quad k = 1, \cdots, n \text{ 반복} \end{aligned} \tag{10.7}$$

여기서

μ는 전체 평균

α_i는 A의 i^{th} 수준 효과

β_j는 B의 j^{th} 수준 효과

$\alpha\beta_{ij}$는 A와 B의 상호작용

ϵ_{ijk}는 오차항 $\sim iid\ N(0, \sigma^2)$

$$\sum_i \alpha_i = 0\ ,\quad \sum \beta_j = 0\ ,\quad \sum_i \alpha\beta_{ij} = \sum_j \alpha\beta_{ij} = 0\ .$$

(3) 분산분석

총 변동을 요인에 의한 변동으로 분해하여 제곱합을 구하면 총제곱합은 요인에 의한 제곱합으로 분해된다.

$$TSS = SS_A + SS_B + SS_{AB} + SSe \tag{10.8}$$

즉

전체제곱합 = A 요인 제곱합 + B 요인 제곱합 + AB 상호작용 제곱합 + 오차제곱합.

(4) 분산분석표($N = abn$)

요인 (source)	자유도 (df)	제곱합 (SS)	평균제곱합 (MS)	F-통계량	기각값
요인 A	$a-1$	SS_A	$MS_A = \frac{SS_A}{(u-1)}$	$F_A = \frac{MS_A}{MSe}$	$F_{a\quad 1,ab(n\quad 1)}(\alpha)$
요인 B	$b-1$	SS_B	$MS_B = \frac{SS_B}{(b-1)}$	$F_B = \frac{MS_B}{MSe}$	$F_{b-1,ab(n-1)}(\alpha)$
A*B 상호작용	$(a-1)(b-1)$	SS_{AB}	$MS_{AB} = \frac{SS_{AB}}{(a-1)(b-1)}$	$F_{AB} = \frac{MS_{AB}}{MSe}$	$F_{(a-1)(b-1),ab(n-1)}(\alpha)$
오차	$ab(n-1)$	SSe	MSe		
총합	$N-1$	TSS			

(5) 제곱합계산

$$TSS = SS_{total} = \sum_i \sum_j \sum k(Y_{ijk} = \overline{Y...})^2 = \sum_i \sum_j \sum_k Y_{ijk}^2 = CF, \quad CF = \frac{Y_{...}^2}{abn}$$

$$SS_A = \sum_i \sum_j \sum_k (\overline{Y_{i..}} - \overline{Y...})^2 = \sum_{i=1}^{a} \frac{Y_{i..}^2}{bn} - CF$$

$$SS_B = \sum_i \sum_j \sum_k (\overline{Y_{.j.}} - \overline{Y..})^2 = \sum_{j=1}^{b} \frac{Y_{.j.}^2}{an} - CF \tag{10.9}$$

$$SS_{AB} = \sum_i \sum_j \sum_k (\overline{Y_{ij.}} - \overline{Y_{i..}} - \overline{Y_{.j.}} + \overline{Y...})^2$$

$$SSe = TSS - SS_{AB} - SS_A - SS_B$$

여기서

$$\overline{Y_{...}} = \frac{1}{N}\sum_i\sum_j\sum_k Y_{ijk}, \quad N = abn$$
$$\overline{Y_{i..}} = \frac{1}{bn}\sum_j\sum_k Y_{ijk}, \quad \overline{Y_{.j.}} = \frac{1}{an}\sum_i\sum_k Y_{ijk}, \quad \overline{Y_{ij.}} = \frac{1}{n}\sum_k Y_{ijk}. \tag{10.10}$$

(6) 요인 A 효과에 대한 가설검정

H_0 : $\alpha_1 = \cdots = \alpha_a = 0$ (요인 A 효과 없다)

H_1 : 적어도 한 개의 $\alpha_i \neq 0,\ i = 1, ..., a$

검정통계량

$$F_A = \frac{MS_A}{MSe} \tag{10.11}$$

는 H_0 하에서 $F_{a-1,\, ab(n-1)}$ 분포를 따른다. 만일 $F_A \geq F_{a-1, ab(n-1)}(\alpha)$이면 H_0를 기각한다.

(7) 요인 B 효과에 대한 가설검정

H_0 : $\beta_1 = \cdots = \beta_b = 0$ (요인 B 효과 없다)

H_1 : 적어도 한 개의 $\beta_j \neq 0,\ j = 1, ..., b$

검정통계량

$$F_B = \frac{MS_B}{MSe} \tag{10.12}$$

는 H_0 하에서 $F_{b-1,\, ab(n-1)}$ 분포를 따른다. 만일 $F_B \geq F_{b-1, ab(n-1)}(\alpha)$이면 H_0를 기각한다.

(8) AB 상호작용 효과에 대한 가설검정

H_0 : $\alpha\beta_{11} = \cdots = \alpha\beta_{ab} = 0$ (상호작용 효과 없다)

에 대해

H_1 : 적어도 한 개의 $\alpha\beta_{ij} \neq 0,\ i = 1, ..., a, \quad j = 1, ..., b$

검정통계량

$$F_{AB} = \frac{MS_{AB}}{MSe} \tag{10.13}$$

은 H_0 하에서 $F_{(a-1)(b-1),\ ab(n-1)}$ 분포를 따른다.

만일 $F_{AB} \geq F_{(a-1)(b-1),\ ab(n-1)}(\alpha)$이면 H_0를 기각한다.

예제 10.2(a) 디자인 종류와 광고 요인별로 매출액을 조사한 데이터

광고 \ 디자인	A	B	C
광고할 경우(1)	23	15	18
광고하지 않을 경우(0)	16	9	11

이요인 분산분석을 하고자 한다(반복수가 1이므로 상호작용 효과는 추정할 수 없다).

IN
```
df = pd.DataFrame({
 'design': ["a","b","c", "a","b","c"],
  'ad'  : [1,1,1, 0,0,0],
   'y'  : [23,15,18, 16,9,11]})
df.head()
```

OUT

	design	ad	y
0	a	1	23
1	b	1	15
2	c	1	18
3	a	0	16
4	b	0	9

IN
```
aov_model = smf.ols("y~design+ad", data = df).fit()
print(sm.stats.anova_lm(aov_model, typ = 2))
print(aov_model.params)
```

OUT
```
              sum_sq   df       F     PR(>F)
design     58.333333  2.0   175.0   0.005682
ad         66.666667  1.0   400.0   0.002491
Residual    0.333333  2.0     NaN        NaN
```

```
Intercept      16.166667
design[T.b]    -7.500000
design[T.c]    -5.000000
ad              6.666667
dtype: float64
```

디자인 효과에 대한 F-통계량 = 175이고 p-값 = 0.005682 < 0.05이므로 유의수준 5%에서 H_0를 기각한다. 매출액에 대해 디자인 효과는 유의하다. 광고 효과에 대한 F-통계량 = 400이고 p-값 = 0.002491 < 0.05으로 유의수준 5%에서 H_0를 기각한다. 그러므로 매출액에 대한 디자인 효과는 유의하다.

IN
```
sns.boxplot(x = "design", y = "y", data = df)
sns.boxplot(x = "ad", y = "y", data = df)
```

OUT

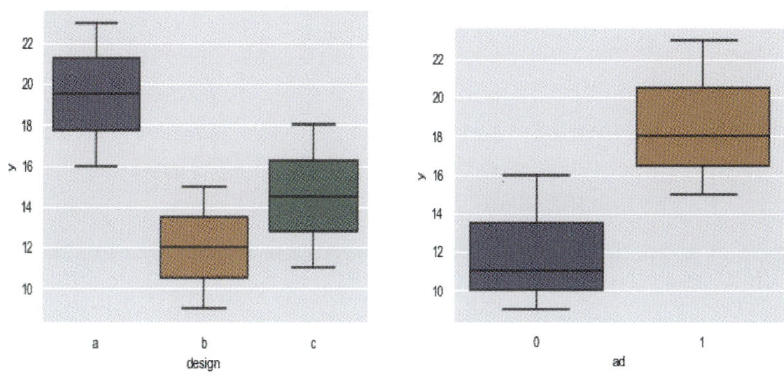

그림 10.2 (a) 디자인별 상자그림 (b) 광고별 상자그림

예제 10.2(b) 요인 효과에 대한 통계적 분석

화학공정에서 중요한 요인 2개는 온도와 압력이다. 이 두 가지 요인에 대한 2 반복 실험으로 다음의 반응값을 얻었다.

	압력		
온도	200	220	240
저온	90.4	90.7	90.2
	90.2	90.1	90.4
고온	92.2	91.6	90.5
	93.7	91.8	92.8

```python
pressure = np.array([200, 220, 240, 200, 220, 240, 200, 220,
                     240, 200, 220, 240 ])
temp = np.array(["low", "low", "low", "low", "low", "low",
                 "high", "high", "high", "high", "high", "high"])
y = np.array([90.4, 90.7, 90.2, 90.2, 90.1, 90.4, 92.2, 91.6,
              90.5, 93.7, 91.8, 92.8])
df = pd.DataFrame({
    'pressure' : pressure,
    'temp' : temp,
    'y' : y
})
formula = 'y ~ C(temp) + C(pressure) + C(temp):C(pressure)'
model = smf.ols(formula, data = df).fit()
aov_table = sm.stats.anova_lm(model, typ = 2)
print(aov_table)
```

```
                       sum_sq   df          F    PR(>F)
C(temp)              9.363333  1.0  14.009975  0.009589
C(pressure)          1.011667  2.0   0.756858  0.509201
C(temp):C(pressure)  1.171667  2.0   0.876559  0.463473
Residual             4.010000  6.0        NaN       NaN
```

```python
from statsmodels.graphics.factorplots import interaction_plot

fig1 = interaction_plot(x = temp, trace = pressure, response = y,
                        xlabel = 'temperature')

fig2 = interaction_plot(x = pressure, trace = temp, response = y,
                        xlabel = 'pressure')
```

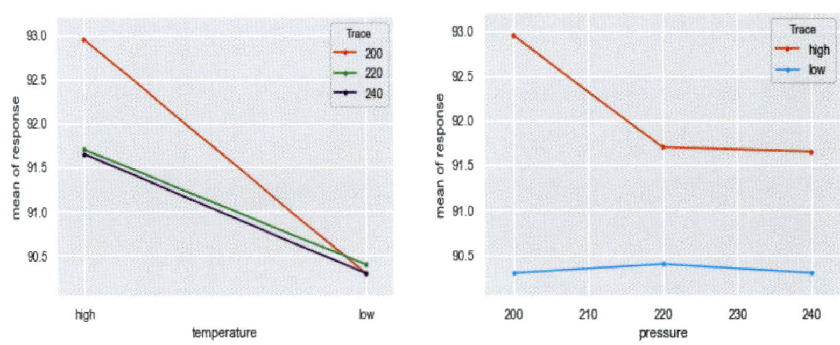

그림 10.3 (a) 온도에 따른 압력의 상호작용그림 (b) 압력에 따른 온도의 상호작용그림

온도(temp) 효과에 대한 F-통계량 $= 14.0100$ 이고 p-값 $= .009589 < 0.05$ 으로 유의수준 5%에서 H_0를 기각한다. 즉 온도 효과는 유의하다. 압력(pressure) 효과에 대한 F-통계량 $= 0.7569$ 이고 p-값 $= 0.5092 > 0.05$ 으로 유의수준 5%에서 H_0를 기각하지 못한다. 즉 압력 효과는 유의하지 않다.

온도와 압력의 상호작용 효과에 대한 F-통계량 $= 0.8766$ 이고 p-값 $= 0.463473 > 0.05$ 으로 유의수준 5%에서 H_0를 기각하지 못하므로 온도와 압력의 상호작용 효과는 유의하지 않다. 두 요인의 상호작용을 그림으로 그려볼 수 있다. 그림 10.3(a)는 x축에 온도 요인을 놓은 상호작용그림이며 그림 10.3(b)는 x축에 압력 요인을 놓은 상호작용그림을 보여준다.

10장 | 연습문제

1 3개의 회사에서 생산된 전구 수명에 차이가 있는지 알아보고자 한다. 각 회사에서 6개씩 전구를 선택하고 수명실험을 하여 다음의 데이터를 얻었다. 이들은 정규분포를 따른다고 할 수 있다.

제품 종류		
A	B	C
100	76	108
96	80	100
98	84	101
96	84	103
92	78	104
100	80	110

(a) 세 회사 제품의 전구 수명 간에 차이가 있는지 알아보고자 한다. 적절한 통계적 가설을 세우시오.

(b) 실험설계에 맞는 통계적 모형을 쓰시오.

(c) (a)의 가설에 대해 유의수준 $\alpha = 0.05$로 검정하시오.

2 관심 있는 5가지 배양법에 따라 클로버 잎새의 질소 성분 함량을 측정한 자료이다. 랜덤하게 각 배양접시에 클로버의 씨앗을 배치하였고 측정값들은 각각 정규분포를 따른다고 할 수 있다. 5가지 배양법 간에 차이가 있는지 유의수준 $\alpha = 0.05$에서 F-검정과 다중비교를 하시오.

배양법 종류				
A	B	C	D	E
10	8	10	20	18
12	9	12	18	20
12	10	14	17	22
10	12	12	19	23

3 한 정부 기관에서 산업폐수를 정화하는 필터 4종류 A, B, C, D를 비교하는 분산분석을 하시오. 완전 랜덤화 설계로 각 필터에 대해 폐수를 여과시켜 여과 능력에 대한 측정값을 얻었다. 측정값은 동일 분산을 가지며 정규분포를 만족한다고 가정한다. 4가지 필터 종류에 따라 여과 능력에 차이가 있는지 분산분석하시오.

필터 종류			
A	B	C	D
26	19	28	29
23	20	28	29
27	20	29	27
	17		34

4 A, B, C 세가자제 종류의 모기약을 살충 효과를 나타내는 데이터를 얻었다. 종류에 따라 살충효과가 다르다고 할 수 있는지 유의수준 $\alpha = 0.05$에서 F-검정과 다중비교를 하시오.

모기약 종류		
A	B	C
7.3	10.2	9.1
10	11.2	9.5
8.5	10.8	9.7
6.3	12.8	10.2
7.9		9.4
7.5		
8.2		

5 어떤 연구자는 3종류의 세탁세제의 효과를 비교하고자 처리를 랜덤하게 배치하고 실험을 하여 박테리아 성장 지연반응으로 다음의 데이터를 얻었다. 측정값들은 정규분포를 따르고 그룹 간 등분산을 가정할 수 있다. 세제 종류에 따른 차이가 있는지 유의수준 $\alpha = 0.05$에서 F-검정과 다중비교를 하시오.

세제 종류		
A	B	C
20	12	13
22	14	16
24	16	19

6 자동차 기술자가 엔진 오일(engine oil)로부터 불순물을 제거하는 능력을 비교하기 위해 4가지 종류의 여과지(filter) A, B, C, D를 사용하였다. 4종류의 실험장치로 처리, 측정되어 제거된 불순물의 양으로 측정값을 얻었으며, 측정값들은 정규분포를 따른다고 할 수 있다. 여과지 종류에 따른 차이가 있는지 분산분석 하시오.

여과지 종류			
A	B	C	D
28	31	30	27
28	29	30	26
29	30	31	26
27	30	31	27

7 접착제의 강도가 접착제 사용할 때의 압력과 온도에 영향을 받는다고 생각되어 이요인 실험을 하였다. 주어진 압력과 온도 하에서 2개씩의 데이터를 다음과 같이 얻었다. 데이터는 정규분포를 따른다.

압력	온도(℃)	
	50	100
100	9	13
120	12	18
150	14	20

(a) 온도(x축)에 따른 압력별 접착제 강도에 대한 그래프를 그리시오.

(b) 분산분석표를 만드시오.

(c) 온도에 따른 차이가 있는지 검정하기 위한 통계적 가설을 쓰고, 유의수준 0.05로 검정하고 결론을 쓰시오.

(d) 압력에 따른 차이가 있는지 검정하기 위해 통계적 가설을 쓰고, 유의수준 0.05로 검정하고 결론을 쓰시오.

8 접착제의 강도가 접착제 사용할 때의 압력과 온도에 영향을 받는다고 생각되어 이요인 실험을 하였다. 주어진 압력과 온도 하에서 2개씩의 데이터를 다음과 같이 얻었다. 데이터는 정규분포를 따른다.

압력	온도(℃)			
	50		100	
100	9	11	11	13
120	12	14	14	18
150	14	16	14	20

(a) 온도(x축)에 따른 압력별 접착제 강도에 대한 그래프를 그리시오.

(b) 분산분석표를 만드시오.

(c) 온도에 따른 차이가 있는지 검정하기 위한 통계적 가설을 쓰고, 유의수준 0.05로 검정하고 결론을 쓰시오.

(d) 압력에 따른 차이가 있는지 검정하기 위한 통계적 가설을 쓰고, 유의수준 0.05로 검정하고 결론을 쓰시오.

(e) 온도와 압력에 따른 상호작용이 있는지 통계적 가설을 쓰고, 유의수준 0.05로 검정하고 결론을 쓰시오.

9 어느 곤충학자가 온도(A)와 액체의 점성(B)이 꿀벌의 에너지 소비에 미치는 영향을 규명하기 위해 꿀벌의 액체 흡입률에 관한 실험을 수행한 결과 다음의 데이터를 얻었다.

점성(%)	온도(℃)					
	20		30		10	
20	3.9	3.7	6.5	6.1	7.7	8.7
40	4.2	4.4	9.8	9.2	14.3	13.7
60	6.9	7.3	12.7	13.1	16.8	17.2

(a) 온도(x축)에 따른 점성별 에너지 소비량에 대한 그래프를 그리시오.

(b) 분산분석표를 만드시오.

(c) 온도에 따른 에너지 소비량 차이가 있는지 검정하기 위한 통계적 가설을 쓰고, 유의수준 0.05로 검정하고 결론을 쓰시오.

(d) 점성에 따른 에너지 소비량 차이가 있는지 검정하기 위한 통계적 가설을 쓰고, 유의수준 0.05로 검정하고 결론을 쓰시오.

(e) 온도와 점성에 따른 상호작용이 있는지 통계적 가설을 쓰고, 유의수준 0.05로 검정하고 결론을 쓰시오.

10 절단 속도(A)와 기계의 각도(B)에 따른 금속절단기의 수명에 대해 조사한 데이터이다. 데이터는 정규분포를 따른다.

절단 속도(A)	기계의 각도(B)					
	15		20		25	
120	39	37	45	49	47	48
140	42	44	48	46	45	48
160	42	48	50	46	45	48
180	48	50	52	54	50	53

(a) 절단 속도(A)에 따른 에너지 소비량에 대한 상자그림을 그리시오.

(b) 기계의 각도(B)에 따른 에너지 소비량에 대한 상자그림을 그리시오.

(c) 분산분석표를 만드시오.

(d) 절단 속도(A)에 따른 에너지 소비량 차이가 있는지 검정하기 위해 통계적 가설을 쓰고, 유의수준 0.05로 검정하고 결론을 쓰시오.

(e) 기계의 각도(B)에 따른 에너지 수비량 차이가 있는지 검정하기 위해 통계적 가설을 쓰고, 유의수준 0.05로 검정하고 결론을 쓰시오.

(f) 절단 속도와 각도에 따른 상호작용이 있는지 통계적 가설을 쓰고, 유의수준 0.05로 검정하고 결론을 쓰시오.

11 K 시멘트 생산 공장에서 고강도 시멘트를 개발할 목적으로 시멘트 강도에 영향을 주는 인자로 석고종류 (a)와 석고첨가량 (b)를 택하여 반복 2회 3×6 요인설계와 완전확률화설계를 해서 실험한 후 데이터를 얻었다. 반응값은 정규분포를 따른다고 가정할 수 있다. 분산분석표를 만들고 적절한 통계분석을 하시오.

[a] 석고 종류

1: 화학석고 2: 분말석고 3: 혼합석고

[b] 석고첨가량(SO3 %)

1: 1.6% 2: 2.0% 3: 2.4% 4: 2.8% 5: 3.2% 6: 3.6%

a	b	y	a	b	y	a	b	y
1	1	305	2	1	322	3	1	320
1	1	302	2	1	325	3	1	322
1	2	335	2	2	350	3	2	342
1	2	337	2	2	348	3	2	344
1	3	366	2	3	326	3	3	338
1	3	364	2	3	324	3	3	336
1	4	372	2	4	330	3	4	348
1	4	374	2	4	330	3	4	348
1	5	376	2	5	327	3	5	350
1	5	373	2	5	330	3	5	350
1	6	348	2	6	310	3	6	330
1	6	350	2	6	308	3	6	325

11장

사용자정의함수

PYTHON

프로그래밍에서 함수는 정말 중요하다. 함수를 사용하는 이유는 무엇일까? 함수는 주로 프로그래밍을 할 때 똑같은 내용을 반복적으로 작성하는 경우에 사용된다. 즉 반복되는 부분이 있을 경우 "반복적으로 사용되는 가치 있는 부분"을 한 뭉치로 묶어서 "어떤 입력값을 주었을 때 어떤 결괏값을 돌려준다"라는 방식의 함수로 작성하는 것이 현명한 프로그래밍이다.

함수를 사용하는 또 다른 이유는 자신이 만든 프로그램을 함수화하여 프로그램의 흐름을 일목요연하게 볼 수 있기 때문이다. 마치 공장에서 원재료가 여러 공정을 거쳐 하나의 상품이 되는 것처럼, 프로그램에서도 입력한 값이 여러 함수를 거치면서 원하는 결괏값을 내는 것을 볼 수 있다. 이렇게 되면 프로그램의 흐름을 잘 파악할 수 있을뿐더러 오류가 어디에서 발생하는지도 즉시 알아차릴 수 있다. 능력 있는 프로그래머란 함수를 잘 사용하면서 적절하게 만들 줄 아는 사람이다.

11.1 사용자정의함수 만들기

Python에서는 내장형 함수(built-in function)를 사용하는 대신 필요한 함수를 만들어 사용자정의함수(user defined function: UDF)를 정의할 수 있다.

함수(function)는 input을 받아서 특정 과업(들)을 수행하여 output을 반환하도록 만들어진 코드로, 잘 조직되고 재사용이 가능한 코드 블록을 말한다.

사용자정의함수의 유용성은 다음과 같다:

(1) 사용자정의함수를 재사용(reusable)할 수 있다.
(2) 코드를 구조화(structuring), 모듈화(modularization)함으로써 관리하기 쉽다.
(3) 사용자정의함수를 사용하여 코드를 간결하게 하고 가독성(readability)을 높일 수 있다.
(4) 사용자정의함수를 분산하여 개별적으로 작성할 수 있으므로 애플리케이션 개발 속도를 높일 수 있다.

사용자정의함수는 (1) 사용자정의함수 정의(Definition), (2) 호출(Call), (3) 반환(Return)의 절차를 따라서 이용한다.

사용자정의함수의 구조는 다음과 같다.

```
def 함수이름:
    함수의 내용
    return 반환값
```

사용자정의함수를 정의(define)할 때의 일반적인 규칙은 다음과 같다:

(1) 첫 줄에는 def로 시작하며 사용자정의함수 이름을 쓰고, 괄호 안에는 매개변수 목록을 쓰며, 끝에는 콜론(:)을 쓴다.
(2) 다음 줄부터는 들여쓰기(indentation)를 필수로 한다.
(3) 따옴표 세 개("""함수 설명""")로 함수에 대한 부가 설명(docstring)을 넣어주고(optional) 실행하고자 하는 작업에 대해서 코드블록을 작성한다.
(4) 마지막에 return 다음에 반환하고자 하는 결괏값을 쓴다.

반환할 값이 없으면 return은 생략이 가능하다.

예제 11.1(a) 제곱을 구하는 argument 없이 사용자정의함수를 만들고 수행

IN
```
def square():            # function header
    new_value=4**2       # function body(indented)
    print(new_value)

square()
```

OUT
```
16
```

예제 11.1(b) 함수의 인자(argument) x가 있는 제곱을 구하는 사용자정의함수를 만들고 x값을 변화하며 수행한 예 보기

IN
```
def square(x):                    # function header x: argument
    """return square value"""     # Docstrings to explain
    new_value = x**2              # function body(indented)
    return new_value              # return (indented)

print(square(2))
print(square(5))
```

OUT
```
4
25
```

예제 11.1(c) 2개 인자가 있는 덧셈결과를 주는 사용자정의함수를 만들고 수행

IN
```
def add_numbers(x,y):
    """
    summation of two numbers
    """
    sum = x + y
    return sum

num1 = 5
num2 = 6
print("The sum is", add_numbers(num1, num2))
```

OUT
```
The sum is 11
```

지금까지는 단일 출력 결과만 나오는 사용자정의함수를 수행하였으나 사용자정의함수는 여러 개의 출력 결과가 나오도록 수행할 수 있다.

예제 11.1(d) 두 개 인자의 합, 제곱, 곱이 출력하는 사용자정의함수를 만들고 수행

IN
```
def muti_calculation(x,y):
    sum = x+y
    square_x = x**2
    square_y = y**2
    multiply = x*y
    return print(sum,square_x,square_y,multiply)

muti_calculation(1,3)
```

OUT
```
4 1 9 3
```

사용자정의함수에서 사용되는 매개변수의 값을 고정할 수도 있다. 고정하고자 하는 값이 함수 인자 중에서 맨 끝에 위치해야 한다.

예제 11.1(e) 매개변수 값 지정 시 x=1로 값 고정

`def muti_calculation2(y,x = 1)`처럼 고정하고자 하는 값이 맨 끝에 위치한다.

IN
```
def muti_calculation2(y,x = 1):
    sum = x+y
    square_x = x**2
    square_y = y**2
    multiply = x*y
    return print(sum,square_x,square_y,multiply)

muti_calculation2(3) # x값 입력
```

OUT
```
4 1 9 3
```

만약 고정하고자 하는 값을 맨 끝에 위치시키지 않는다면 다음과 같은 오류가 발생한다.

IN
```
def muti_calculation2(x = 1,y):
    sum = x+y
    square_x = x**2
    square_y = y**2
    multiply = x*y
    return print(sum,square_x,square_y,multiply)

muti_calculation2(3) # x값 입력
```

OUT
```
  File "<ipython-input-58-4fb4b6212be3>", line 3
    def muti_calculation(x = 1,y):
                              ^
SyntaxError: non-default argument follows default argument
```

예제 11.1(f) 가변인자를 갖는 함수

인자의 갯수가 정해지지 않은 가변 인자를 전달하는 방법이 있으며 함수 인자 앞에 * 를 붙이면 된다.

IN
```
def sum(*args):
    result = 0
    for i in args:
        result += i
    return result
sum(1,2,3,4)
```

OUT
```
10
```

11.2 람다 함수

람다(lambda) 함수는 사용자정의함수와 비슷한 역할을 하지만, 함수명을 정해 사용하는 사용자정의함수와 다르게 이름 없이 사용하는 익명 함수이다. 람다 함수는 간단한 기능을 정의하고 한 번 사용하면 사라지게 되며

함수명 = lambda 변수명 : 수식

의 형태로 사용한다.

변수명은 x, y, z 등의 값을 사용하며, 수식은 변수명에서 사용된 값을 활용한다. `lambda`를 사용하여 한 줄로 되어있는 수학함수를 생성하거나 특정 형태나 형식 등으로 변환할 수 있다. 따라서 간단한 수학함수가 필요한 경우 람다 함수를 호출하여 사용하면 된다.

예제 11.2(a) 두 개 인자의 합을 구하는 람다함수

IN
```
f = lambda x, y: x + y

print(f(1,2))
```
OUT
```
3
```

매개변수에 *를 입력할 경우 개수를 지정하지 않고 매개변수를 지정할 수 있으며 여러 개의 매개변수들이 포함될 수 있다. 단, 반환값으로 한 개 값만 반환한다.

예제 11.2(b) 여러 개의 매개변수를 포함할 수 있는 람다함수

IN
```
f = lambda *x: max(x) * 3

print(f(1, 2, 5))
```
OUT
```
15
```

예제 11.2(c) 리스트(list)를 사용한 람다함수

리스트로 사용할 경우 대괄호([])를 사용하여 선택된 수식으로 반환된다.

IN
```
f = [lambda x: x + 1, lambda x: x * 2, lambda x: x + 3, lambda x
: x**2 ]

print(f[0](2))
print(f[1](2))
print(f[2](2))
print(f[3](2))
```

OUT
```
3
4
5
4
```

11.3 정규화 사용자정의함수

데이터 분석 전, 정규화는 매우 중요한 과정이다. 정규화는 데이터의 변수가 모두 동일한 정도의 중요도로 반영될 수 있도록 한다. 대표적인 정규화 방법으로는 Min-Max 정규화(Min-Max Normalization), Z-점수 정규화(Z-score Normalization)가 있다.

Min-Max 정규화는 최솟값과 최댓값을 이용하여 확률표본 $\{X_1, ..., X_n\}$에 대해 정규화 변환을 하고자 한다.

$$U = \frac{X - X_{\min}}{X_{\max} - X_{\min}} \tag{11.1}$$

으로 구한다. 여기서 $X_{\min} = \min\{X_1, ..., X_n\}$, $X_{\max} = \max\{X_1, ..., X_n\}$이다. 최소-최대 정규화된 U는 최솟값 0, 최댓값 1을 갖게 된다.

Z-점수 정규화는 평균 μ와 표준편차 σ를 이용하여

$$Z = \frac{X - \mu}{\sigma} \tag{11.2}$$

으로 구한다. 정규화된 Z는 평균 0, 분산 1을 갖게 된다.

데이터에 대한 Z-점수 정규화는 표본평균 $\overline{X}$와 표본표준편차 S를 이용하여

$$Z = \frac{X - \overline{X}}{S} \tag{11.3}$$

으로 구한다. 정규화된 Z는 평균 0, 분산 1을 갖게 된다.

그러므로

$$Z_i = \frac{X_i - \overline{X}}{S} \tag{11.4}$$

로 표준화 확률표본 $\{Z_1, \cdots, Z_n\}$을 얻는다.

예제 11.3(a) Min-Max 정규화 사용자정의함수

사용자정의함수 안에 'normalize'라는 빈 리스트를 만든다. 그 다음 for 문을 넣어 새로운 값이 들어올 때마다 Min-Max 정규화를 실행한 결괏값을 `append()` 함수를 사용하여 차례대로 'normalize'에 추가한다.

IN
```
import numpy as np
data = [10,20,30,40,50,60,70,80,90,100]

# min_max 정규화
def min_max_normalize(x):
    normalize = []

    for value in x:
        normalize_num = (value - min(x)) / (max(x) - min(x))
        normalize.append(normalize_num)

    return normalize

min_max_normalize(data)
```

OUT
```
[0.0,
 0.1111111111111111,
 0.2222222222222222,
 0.3333333333333333,
 0.4444444444444444,
 0.5555555555555556,
 0.6666666666666666,
 0.7777777777777778,
 0.8888888888888888,
 1.0]
```

예제 11.3(b) *Z*-점수 정규화 사용자정의함수

IN
```
# Z-score 정규화
def Z_score_normalize(x):
    normalize = []
    for value in x:
        normalize_num = (value - np.mean(x)) / np.std(x)
        normalize.append(normalize_num)

    return normalize

Z_score_normalize(data)
```

OUT
```
[-1.5666989036012806,
 -1.2185435916898848,
 -0.8703882797784892,
 -0.5222329678670935,
 -0.17407765595569785,
 0.17407765595569785,
 0.5222329678670935,
 0.8703882797784892,
 1.2185435916898848,
 1.5666989036012806]
```

11.4 결측값 대체 사용자정의함수

데이터셋에 결측값이 존재하는 경우가 종종 있다. 이러한 경우 결측값을 대체하는 몇 가지 방법을 수행하고자 한다.

예제 11.4(a) 결측값을 제외한 평균값으로 결측값을 대체하는 함수 만들기

IN
```
# 결측값 대체 함수
test=[1,2,3,4,'NaN',6,7,8,9,10]
# np.mean(test)      # error due to missing value

def replace_nan(x):
    for value in x:
```

```
        if value == 'NaN':
            index = x.index(value)    # 결측값의 인덱스 위치 저장
            x.remove(value)           # 결측값 제거
            mean = np.mean(x)         # 결측값 제거 후 평균
            x.insert(index,mean)      # 결측값 위치에 평균값 대체
        else:
            x
    return x

replace_nan(test)
```

OUT
```
[1, 2, 3, 4, 5.555555555555555, 6, 7, 8, 9, 10]
```

예제 11.4(b) 무작위 난수를 생성하여 결측값 대체

IN
```
# 결측값 대체 함수
test = [1,2,3,4,'NaN',6,7,8,9,10]
# np.mean(test)      # error due to missing value

def replace_nan(x):
    for value in x:
        if value == 'NaN':
            np.random.seed(seed = 123)   # 난수 고정
            x[x.index(value)] = np.random.randint(1,11)
            # 1부터 10 사이의 임의의 정수를 결측값의 위치에 넣는다.
        else:
            x
    return x

replace_nan(test)
```

OUT
```
[1, 2, 3, 4, 3, 6, 7, 8, 9, 10]
```

11.5 여러 가지 사용자정의함수

예제 11.5(a) K 마트의 총매출을 구하는 함수 만들기

데이터셋에는 price(가격), discount(할인율), count(개수)가 있다. 가격*(1-할인율)*개수로 매출액을 계산한다. 모든 경우의 매출을 합해서 총매출로 출력하도록 한다.

```
price = [10,20,30,20,20,20,10]
discount = [0,0,0.5,0,0,0.5,0.5]
count = [1,2,1,1,4,1,1]

def sales(price,discount,count):
    sales = [ ]
    for i in range(len(discount)):
         sale_num = price[i]*(1-discount[i])*count[i]
         # 매출액 = 가격*(1-할인율)*개수
        sales.append(sale_num)
    return np.sum(sales)

sales(price,discount,count)
```

OUT
```
180.0
```

예제 11.5(b) 총 순이익 출력

할인율이 0이면 매출액의 0.2를 곱하여 순이익을 계산하고, 할인한 경우라면 매출액의 0.1을 곱해서 순이익을 계산한다.

```
def sales_p(price,discount,count):
    profit = [ ]

    for i in range(len(discount)):
        if discount[i] == 0:
             profit_num = price[i]*count[i]*0.2
             profit.append(profit_num)
        else:
             profit_num = price[i]*(1-discount[i])*count[i]*0.1
             profit.append(profit_num)

    return np.sum(profit)

print("profit: ", sales_p(price,discount,count))
```

OUT
```
profit: 33.0
```

예제 11.5(c) 다음과 같이 난수를 발생하는 함수 만들기

- `dist = 1`이면 normal 분포 (0,1)에서 랜덤 데이터가 발생한다.
- `dist = 2`이면 exponential(lambda = 3) 분포에서 랜덤 데이터가 발생한다.

• dist = 3이면 Poisson(mean 2) 분포에서 랜덤 데이터가 발생한다.

IN
```
# 난수발생
np.random.seed(seed = 87) # 같은 결괏값이 나오도록 seed 고정

def dist_random_function(n,dist):
    if dist == 1 :
        x = np.random.normal(0,1,n)
        # 평균0, 표준편차1인 정규분포 난수생성
    elif dist == 2 :
        x = np.random.exponential(1/3,n)
        # lamda = 3일때 지수분포 난수생성
    elif dist == 3 :
        x = np.random.poisson(2,n)
        # 평균 = lamda=2인 포아송 분포 난수생성
    else:
        print ('try dist 1,2,3')

    return x
```

IN
```
# 평균 0, 표준편차 1인 정규분포에서 난수 10개 생성
np.random.seed(seed = 87)
dist_random_function(10,1)
```

OUT
```
array([0.37237552, 0.12791554, 0.52721226, -0.3707729,
       1.75044345, 0.37902089, 0.18706375, 0.68037359,
       -1.22451047, 1.23012957])
```

IN
```
dist_random_function(10,2)
```

OUT
```
array([0.35596063, 1.03296785, 1.1787313, 0.03431824,
       0.09180583, 0.67660959, 0.26428784, 0.42331543,
       0.8664749, 0.31994037])
```

IN
```
dist_random_function(10,3)
```

OUT
```
array([3, 2, 4, 1, 2, 2, 2, 2, 2, 2])
```

dist_random_function 함수를 한 번 수행시킨 후, 정규분포로부터의 난수 데이터를 y에 저장하고자 하면 다음과 같이 쓴다.

IN
```
y = dist_random_function(10,1)
y
```

OUT
```
array([0.37237552, 0.12791554, 0.52721226, -0.3707729,
        1.75044345, 0.37902089, 0.18706375, 0.68037359,
        -1.22451047, 1.23012957])
```

11장 | 연습문제

1 삼각형의 넓이를 구하는 공식 '밑변 * 높이/2'를 함수를 통해 정의하시오. 이 함수를 이용하여 밑변의 길이가 10이고 높이가 8인 삼각형의 넓이를 계산하여 출력하시오.

2 반지름 r인 원의 넓이를 구하는 공식 πr^2을 함수 circle_area를 통해 정의하시오. 이 함수를 이용하여 반지름이 5인 원의 넓이를 계산하여 출력하시오.

3 두 확률변수 (X, Y)의 상관계수

$$\text{상관계수} \quad \rho = \frac{Cov(X,\ Y)}{\sqrt{Var(X)}\sqrt{Var(Y)}}$$

로 정의된다. 확률표본 $\{(X_i, Y_i)\}_{i=1}^{n}$에 대해 ρ의 추정량으로 Pearson의 표본상관계수(sample correlation coefficient)는

$$r = \frac{\sum_{i=1}^{n}(X_i - \overline{X})(Y_i - \overline{Y})}{\sqrt{\sum_{i=1}^{n}(X_i - \overline{X})^2}\sqrt{\sum_{i=1}^{n}(Y_i - \overline{Y})^2}}$$

이다. 여기서 $\overline{X}$, $\overline{Y}$는 각각 $\{X_i\}$의 평균, $\{Y_i\}$의 평균이다.

Pearson의 표본상관계수를 구하는 function을 만들고 결과를 `corr()` 함수 사용 결과와 비교하시오.

IN
```
import pandas as pd
df = pd.DataFrame({"x":[100,200,300,400],
                   "y":[400,300,100,250]})
corr = df.corr(method = 'pearson')
corr
```

OUT

	x	y
x	1.000000	-0.671317
y	-0.671317	1.000000

4 `dist = 1`이면 표준정규분포에서 n개 랜덤 데이터 발생, `dist = 2`이면 평균 1인 지수분포에서 n개 랜덤 데이터 발생하도록 하며, 각 분포에서 발생된 데이터에 대해 평균, 표준편차, 분산, 범위, 최댓값, 최솟값, 10%, 20%, 25%, 50%, 75%, 80%, 90% 분위수를 구하는 `my_summary()` 함수를 만드시오. 그리고 각 분포에서 난수 50개를 발생시키고 `my_summary()`를 이용하여 결과를 얻으시오.

5 Newton의 방법으로 $f(x)=x^2-\sin x$가 0이 되는 x 값을 구하고자 한다. 다음의 식을 반복적으로 이용하여 해를 구하시오.

$$x_{n+1}=x_n-\frac{x_n^2-\sin x_n}{2x_n-\cos x_n}$$

(x_{n+1}과 x_n의 차가 0.0001보다 작으면 계산을 멈추고 해로 구할 수 있다.)

6 확률분포의 대표적 특성으로 평균(mean), 분산(variance), 왜도(skew- ness), 첨도(kurtosis)를 들 수 있다. 데이터벡터를 읽어 들여 다음과 같은 평균, 분산, 왜도, 첨도를 return 하도록 함수를 만드시오.

- 평균(중심경향) : $m_1=\frac{1}{n}\sum_{i=1}^{n}x_i=\bar{x}$
- 분산(퍼짐경향) : $s^2=\frac{1}{n-1}\sum_{i=1}^{n}(x_i-\bar{x})^2$
- 왜도(기울어진 경향) : $g_1=\frac{\frac{1}{n}\sum_{i=1}^{n}(x_i-\bar{x})^3}{\left[\frac{1}{n}\sum_{i=1}^{n}(x_i-\bar{x})^2\right]^{3/2}}$

• 첨도(뾰족한 경향) : $g_2 = \dfrac{\dfrac{1}{n}\displaystyle\sum_{i=1}^{n}(x_i - \overline{x})^4}{\left[\dfrac{1}{n}\displaystyle\sum_{i=1}^{n}(x_i - \overline{x})^2\right]^2} - 3$

참고문헌

- 김재희 (2012) R을 이용한 통계 프로그래밍 기초(개정판), 자유아카데미.
- 김재희 (2020) R을 이용한 회귀분석 기초, 자유아카데미.
- 바바 신야 (2019) 파이썬으로 배우는 통계학 교과서, 윤웅식 옮김, 한빛미디어.
- 박응용 (2019) Do it! 점프 투 파이썬, 이지스퍼블리싱.
- 오승환 (2019) 파이썬 머신러닝 판다스 데이터분석, 정보문화사.
- Zed A. Shaw (2017) Learn Python 3 the Hard Way: A Very Simple Introduction to the Terrifyingly Beautiful World of Computers and Code, Addison-Wesley.

용어 찾아보기

| ㅎ |

|영문|

Python 함수 찾아보기

저자 소개

김재희(金哉希, Jaehee Kim)
서울대학교 계산통계학과 학사
서울대학교 통계학 석사
미국 Texas A&M University 통계학 박사
미국 Texas A&M University, Department of Statistics 방문교수
미국 Columbia University, Department of Biostatistics 방문교수
현) 덕성여자대학교 정보통계학과 교수

Python으로 쉽게 배우는
통계 프로그래밍

저　　자　김재희
발 행 인　김지영
발 행 처　자유아카데미
주　　소　경기도 파주시 회동길 37-42
　　　　　파주출판도시
전　　화　031-955-1321
팩　　스　031-955-1322
홈페이지　www.freeaca.com
전자우편　main@freeaca.com (대표)
　　　　　editor@freeaca.com (편집)
　　　　　crm@freeaca.com (영업)
등　　록　제406-2003-017호, 1980. 7. 12
제1판1쇄　2021년 5월 25일 발행
정　　가　28,000원

저자와의
협의하에
인지생략

ISBN 979-11-5808-305-2 93310

이 책은 2021년 덕성여자대학교 교내연구비 지원을 받았습니다.